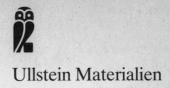

Ullstein Materialien

Ullstein Materialien
Ullstein Buch Nr. 35203
im Verlag Ullstein GmbH,
Frankfurt/M – Berlin – Wien

Unveränderter Nachdruck der
(1927 im Internationalen
Psychoanalytischen Verlag, Leipzig,
erschienenen) Erstausgabe

Umschlagentwurf:
Kurt Weidemann
Alle Rechte vorbehalten
Mit freundlicher Genehmigung
der Verlag Hans Huber AG, Bern
© 1964 by Verlag Hans Huber AG, Bern
Printed in Germany 1984
Druck und Verarbeitung:
Elsnerdruck GmbH, Berlin
ISBN 3 548 35203 0

Oktober 1984

CIP-Kurztitelaufnahme
der Deutschen Bibliothek

Ferenczi, Sándor:
Bausteine zur Psychoanalyse/Sandor
Ferenczi. – Nachdr. – Frankfurt/M; Berlin;
Wien: Ullstein

Bd. 1. Theorie. – Unveränd. Nachdr. d.
Erstausg. Leipzig, Internat. Psychoanalyt.
Verl., 1927/mit e. Vorw. von Michael
Balint. – 1984.
 (Ullstein-Buch; Nr. 35203:
 Ullstein-Materialien)
 ISBN 3-548-35203-0

NE: GT

Sandor
Ferenczi

Bausteine zur Psychoanalyse

Band I: Theorie

Mit einem Vorwort
von Michael Balint

Ullstein Materialien

Inhalt des ersten Bandes

In den eckigen Klammern [in Kursivschrift] ist Ort und Zeit des ersten Erscheinens der einzelnen Aufsätze angegeben. Abkürzungen: „Jb" = Jahrbuch für psychoanalytische und psychopathologische Forschungen; „Zbl" = Zentralblatt für Psychoanalyse; „IZ" = Internationale Zeitschrift für Psychoanalyse.

ANHANG

VORWORT

Auch heute noch, über dreißig Jahre nach seinem Tode, ist Sándor Ferenczi wohl der meistumstrittene der psychoanalytischen Autoren. Man ist sich einig, daß einige seiner Schriften zu den klassischen Werken der Psychoanalyse zählen. Freud sagte über sie (in seinem Nachruf, 1933), daß «sie alle Analytiker zu seinen (Ferenczis) Schülern gemacht haben»; über andere seiner Schriften gehen die Urteile scharf auseinander: Manche verwerfen sie als unbegründete Spekulationen, ja sogar als der Entwicklung unserer Wissenschaft abträglich; andere werten sie als höchst wichtige Entdeckungen, die ein neues Zeitalter im Verständnis der Struktur frühkindlicher Traumata, der Beziehungen zwischen Patient und Analytiker, der psychoanalytischen Situation und mithin in der Entwicklung unserer therapeutischen Technik ankündigten.

Diese Unsicherheit wird noch verstärkt durch die tragischen Meinungsverschiedenheiten zwischen Freud und Ferenczi in den frühen dreißiger Jahren. Man weiß, daß eine Ursache, wahrscheinlich die Hauptursache der Differenzen in der Verschiedenheit der Ansichten über die Analysentechnik lag. Mehr oder weniger gut fundierte Gerüchte gehen um, wonach Freud mit Ferenczis methodischen Experimenten nicht einig ging und ihm von deren Veröffentlichung entschieden abriet. Was auch immer an solchen Gerüchten Wahres ist, bleibt doch die Tatsache, daß die *Notizen und Fragmente*, die wir in Ferenczis Nachlaß vorfanden, Freud zur Einsicht zugeschickt wurden, und daß er uns ihre unveränderte Publikation aufs wärmste empfahl.

Die ganze Situation wurde ferner dadurch verschlimmert, daß es für den deutschsprachigen Leser bis zum Erscheinen der vorliegenden Ausgabe fast unmöglich war, sich eine unabhängige Meinung zu bilden. Die beiden ersten Bände der erstmals 1927 erschienenen *Bausteine* waren seit Mitte der dreißiger Jahre vergriffen, als die Nazis einen großen Teil der Bestände verbrannten. Ebenso tragisch ist das Schicksal des dritten und des vierten Bandes. Diese beiden Bände wurden 1937-38 in Budapest für den Internationalen Psychoanalytischen Verlag gedruckt. Dann kam der «Anschluß», und die Auslieferung der Bogen hätte mit Sicherheit ihre Zerstörung bedeutet. Nach langandauernden und langwierigen Verhandlungen gelang es uns schließlich, unter dem stillschweigenden Beistand des Nazi-Verwalters des Verlags, die gesamte Auflage nach Bern zu schmuggeln. Dort wurde ein Teil der Auflage gebunden, und die beiden Bände erschienen 1939, unmittelbar vor Kriegsausbruch, so daß im herrschenden Durcheinander kaum jemand davon Notiz nahm. Demzufolge bietet die vorliegende Ausgabe erstmals dem deutschsprachigen Leser einen Überblick über Ferenczis Werk in seiner Gesamtheit, und er kann sich ein Urteil über seinen Wert aus erster Hand und nicht nur auf Umwegen bilden.

Dies ist übrigens aus mancherlei Gründen keine leichte Aufgabe. Der Leser muß sich nicht nur mit den widerspruchsvollen Gefühlen auseinandersetzen, die durch Ferenczis Ideen hervorgerufen werden; er steht auch den Schwierigkeiten gegenüber, die sich durch Ferenczis Behandlung seines Stoffes ergeben. Ferenczi ist kein leichter Autor. Zweifellos ist er höchst anregend, ja oft provokativ; er hält den Leser gefangen. Denn Ferenczi hatte als besondere Gabe eine fessellose Freiheit der Phantasie, wie sie kein anderer Analytiker, wohl nicht einmal Freud, in gleichem Maße besaß. Dazu trat die Fähigkeit, alles, selbst die gewöhnlichsten Geschehnisse der Analyse, auch in der hundertsten Wiederholung, als etwas völlig Neues und Frisches zu erleben und darin Züge zu entdecken, die bis anhin jedermann entgangen waren. Natürlich waren manche seiner Entdeckungen nicht ganz so richtig oder nicht so gut begründet, wie er zunächst angenommen hatte. Es kam einige Male vor, daß er theoretische oder technische Schlußfolgerungen, welche auf solchen neuen Beobachtungen beruhten, revidieren oder gar zurücknehmen mußte. Er verfehlte es nie, diesen Schritt zu tun, wenn neue Beobachtungen ihn von seiner Notwendigkeit überzeugten. Diese Art und Weise des Beobachtens, Fühlens und Denkens schafft eine anregende, frische und sehr aufrichtige, aber auch ruhelose und verwirrliche Atmosphäre. Ist der Leser aber gewillt, diese Spannung auf sich zu nehmen, so wird er in Form neuer Gesichtspunkte und neuer Einblicke reichlich belohnt werden.

London, im Juni 1964   Michael Balint

VORWORT DES VERLAGS*

Ein Jahrzehnt lang — um die Jahrhundertwende herum — hatte der junge Budapester Arzt S. Ferenczi als Psychiater und gerichtlicher Sachverständige vergeblich wissenschaftlichen und therapeutischen Rat bei der «Schulneurologie» gesucht und war dabei beinahe schon bei der «Hoffnungslosigkeit jeder Psychiatrie» angelangt. Da gelangte er 1906 — auf dem Umwege über Zürich — zum Studium der Forschungen Sigmund Freuds. Unter dem Eindruck von Freuds Lehren wurde das bis dahin ödeste Krankenmaterial, das der Neurotiker, zu einer Fundgrube neuer Erkenntnisse über Aufbau und Funktionsweise der kranken und der gesunden Seele. Die Fülle des Stoffes und der nützlichen Funde, zu denen Ferenczi mit Hilfe des von Freud gewiesenen Instruments gelangte, drängte förmlich zur Veröffentlichung. Bald gehörte Ferenczi zu jenem ganz kleinen Kreis von Forschern, die sich damals um Freud scharten. Seine psychoanalytischen Veröffentlichungen, deren Reihe 1907 anfing, sind hier von uns jetzt mit Recht als «Bausteine», als wichtige Bausteine zu dem von Freud entworfenen und zum guten Teil auch von ihm selbst angeführten Gebäude bezeichnet ...

Die in diesen Bänden gesammelten Arbeiten aus der theoretischen und praktischen Psychoanalyse geben dem Leser vielleicht auch ein Bild über die Entwicklung der Psychoanalyse selbst. Wohl spinnen sie meist den Faden fort, den diese oder jene Forschung Freuds den Schülern in die Hände gab (und der Leser wird sich selbst feststellen können, mit welch steter Dankbarkeit Ferenczi seine Abhängigkeit vom Meister immer wieder betont), aber es ist auch unverkennbar, welch wertvolle selbständige Leistung um die Kunde von der menschlichen Seele in dieser Mitarbeit zweier Jahrzehnte liegt. Man darf hier wohl aus den Sätzen zitieren, die Freud 1923 — in dem Geleitwort der Festschrift zum 50. Geburtstag Ferenczis — schrieb: «... Die wissenschaftliche Leistung Ferenczis imponiert vor allem durch ihre Vielseitigkeit. An glückliche kasuistische Funde und scharf beobachtete Mitteilungen reihen sich mustergültige kritische Arbeiten, treffliche Polemiken, maßvoll und würdig bei aller Entschiedenheit ... ferner die Aufsätze, auf denen Ferenczis Ruhm vorwiegend beruht, in denen seine Originalität, sein Gedankenreichtum und seine Verfügung über eine wohlgeleitete wissenschaftliche Phantasie so erfreulich zum Ausdruck kommen, durch die er wichtige Stücke der psychoanalytischen Theorie ausgebaut und die Erkenntnis fundamentaler Verhältnisse gefördert hat ...»

---

* Vermutlich von Sigmund Freud verfaßt

Introjektion und Übertragung

(*1909*)

I

Die Introjektion in der Neurose

„Die Produktivität der Neurose ist (während einer psychoanalytischen Kur) durchaus nicht erloschen, sondern betätigt
sich in der Schöpfung einer besonderen Art von meist
unbewußten Gedankenbildungen, welchen man den Namen
‚Übertragungen‘ verleihen kann.“

„Was sind Übertragungen? Es sind Neuauflagen, Nach-
bildungen von den Regungen und Phantasien, die während des
Vordringens der Analyse erweckt und bewußt gemacht werden
müssen, mit einer für die Gattung charakteristischen Ersetzung
einer früheren Person durch die Person des Arztes.“

In diesen Sätzen kündigte Freud eine seiner bedeutsamsten
Entdeckungen in der meisterhaft geschilderten Krankheitsgeschichte einer Hysterischen an. („Bruchstück einer Hysterieanalyse“, 1905. Ges. Schriften, Bd. VIII.)

Wer immer es seitdem versuchte, den Weisungen Freuds
folgend, das Seelenleben der Neurotischen psychoanalytisch zu
erforschen, mußte sich von der Wahrheit dieser Beobachtung

überzeugen. Die größten Schwierigkeiten einer solchen Analyse erwachsen gerade aus der merkwürdigen Eigentümlichkeit der Neurotischen, daß sie „um der Einsicht ins eigene Unbewußte auszuweichen, alle ihre vom Unbewußten her verstärkten Affekte (Haß, Liebe) auf den behandelnden Arzt übertragen".[1]

Wenn man aber mit der Arbeitsweise der neurotischen Psyche näher bekannt wird, erkennt man, daß die Neigung der Psychoneurotiker zur Übertragung sich nicht nur im speziellen Falle einer psychoanalytischen Behandlung und nicht nur dem Arzte gegenüber äußert, daß vielmehr die Übertragung ein für die Neurose überhaupt charakteristischer, in allen Lebenslagen sich kundgebender und den meisten ihrer Krankheitsäußerungen zugrundeliegender psychischer Mechanismus ist.

Bei sich häufender Erfahrung wird man überzeugt, daß die scheinbar unmotivierte Affektverschwendung, das übermäßige Hassen, Lieben und Mitleiden der Neurotischen auch nichts anderes als Übertragungen sind, wobei längst vergessene psychische Erlebnisse (in der unbewußten Phantasie) zum aktuellen Anlasse oder zur gegenwärtigen Person in Beziehung gebracht werden und der Affekt unbewußter Vorstellungskomplexe die aktuelle Reaktion übertreibt. Die „Übertriebenheit" in den Gefühlsäußerungen Hysterischer ist ja längst bekannt und auch viel bespöttelt worden; erst seit Freud wissen wir aber, daß den Spott eher wir Ärzte verdient hätten, die wir, die symbolischen Darstellungsmittel, gleichsam die Sprache der Hysterie, nicht kennend, sie bald als eine Art Simulation ansprachen, bald wieder mit abstrusen physiologischen Schlagworten abgetan zu haben wähnten. Die

---

1) Ferenczi, Über Aktual- und Psychoneurosen usw. (Wiener klin. Rundschau, 1908.) Abgedr. im Sammelbande: „Populäre Vorträge über Psychoanalyse". Int. PsA. Bibliothek, Bd. 13.

psychologische Auffassung hysterischer Symptome und Charaktereigenschaften nach Freud brachte erst die merkwürdigen Aufschlüsse über die neurotische Psyche. So fand Freud, daß die Neigung der Psychoneurotiker zur Imitation und die so häufige „psychische Infektion" unter Hysterischen kein einfacher Automatismus ist, sondern in unbewußten, auch sich selbst nicht eingestandenen und bewußtseinsunfähigen Ansprüchen und Wünschen ihre Erklärung findet. Der Kranke eignet sich die Symptome einer Person an oder macht sich ihre Charakterzüge zu eigen, wenn er sich in seinem Unbewußten mit jener Person „auf Grund des gleichen ätiologischen Anspruches" identifiziert. (S. Freud, Traumdeutung, Ges. Schr., Bd. II, S. 152.) Auch die bekannte Rührseligkeit vieler Neurotiker, ihre Fähigkeit, die Erlebnisse anderer aufs intensivste mitzufühlen, sich in die Lage dritter Personen zu versetzen, finden in der hysterischen Identifizierung ihre Erklärung, und die impulsiven Akte der Großmut und Wohltätigkeit sind bei ihnen nur Reaktionen auf diese unbewußten Regungen — sind also in letzter Linie vom Unlustprinzip beherrschte, also egoistische Handlungen. Daß es in der Gefolgschaft jeder wie immer gearteten humanitären oder Reformbewegung, in der Propaganda des Abstinentismus (Vegetarismus, Antialkoholismus, Abolitionismus), in revolutionären Organisationen, Sekten, bei Verschwörungen für oder gegen die religiöse, politische oder moralische Ordnung von Neuropathen wimmelt, erklärt sich gleichfalls durch die Übertragung des Interesses von zensurierten egoistischen (erotischen oder gewalttätigen) Tendenzen des Unbewußten auf Gebiete, auf denen sich diese ohne Selbstvorwurf ausleben können. Aber auch die alltäglichen Ereignisse eines einfach bürgerlichen Lebens bieten den Neuropathen die reichlichste Gelegenheit, bewußtseinsunfähige Regungen auf zulässige Gebiete zu ver-

schieben. Die von F r e u d zuerst festgestellte unbewußte
Identifizierung grobsexueller genitaler Funktionen mit denen
der Mundorgane (Essen, Küssen) ist ein Beispiel dafür. Bei der
Naschhaftigkeit Hysterischer, bei ihrer Neigung, unverdauliche
oder schwerverdauliche Dinge (unreifes Obst, Kreide usw.) zu
essen, bei der eigentümlichen Sucht nach Speisen von fremden
Tischen, bei ihrer Vorliebe oder Idiosynkrasie gegenüber Speisen
von gewisser Form oder Konsistenz konnte ich in zahlreichen
Analysen feststellen, daß es sich um die Verschiebung des
Interesses von verdrängten erotischen (genitalen oder koprophilen)
Neigungen und um die Anzeichen sexuellen Unbefriedigtseins
handelt. (Auch die bekannte Süchtigkeit schwangerer Frauen,
die ich übrigens auch bei Nichtgraviden zur Zeit der Menses
beobachtete, konnte ich mehrmals auf die im Verhältnisse zur
gesteigerten Libido ungenügende Befriedigung zurückführen.)
O. G r o ß und S t e k e l fanden die gleiche Ursache für die
hysterische K l e p t o m a n i e.

Ich bin mir dessen bewußt, daß ich in den angeführten
Beispielen die Ausdrücke: V e r s c h i e b u n g und Ü b e r -
t r a g u n g vermengte. Ist doch die Übertragung nur ein
Spezialfall der Verschiebungssucht der Neurotischen, die, um
einigen unlustvoll, daher unbewußt gewordenen Komplexen
auszuweichen, auf Grund oberflächlichster „ätiologischer
Ansprüche" und Analogien den Personen und Dingen der
Außenwelt mit übertriebenem Interesse (Liebe, Haß, Sucht,
Idiosynkrasie) zu begegnen gezwungen sind.

Eine psychoanalytische Kur bietet die günstigsten Bedingungen
zur Entstehung einer solchen Übertragung. Die verdrängt
gewesenen und allmählich bewußt werdenden Regungen
begegnen *in statu nascendi* zunächst der Person des Arztes und
suchen ihre ungesättigten Valenzen an dieser Persönlichkeit zu
verankern. Wollen wir diesen der Chemie entlehnten Vergleich

fortführen, so können wir die Psychoanalyse, insoferne dabei die Übertragung in Betracht kommt, als eine Art K a t a l y s e auffassen. Die Person des Arztes hat hier die Wirkung eines katalytischen Fermentes, das die sich bei der Zersetzung abspaltenden Affekte zeitweilig an sich reißt. Bei der kunstgerechten Psychoanalyse ist aber diese Verbindung nur eine lockere und wird das Interesse des Kranken ehestens an seine ursprünglichen, verschütteten Quellen zurückgeleitet und mit ihnen in Dauerverbindung gebracht.

Wie wenige und geringfügige Motive bei Neurotischen schon zur Affektübertragung genügen, ist in dem zitierten Werke F r e u d s angedeutet. Einige charakteristische Beispiele mögen hier folgen. Eine hysterische Patientin mit sehr starker Sexualverdrängung verriet zum erstenmal die Übertragung auf den Arzt in einem Traume. (Ich [der Arzt] operiere an ihrer Nase, sie trage dabei eine Frisur à la Cléo de Mérode.) Wer schon Träume analytisch gedeutet hat, wird mir ohne weiteres glauben, daß ich in diesem Traume, wohl auch in der unbewußten Denktätigkeit des Wachens die Stelle jenes Rhinologen eingenommen habe, der der Patientin einmal unanständige Anträge machte. Die Frisur der bekannten Demimondäne ist eine gar zu deutliche Anspielung darauf. Überhaupt, wenn der behandelnde Arzt in den Träumen der Patienten erscheint, entdeckt die Analyse mit Sicherheit Anzeichen der Übertragung. Auch in S t e k e l s Buch über Angsthysterie[1] ist das mit schönen Beispielen belegt. Der Fall ist aber auch in einem anderen Sinne typisch. Sehr oft benutzen die Patienten die Gelegenheit dazu, alle sexuellen Regungen, die sie früher bei ärztlichen Untersuchungen verspürt und verdrängt haben, in unbewußten Phantasien über Entkleidung, Beklopft-, Betastet-, „Operiert"-werden aufzufrischen und die dabei tätig gewesenen

[1] W. S t e k e l, Nervöse Angstzustände. Wien, 1908.

Ärzte im Unbewußten durch die Person des jetzigen Arztes zu ersetzen. Um der Gegenstand dieser Art Übertragung zu werden, genügt es, überhaupt ein Arzt zu sein; ist doch die mystische Rolle, die in der sexuellen Phantasie des Kindes dem alles Verbotene wissenden, alles Verborgene anschauenden und betastenden Arzte zukommt, eine selbstverständliche Determinante des unbewußten Phantasierens, also auch der Übertragung in einer späteren Neurose.[1]

Bei der außerordentlichen Bedeutung, die dem verdrängten „Ödipuskomplex" (Haß und Liebe zu den Eltern) nach der täglich sich bewahrheitenden Feststellung F r e u d s in jedem Falle von Neurose zukommt, wird man sich nicht wundern, wenn die „väterliche" Art, die freundlich-nachsichtige Haltung, mit der der Arzt bei der Psychoanalyse dem Patienten begegnen muß, so häufig als Brücke zur Übertragung von bewußten Sympathiegefühlen und unbewußten erotischen Phantasien benutzt wird, deren ursprüngliche Objekte die Eltern waren. Der Arzt ist eben immer nur einer der „Revenants" (F r e u d), in denen der Neurotische die entschwundenen Gestalten der Kindheit wiederzufinden hofft. Doch genügt e i n e minder freundliche, an eine Pflicht, an die Pünktlichkeit mahnende Bemerkung oder eine um eine Nuance schärfere Tonart seitens des analysierenden Arztes, um alle gegen moralisierende Respektspersonen (Eltern, Gatte) gerichteten unbewußten Gefühle von Haß und Wut des Patienten auf sich zu laden.

Die Konstatierung solcher Übertragungen positiver und negativer Affekte ist für die Analyse außerordentlich wichtig, sind doch die Neurotiker zumeist Personen, die sich entweder zum Lieben oder zum Hassen unfähig glauben (oft sogar die

---

[1] Vergleiche die Anmerkung über das „Doktorspiel" in F r e u d s Artikel über „Infantile Sexualtheorien". 1908. (Ges. Schr., Bd. V, S. 182.)

primitivsten Kenntnisse über die Sexualität vor sich selbst
ableugnen), also um Anästhetische oder Übergute; und nichts
ist geeigneter, ihren irrigen Glauben an die eigene Fühllosigkeit
und Engelsgüte zu erschüttern, als wenn man bei ihnen gegen-
sätzliche Gefühlsströmungen in flagranti ertappt und demaskiert.
Noch wichtiger sind die Übertragungen als Ausgangspunkte
zur Fortführung der Analyse in der Richtung der tiefer verdrängten Gedankenkomplexe.

Auch lächerlich kleine Ähnlichkeiten: die Haarfarbe, einige
Gesichtszüge, die Art, wie er die Zigarette, die Feder in der
Hand hält, die Klangähnlichkeit oder Gleichheit des Vornamens
mit dem einer bedeutungsvoll gewesenen Person: selbst solche
entfernte Analogien genügen, um die Übertragung herzustellen.
Daß uns eine Übertragung auf Grund solch kleinlicher Analogien „lächerlich" erscheint, erinnert mich daran, daß F r e u d
bei einer Kategorie von Witzen die „Darstellung durch ein
Kleinstes" als das Lusténtbindende, d. h. vom Unbewußten her
Verstärkte, nachwies; ähnliche Anspielungen auf Dinge, Personen, Begebenheiten mit Hilfe minimaler Details finden wir
in allen T r ä u m e n. Die poetische Figur: *pars pro toto* ist
also in der Sprache des Unbewußten gang und gäbe.

Eine vielbegangene Übertragungsbrücke ist für die Patienten
natürlich das G e s c h l e c h t des Arztes an und für sich. Die
weiblichen Patienten knüpfen ihre unbewußten heterosexuellen
Phantasien sehr oft nur an die Tatsache an, daß der Arzt eben
ein Mann ist; das verschafft ihnen die Möglichkeit, die mit
der Idee der Männlichkeit assoziierten verdrängten Komplexe
zu beleben. Doch die in jedem Menschen versteckte homosexuelle Komponente sorgt dafür, daß auch Männer ihre
„Sympathie" und Freundschaft — eventuell deren Gegenteil —
auf den Arzt zu übertragen suchen. Es genügt aber, daß etwas
am Arzte den Patienten „frauenhaft" erscheine, damit die

Frauen ihr homo-, die Männer ihr heterosexuelles Interesse oder ihren diesbezüglichen Widerwillen ganz unbewußt mit der Person des Arztes in Beziehung bringen.

In mehreren Fällen gelang es mir nachzuweisen, daß das Nachlassen der ethischen Zensur im Ordinationszimmer des Arztes durch das verminderte Verantwortlichkeitsgefühl der Patienten mitbestimmt war. Das Bewußtsein, daß der Arzt für alles, was bei ihm vorgeht, verantwortlich ist, begünstigt das Auftauchen zuerst unbewußter, dann auch bewußtwerdender Tagträume, die sehr oft einen gewaltsamen sexuellen Angriff seitens des Arztes zum Gegenstand haben und dann zumeist mit der exemplarischen Bestrafung des Schamlosen (gerichtliche Verurteilung, öffentliche Erniedrigung durch Zeitungsartikel, Erschossenwerden im Duell usw.) enden. In dieser moralischen Verkleidung werden eben die verdrängten Wünsche der Menschen bewußtseinsfähig. Als ein anderes, das Gefühl der Verantwortlichkeit abschwächendes Motiv erkannte ich bei einer Patientin die Idee, daß „der Arzt eben alles könne", worunter sie die operative Beseitigung der eventuellen Folgen eines Verhältnisses verstand.

Bei der Analyse müssen die Patienten alle diese unlauteren Pläne gerade so wie alles andere, was ihnen einfällt, mitteilen. Bei der nichtanalytischen Behandlung der Neurotiker bleibt all dies von dem Arzte unerkannt, dafür erlangen die Phantasien manchmal einen fast halluzinatorischen Charakter und enden unter Umständen mit der öffentlichen oder gerichtlichen Verleumdung des Arztes seitens des Klienten.

Der Umstand, daß auch andere Personen in psychotherapeutischer Behandlung stehen, ermöglicht es den Patienten, die in ihrem Unbewußten versteckten Affekte der Eifersucht, des Neides, des Hasses und der Gewalttätigkeit ohne oder mit nur geringem Selbstvorwurf auszuleben. Natürlich muß dann der

Patient bei der Analyse auch diese inadäquaten Gefühlsregungen von dem aktuellen Anlaß ablösen und an viel bedeutsamere Persönlichkeiten und Situationen assoziieren. Das gleiche
gilt von den mehr oder minder bewußten Gedankengängen und
Gefühlsregungen, die den zwischen Arzt und Patienten be-
stehenden Lohnvertrag zum Ausgangspunkte haben. So mancher
„übergute", „generöse" Mensch mußte bei der Analyse einsehen
und bekennen, daß ihm die Gefühle des Geizes, der rücksichts-
losen Selbstsucht, der unlauteren Gewinnsucht nicht so ganz
fremd sind, wie er es bislang zu glauben liebte. („Die Menschen
behandeln Geldfragen mit derselben Verlogenheit wie die Fragen
der Sexualität. Bei der Analyse müssen beide mit der gleichen
Offenheit zur Sprache kommen", pflegt F r e u d zu sagen.) Daß
der auf die Kur übertragene Geldkomplex oft nur der Deckmantel viel tiefer versteckter Regungen ist, hat F r e u d in
einer meisterhaften charakterologischen Studie (Charakter und
Analerotik) festgestellt.

Wenn wir diese verschiedenen Varietäten der „Übertragung
auf den Arzt" einheitlich ins Auge fassen, werden wir in
unserer Annahme, daß diese nur eine, wenn auch die praktisch
bedeutsamste Manifestation der allgemeinen Übertragungs-
s u c h t der Neurotischen ist, entschieden bestärkt. Diese S u c h t
oder S ü c h t i g k e i t dürfen wir als die für die Neurosen
fundamentalste und auch die meisten ihrer Konversions- und
Substitutionssymptome erklärende Eigentümlichkeit ansehen. Alle
Neurotiker leiden an K o m p l e x f l u c h t, sie flüchten, wie
F r e u d sagt, vor der unlustvoll gewordenen Lust in die Krankheit, das heißt, sie entziehen gewissen, früher lustbetonten
Vorstellungskomplexen die Libido. Wenn diese Libidoentziehung
eine minder vollkommene ist, so schwindet d a s I n t e r e s s e
für das früher Geliebte oder Gehaßte und diese werden „gleichgültig"; ist die Ablösung der Libido eine vollständigere, so wir^d

von der Zensur nicht einmal der geringe Grad von Interesse zugelassen, der für die Aufmerksamkeitsbesetzung erforderlich ist, — der Komplex wird verdrängt, „vergessen" und bewußtseinsunfähig. Es scheint aber, als ob die Psyche eine solche von ihrem Komplex losgelöste, also „freiflottierende" Libido schlecht vertrüge. Bei der Angstneurose wandelt, wie F r e u d nachgewiesen hat, die Ablenkung der somatischen Sexualerregung vom Psychischen die Lust in Angst um. Bei den Psychoneurosen müssen wir eine ähnliche Veränderung annehmen; hier verursacht d i e A b l e n k u n g d e r p s y c h i s c h e n L i b i d o v o n g e w i s s e n V o r s t e l l u n g s k o m p l e x e n e i n e A r t d a u e r n d e U n r u h e, die der Kranke möglichst zu lindern sucht. Es gelingt ihm auch, einen mehr-minder großen Anteil auf dem Wege der Konversion (Hysterie) oder der Substitution (Zwangsneurose) zu neutralisieren. Es hat aber den Anschein, als ob diese Bindung kaum je eine vollkommene wäre und immer noch eine wechselnde Summe freiflottierender, komplexflüchtiger Erregung übrig bliebe, die sich an den Objekten der Außenwelt zu sättigen sucht. Diese Erregungssumme könnte man zur Erklärung der Übertragungssucht der Neurotischen heranziehen und für die „Süchtigkeit" der Neurotischen verantwortlich machen. (Bei der „kleinen Hysterie" scheint diese Sucht das Wesen der Krankheit auszumachen.)

Um den psychischen Grundcharakter der Neurotiker besser zu verstehen, muß man ihr Verhalten mit dem derer, die an Dementia praecox und an Paranoia leiden, vergleichen. Der Demente löst sein Interesse von der Außenwelt vollkommen ab und wird autoerotisch (J u n g [1], A b r a h a m [2]). Der Para-

---

1) J u n g, Zur Psychologie der Dementia praecox, Leipzig 1907. („Mangel an gemütlichem Rapport bei der Dementia praecox.")

2) A b r a h a m, Die psychosexuellen Differenzen der Hysterie und

noische möchte, wie F r e u d bewiesen hat, dasselbe tun, kann es aber nicht, projiziert also das ihm lästig gewordene Interesse auf die Außenwelt. Die Neurose steht in dieser Hinsicht in diametralem Gegensatze zur Paranoia. Während der Paranoische die unlustvoll gewordenen Regungen aus dem Ich hinausdrängt, hilft sich der Neurotiker auf die Art, daß er einen möglichst großen Teil der Außenwelt in das Ich aufnimmt und zum Gegenstande unbewußter Phantasien macht. Es ist das eine Art V e r d ü n n u n g s p r o z e ß, womit er die Schärfe frei-flottierender, unbefriedigter und nicht zu befriedigender unbewußter Wunschregungen mildern will. Diesen Prozeß könnte man, im Gegensatze zur Projektion, I n t r o j e k t i o n nennen.

Der Neurotische ist stets auf der Suche nach Objekten, mit denen er sich identifizieren, auf die er Gefühle übertragen, die er also in den Interessenkreis einbeziehen, introjizieren kann. Auf einer ähnlichen Suche nach Objekten, die zur Projektion unlusterzeugender Libido geeignet wären, sehen wir den Para-noischen. So entstehen am Ende die gegensätzlichen Charaktere des weitherzigen, rührseligen, zu Liebe und Haß zu aller Welt leicht entflammten oder leicht erzürnten, erregbaren Neurotikers, und der des engherzigen, mißtrauischen, sich von der ganzen Welt beobachtet, verfolgt oder geliebt wähnenden Paranoikers. Der Psychoneurotiker leidet an Erweiterung, der Paranoische an Schrumpfung des Ichs.

Wenn man die Ontogenese des Ichbewußtseins auf Grund der neuen Erkenntnisse revidiert, gelangt man zur Ansicht, daß die paranoische Projektion und die neurotische Introjektion

---

der Dementia praecox. Zentralblatt für Nervenheilkunde und Psychiatrie 1908. („Im Autoerotismus liegt der Gegensatz der Dementia praecox gegenüber der Hysterie. Hier Abkehr der Libido, dort übermäßige Objektbesetzung . . .") Erschienen in A b r a h a m s „Klinischen Beiträgen zur Psychoanalyse", Int. PsA. Bibliothek. Bd. 10, 1921.

nur extreme Fälle von psychischen Prozessen sind, deren Grund-
formen bei jedem Normalmenschen nachzuweisen sind.

Man kann annehmen, daß dem Neugeborenen alles, was
seine Sinne wahrnehmen, einheitlich, gleichsam monistisch
vorkommt. Erst später lernt er die tückischen Dinge, die seinem
Willen nicht gehorchen, als Außenwelt vom Ich — d. h. die
Gefühle von den Empfindungen — zu sondern. Das wäre der
erste Projektionsvorgang, die U r p r o j e k t i o n, und den so vor-
gezeichneten Weg dürfte der später paranoisch Werdende dazu
benutzen, um noch mehr vom Ich in die Außenwelt zu
drängen.

Ein mehr-minder großer Teil der Außenwelt läßt sich aber
nicht so leicht vom Ich abwälzen, sondern drängt sich ihm
immer wieder auf, es gleichsam herausfordernd: „Kämpf' mit
mir oder sei mein Freund". (Wagner, Götterdämmerung, I. Akt.)
Hat das Individuum unerledigte Affekte zur Verfügung, und
die hat es bald, so folgt es dieser Aufforderung, indem es sein
„Interesse" vom Ich auf einen Teil der Außenwelt ausdehnt.
Das erste Lieben und Hassen ist eine Übertragung der auto-
erotischen Lust- und Unlustgefühle auf die Objekte, die jene
Gefühle verursachen. Die erste O b j e k t l i e b e und der erste
O b j e k t h a ß sind gleichsam die U r ü b e r t r a g u n g e n, die
Wurzeln jeder künftigen Introjektion.

F r e u d s Entdeckungen auf dem Gebiete der Psychopathologie des Alltagslebens überzeugen uns, daß die Fähigkeit des
Projizierens und Verschiebens auch beim erwachsenen Normalmenschen nicht ruht und oft über das Ziel hinausschießt. Auch
die Art, wie der Kulturmensch sein Ich in die Welt einordnet,
seine philosophische und religiöse Metaphysik ist nach F r e u d
nur Metapsychologie, zumeist eine Projektion von Gefühlsregungen in die Außenwelt. Wahrscheinlich ist aber neben der
Projektion auch die Introjektion für die Weltauffassung der

Menschen bedeutsam. Die große Rolle, die der Vermenschlichung unbelebter Dinge in der Mythologie zukommt, scheint
dafür zu sprechen. K l e i n p a u l s geistvolles Werk über die
Entwicklung der Sprache,[1] auf dessen psychologische Bedeutsamkeit uns A b r a h a m[2] aufmerksam machte, zeigt über-
zeugend, wie es dem Menschen gelingt, die ganze tönende und
nichttönende Mitwelt mit den Mitteln des Ichs darzustellen,
wobei kein Mittel der Projektion und Introjektion unversucht
bleibt. Die Art, wie bei der Sprachbildung eine Reihe von
menschlich-organischen Tönen und Geräuschen auf Grund der
oberflächlichsten akustischen Analogie und des minimalsten
„ätiologischen Anspruches" mit einem Dinge identifiziert wird,
erinnert lebhaft an die eben erwähnten Übertragungsbrücken
der Neurosen.

D e r N e u r o t i s c h e benutzt also einen a u c h v o n d e n
N o r m a l e n vielbegangenen Weg, wenn er d i e f r e i -
f l o t t i e r e n d e n A f f e k t e d u r c h A u s w e i t u n g d e s
I n t e r e s s e n k r e i s e s , a l s o d u r c h I n t r o j e k t i o n z u
m i l d e r n sucht und wenn er s e i n e A f f e k t e a n a l l e
m ö g l i c h e n O b j e k t e , die ihn nichts angehen, verschwendet,
u m A f f e k t b e z i e h u n g e n z u g e w i s s e n O b j e k t e n ,
d i e i h n n a h e a n g e h e n , u n b e w u ß t l a s s e n z u
k ö n n e n .

Oft gelingt es, in der Analyse der Neurotiker diese Ausweitung des Interessenkreises historisch zu verfolgen. So
hatte ich eine Patientin, die bei der Lektüre eines Romanes
an sexuelle Ereignisse der Kindheit erinnert wurde und im
Anschlusse daran eine Phobie vor Romanen produzierte, die sie
später auf Bücher überhaupt, endlich auf alles Gedruckte aus-
dehnte. Die Flucht vor der Masturbationsneigung verursachte

---

1) K l e i n p a u l, Das Stromgebiet der Sprache. Leipzig, 1893.
2) A b r a h a m, Traum und Mythos. Wien, 1909.

bei einem meiner Zwangsneurotiker eine Phobie vor den
Anstandsorten (wo er seinerzeit dieser Neigung frönte); später
wurde daraus eine Klaustrophobie: Furcht vor Alleinsein in
jedem geschlossenen Raume. Von der psychischen Impotenz
konnte ich nachweisen, daß sie in sehr vielen Fällen durch die
Übertragung des Respektes vor der Mutter oder Schwester auf
alle Frauen bedingt ist.[1] Bei einem Maler erwies sich die Lust
am Anschauen der Dinge und damit die Berufswahl als „Ersatz"
für Dinge, die er als Kind nicht betrachten durfte.

Die experimentelle Bestätigung dieser Introjektionsneigung
der Neurotischen können wir in den von Jung ausgeführten
Assoziationsversuchen finden.[2] Als das für die Neurose Charakteristische bezeichnet Jung die verhältnismäßig sehr hohe Zahl
von „Komplexreaktionen": die Reizworte werden vom Neurotiker
„im Sinne seines Komplexes gedeutet". Der Gesunde antwortet
rasch mit einem indifferenten, inhaltlich oder klanglich assoziierten Reaktionsworte. Beim Neurotischen bemächtigen sich die
ungesättigten Affekte des Reizwortes und versuchen, es in ihrem
Sinne auszubeuten, wozu ihnen die mittelbarste Assoziation gut
genug ist. Die Reizworte lösen also eigentlich die komplizierte Reaktion nicht aus, sondern die reiz-
hungrigen Affekte der Neurotischen kommen
ihnen entgegen. Will man das neu geprägte Wort
anwenden, so kann man sagen, daß der Neurotische die
Reizworte des Experimentes introjiziert.

Man wird mir einwenden, daß die Erweiterung des Interessenkreises, die Identifizierung des Ichs mit vielen Menschen,
ja, mit der ganzen Menschheit, die Empfänglichkeit für die

---

1) Ferenczi, Analytische Deutung und Behandlung der psychosexuellen Impotenz beim Manne. (Psychiatrisch-Neurologische Wochen-
schrift 1908.) Abgedruckt in Band II dieser Sammlung.

2) Jung, Diagnostische Assoziationsstudien. Leipzig, 1906.

Reize der Außenwelt Eigenschaften sind, mit denen auch die Normalen, ja, besonders die hervorragendsten Vertreter des Menschengeschlechtes ausgestattet sind, — daß man also die Introjektion nicht als den für Neurosen typischen und charakteristischen psychischen Mechanismus bezeichnen darf. Diesem Einwand müssen wir die Erkenntnis entgegenhalten, daß es die vor F r e u d angenommenen fundamentalen Unterschiede zwischen Normalen und Psychoneurotischen nicht gibt. F r e u d zeigte uns, daß „die Neurosen keinen besonderen, ihnen eigentümlich und allein zukommenden psychischen Inhalt haben", und nach J u n g s Ausspruch erkranken die Neurotiker an Komplexen, mit denen wir alle kämpfen. Der Unterschied zwischen beiden ist nur ein quantitativer und praktisch wichtiger. Der Gesunde überträgt seine Affekte und identifiziert sich auf Grund viel besser motivierbarer „ätiologischer Ansprüche" als der Neurotische, vergeudet also nicht so sinnlos seine psychischen Energien wie dieser.

Ein anderer Unterschied, auf dessen prinzipielle Bedeutsamkeit Professor F r e u d aufmerksam machte, ist der, daß dem Gesunden der größte Teil seiner Introjektionen bewußt ist, während sie beim Neurotischen zumeist verdrängt bleiben, sich in u n b e w u ß t e n Phantasien ausleben und nur indirekt, symbolisch dem Kundigen zu erkennen geben. Sehr oft erscheinen sie sogar in Form von „Reaktionsbildungen", als übermäßige Betonung einer der unbewußten gegensätzlichen Gefühlsströmung im Bewußten.

Daß von allen diesen Dingen, von Übertragungen auf den Arzt, von Introjektionen in der vorfreudischen Neurosenliteratur nichts enthalten ist, — *ça ne les empêchait pas d'exister.* — Damit will ich auch jenen Kritikern geantwortet haben, die die positiven Ergebnisse der Psychoanalyse als der Nachprüfung nicht wert a limine ablehnen, der von uns selbst hervor-

gehobenen Ansicht von den Schwierigkeiten dieser Forschungsmethode aber ohne weiters Glauben schenken und sie als
Waffe gegen die neue Richtung gebrauchen. So begegnete mir
unter anderem der Einwurf, daß die Psychoanalyse gefährlich
sei, weil sie Übertragungen auf den Arzt schaffe, wobei
bezeichnenderweise immer nur von der erotischen, niemals von
der negativen Übertragung[1] gesprochen wird.

Ist aber die Übertragung gefährlich, so werden alle Nervenärzte, auch die Gegner Freuds, konsequenterweise die
Beschäftigung mit Neurotikern aufgeben müssen, denn immer
mehr kommen wir zur Überzeugung, daß die Übertragung
auch in der nichtanalytischen und nichtpsychotherapeutischen
Behandlung der Psychoneurosen die größte, wahrscheinlich die
einzig wichtige Rolle spielt, nur daß bei diesen Behandlungsmethoden — wie Freud mit Recht hervorhebt — nur die
positiven Gefühle dem Arzte gegenüber zu Worte kommen, da
die Kranken beim Auftauchen von unfreundlichen Übertragungen
sich vom „antipathischen" Arzte losreißen. Die positiven Übertragungen werden aber vom nichts ahnenden Arzte übersehen
und die Heilwirkung den physikalischen Maßnahmen oder der
unklar erfaßten „Suggestion" zugeschrieben.

Am deutlichsten zeigt sich die Übertragung bei der Behandlung mit Hypnose und Suggestion, wie ich es im folgenden Kapitel dieser Arbeit ausführlicher darzulegen versuche.

Seitdem ich von Übertragungen etwas weiß, erscheint mir
eben das Vorgehen jener Hysterika, die nach Beendigung der
Suggestionskur meine Photographie verlangte, um — wie sie

1) Die praktische Bedeutsamkeit und exzeptionelle Stellung jener
Art von Introjektionen, die die Person des Arztes zum Gegenstande
haben und bei der Analyse aufgedeckt werden, erfordert es, daß für
diese der von Freud gegebene Terminus „Übertragungen" beibehalten
werde. Die Bezeichnung „Introjektion" wäre für alle anderen Fälle des
gleichen psychischen Mechanismus anwendbar.

sagte — beim Anblick derselben an meine Worte erinnert zu werden, im richtigen Lichte. Sie wollte einfach ein Andenken von mir haben, der ich ihrer von Konflikten geplagten Seele durch Streicheln ihrer Stirne, durch freundlich mildes Zureden, durch ungestörtes Phantasierenlassen im halbdunklen Zimmer so angenehme Viertelstunden verschaffte. Einer anderen Patientin mit Waschzwang entschlüpfte einmal bei der Analyse sogar das Geständnis, daß sie einem sympathischen Arzte zuliebe oft imstande war, ihre Zwangshandlung zu unterdrücken.

Dies sind keine Ausnahmsfälle, sondern repräsentieren den Typus und dienen zur Erklärung nicht nur der hypnotischen und suggestiven, sondern auch aller „Heilungen" der Psychoneurotischen mittels Elektro-, Mechano-, Hydrotherapie und Massage.

Es soll nicht geleugnet werden, daß rationellere Lebensbedingungen die Ernährung heben, die Stimmung bessern und hierdurch die Bewältigung von psychoneurotischen Symptomen einigermaßen unterstützen können; die hauptsächliche Heilpotenz bei all diesen Kuren ist aber die unbewußte Übertragung, wobei die verkappte Befriedigung libidinöser Tendenzen (bei der Mechanotherapie die Erschütterung, bei der Hydrotherapie und Massage das Reiben der Haut) sicherlich eine Rolle spielt.

Professor F r e u d faßt diese Überlegungen in dem Aus spruche zusammen, d a ß m a n d e n N e u r o t i s c h e n b e - h a n d e l n m a g w i e i m m e r : e r b e h a n d e l t s i c h i m m e r p s y c h o t h e r a p e u t i s c h , d a s h e i ß t m i t Ü b e r - t r a g u n g e n. Was wir als Introjektionen und sonstige Krankheitssymptome beschreiben, sind — nach F r e u d s Ansicht, der ich vollkommen beipflichten muß — eigentlich autodidaktisch erlernte Heilungsversuche des Kranken. Denselben Mechanismus betätigt er aber, wenn ihm ein heilen wollender

Arzt begegnet: er versucht — meist ganz unbewußt — zu
„übertragen", und wenn es ihm gelingt, so ist die Besserung
des Zustandes die Folge.

Man könnte mir einwenden, daß die nichtanalytischen Be-
handlungsmethoden, indem sie — wenn auch u..bewußt —
den von der kranken Psyche automatisch eingeschlagenen Weg
befolgen und mit Übertragungen heilen, im Rechte seien.
Die Übertragungstherapie sei also gleichsam ein „Naturheil-
verfahren", die Psychoanalyse dagegen etwas Künstliches, der
Natur Aufgezwungenes. Dieser Einwurf wäre unwiderlegbar.
Der Kranke „heilt" seine seelischen Konflikte tatsächlich durch
Verdrängung, Verschiebung und Übertragung unliebsamer
Komplexe; leider entschädigt sich das Verdrängte durch die
Schaffung „kostspieliger Ersatzbildungen" (F r e u d), so daß wir
die Neurosen als mißlungene Heilungsversuche
(F r e u d) ansehen müssen, wo wirklich *medicina pejor morbo*.
Sehr falsch wäre es, auch hier sklavisch die Natur nachahmen
zu wollen und ihr auf einer Fährte zu folgen, wo sie im
gegebenen Falle ihre Unfähigkeit erwiesen hat. D i e P s y c h o -
a n a l y s e w i l l i n d i v i d u a l i s i e r e n, w a s d i e N a t u r
v e r s c h m ä h t; die Analyse trachtet Individuen lebens- und
aktionsfähig zu machen, die bei dem summarischen Verdrän-
gungsverfahren der um die schwächlichen Einzelwesen sich
nicht kümmernden Natur zugrunde gingen. Es genügt hier nicht,
die verdrängten Komplexe mit Hilfe der Übertragung auf den
Arzt um ein kleines weiter zu verschieben, ihre Affektspannung
zum Teil zur Entladung zu bringen und hierdurch eine tem-
poräre Besserung zu erzielen. Will man dem Kranken ernstlich
helfen, so muß man ihn durch die Analyse dazu bringen, daß
er — entgegen dem Unlustprinzip — die W i d e r s t ä n d e
(F r e u d), die ihm den Anblick der eigenen, ungeschminkten
seelischen Physiognomie verwehren, überwindet.

Die heutige Neurologie will aber von Komplexen, Widerständen und Introjektionen nichts wissen und bedient sich ganz unbewußt eines in vielen Fällen wirklich wirksamen psychotherapeutischen Mittels, der Übertragung; sie heilt gleichsam „unbewußt", bezeichnet sogar das eigentliche wirksame Prinzip aller Heilmethoden der Psychoneurosen als eine Gefahr.

Wem die Übertragungen gefährlich vorkommen, der muß die nichtanalytischen Behandlungsmethoden, die die Übertragungen verstärken, viel strenger verdammen als die Psychoanalyse, die dieselben ehemöglichst aufzudecken und zu lösen sucht.

Ich leugne aber, daß die Übertragung etwas Schädliches sei, vermute vielmehr, daß sich — wenigstens in der Neurosenpathologie — jener tief in der Volksseele wurzelnde uralte Glaube bewahrheiten wird, daß die Liebe Krankheiten heilen kann. Diejenigen, die uns spöttisch vorwerfen, „alles aus einem Punkte" erklären und kurieren zu wollen, sind noch viel zu sehr von jener asketisch-religiösen, alles Sexuelle geringschätzenden Weltanschauung beeinflußt, die der Einsicht in die große Bedeutung der Libido für das normale und pathologische Seelenleben seit nahezu zweitausend Jahren hinderlich im Wege steht.

II
Die Rolle der Übertragung bei der Hypnose und bei der Suggestion

Die Pariser neurologische Schule (Schule C h a r c o t) betrachtete peripher und zentral auf das Nervensystem einwirkende Reize (optische Fixierung von Gegenständen, Streicheln der Kopfhaut usw.) als Hauptfaktoren bei den hypnotischen Erscheinungen. Die Schule B e r n h e i m s dagegen (Schule von Nancy) sieht in diesen und ähnlichen Reizen nur Vehikel zur „Eingebung" von Vorstellungen, speziell im Hypnotisieren das

Vehikel zur Einführung der Vorstellung des Einschlafens. Die
gelungene Eingebung der Schlafvorstellung soll dann imstande
sein, eine Art „Dissoziationszustand des Gehirns" hervorzurufen, in dem man weiterer Suggestionen besonders leicht
zugänglich sei, d. h. die Hypnose. Dies war ein gewaltiger
Fortschritt, der erste Versuch einer von unberechtigten physiologischen Phrasen befreiten, rein psychologischen Erklärung der
hypnotischen und Suggestionsphänomene; ganz zufriedenstellen
konnte aber auch diese unser Kausalitätsbedürfnis nicht. Es war
von vornherein unwahrscheinlich, daß das Fixieren eines glänzenden Gegenstandes die Hauptursache so tiefgreifender Veränderungen im Seelenleben des Menschen, wie die Hypnose
sie zeitigt, sein könne. Nicht viel größer ist aber die Plausibilität der Annahme, daß eine dem wachen Menschen „ein-
gegebene" Vorstellung, die Idee des Schlafens, ohne die unum-
gängliche Mithilfe viel gewaltigerer psychischer Kräfte, solche
Veränderungen verursachen könne. Alles spricht vielmehr dafür,
daß beim Hypnotisieren und Suggerieren die Hauptarbeit nicht
der Hypnotiseur und Suggereur, sondern die Person selbst ver-
richtet, die bisher zumeist nur als „Gegenstand" der Ein-
gebungsprozeduren in Betracht kam. Die Existenz der Auto-
suggestion und Autohypnose einerseits, die durch die Individualität
des „Mediums" gesteckten Grenzen der produzierbaren Erscheinungen anderseits sind schlagende Beweise dafür, eine wie
untergeordnete Rolle in der Kausalitätskette dieser Erscheinungen
dem Eingreifen des Experimentators eigentlich zukommt. Trotz
dieser Erkenntnis blieben aber die Bedingungen der intra-
psychischen Verarbeitung von Suggestionseinflüssen in tiefes
Dunkel gehüllt.

Die psychoanalytische Untersuchung Nervenkranker nach
der Methode F r e u d s verhalf uns erst zu Einblicken in die
Seelenvorgänge, die sich bei Suggestion und Hypnose abspielen.

Die Psychoanalyse gestattete uns, mit Sicherheit festzustellen, daß der Hypnotiseur der Mühe der Hervorrufung jenes „Dissoziationszustandes" (dem er übrigens kaum gewachsen wäre) enthoben ist, da er doch die Dissoziation, d. h. das Nebeneinanderbestehen verschiedener Schichten (nach Freud „Lokalitäten", „Arbeitsweisen") der Seele auch beim wachen Menschen fertig vorfindet. Nebst der sicheren Feststellung dieser Tatsache gab aber die Psychoanalyse auch über den Inhalt jener Vorstellungskomplexe und über die Richtung jener Affekte, die die beim Hypnotisiert- und Suggeriertwerden tätige unbewußte Schichte der Psyche ausmachen, vordem ungeahnte Auskünfte. Es stellte sich heraus, daß im „Unbewußten" (im Sinne Freuds) alle im Laufe der individuellen Kulturentwicklung verdrängten Triebe aufgestapelt sind und daß deren ungesättigte, reizhungrige Affekte stets bereit sind, auf die Personen und Gegenstände der Außenwelt zu „übertragen", dieselben mit dem Ich unbewußt in Beziehung zu bringen, zu „introjizieren". Vergegenwärtigen wir uns in diesem Sinne den psychischen Zustand des Menschen, dem etwas suggeriert werden soll, so ergibt sich eine prinzipiell bedeutungsvolle Verschiebung des früheren Standpunktes. Die unbewußten seelischen Mächte des „Mediums" erscheinen als das eigentlich Aktive, während der früher allmächtig gedachte Hypnotiseur sich mit der Rolle eines Objektes bescheiden muß, dessen sich das Unbewußte des scheinbar widerstandslosen „Mediums" je nach seiner individuellen und aktuellen Disposition bedient.

Unter den psychischen Komplexen, die, im Laufe der Kindheit fixiert, für die ganze spätere Lebensgestaltung von außerordentlich hoher Bedeutung bleiben, stehen die „Elternkomplexe" obenan. Die Erfahrung Freuds, daß diese Komplexe die Grundlage für die Symptome aller Psychoneurosen der Erwachsenen hergeben, wird von allen, die sich ernstlich mit

diesen Problemen befassen, bestätigt. Mein Versuch, die Ursachen der psychosexuellen Impotenz analytisch zu erforschen,
führte zum Ergebnisse, daß auch dieser Zustand in einer sehr
großen Zahl von Fällen durch „inzestuöse Fixierung" der Libido
(F r e u d) verursacht ist, d. h. durch allzu feste — wenn auch
ganz unbewußte — Verankerung der sexuellen Wünsche an
die Personen der nächsten Verwandtschaft, besonders der Eltern.
Ich habe mit dieser Feststellung ähnliche Beobachtungen von
S t e i n e r und W. S t e k e l bestätigen können. Eine beträchtliche
Bereicherung unseres Wissens über die dauernde Nachwirkung
der elterlichen Einflüsse verdanken wir C. G. J u n g[1] und
K. A b r a h a m.[2] Ersterer wies nach, daß die Psychoneurosen
meist aus einem Konflikt zwischen der (unbewußten) Eltern-
konstellation und dem Bestreben nach individueller Selbständigkeit entstehen. Letzterer demaskiert die Neigung zum Unver-
ehelichtbleiben oder zum Heiraten naher Verwandter als ein
Symptom derselben psychischen Konstellation. Auch I. S a d g e r[3]
hat sich um die Aufdeckung dieser Beziehungen verdient.
gemacht.

Für die psychoanalytische Betrachtungsweise gilt es aber als
ausgemacht, daß es zwischen den „normalen" und „psychoneurotischen" Seelenvorgängen nur quantitative Unterschiede
gibt und daß die Ergebnisse der Seelenerforschung von Psycho-
nervösen, *mutatis mutandis*, auch in der Normalpsychologie ver-
wertbar sind. Es war also von vornherein wahrscheinlich, daß

---

1) C. G. J u n g, Bedeutung des Vaters für das Schicksal des einzelnen.
Jahrb. f. PsA. I. Jahrg. (1909).

2) K. A b r a h a m, Stellung der Verwandtenehen in der Psychologie
der Neurosen. Erschienen in seinen „Klin. Beiträgen zur Psychoanalyse".
Int. PsA. Bibliothek, Bd. 10, 1921.

3) I. S a d g e r, Psychiatrisch-Neurologisches in psychoanalytischer
Beleuchtung. (Zentralblatt für das Gesamtgebiet der Medizin und ihrer
Hilfswissenschaften, Jahrgang 1908, Nr. 7 und 8.)

die Suggestion, die ein Mensch einem anderen „eingibt", dieselben Komplexe in Bewegung setzt, die wir bei den Neurosen in Tätigkeit sehen. Es muß aber hervorgehoben werden, daß mich in Wirklichkeit nicht diese aprioristische Erwartung, sondern reale Erfahrungen bei der Psychoanalyse zu dieser Einsicht führten.

F r e u d ist es zuerst aufgefallen, daß man bei den Analysen manchmal auf große Widerstände stößt, die das Fortsetzen der Arbeit unmöglich zu machen scheinen und es wirklich hintanhalten, bis es gelingt, dem zu Analysierenden einwandfrei darzutun, daß dieses Widerstreben eine Reaktion auf unbewußte Sympathiegefühle ist, die eigentlich anderen Personen gelten, aber aktuell zur Person des Analysierenden in Beziehung gebracht worden sind.

Andere Male beobachtet man an den Analysierten eine an Anbetung grenzende Begeisterung für den Arzt, die — wie alles andere — der Analyse unterzogen wird. Es stellt sich dann heraus, daß der Arzt auch hier als Deckperson zum Ausleben von meist sexuellen Affekten gedient hat, die eigentlich anderen, für den Analysierten viel bedeutungsvolleren Persönlichkeiten gelten. Sehr oft wird aber die Analyse durch unmotivierten Haß, Furcht und Angst des Patienten dem Arzte gegenüber unliebsam gestört, die sich im Unbewußten nicht auf den Arzt, sondern auf Personen beziehen, an die der Patient aktuell gar nicht denkt. Indem wir dann mit dem Patienten die Reihe von Persönlichkeiten, denen diese Affekte positiver und negativer Art eigentlich gelten, durchgehen, stoßen wir oft zunächst auf solche, die in der unmittelbaren Vergangenheit des Patienten eine Rolle gespielt haben (z. B. Gattin, Geliebte), dann kommen unerledigte Affekte der Jugendzeit (Freunde, Lehrer, Heldenphantasien) und schließlich gelangen wir meist nach Überwindung größter Widerstände zu verdrängten Gedanken

sexuellen, gewalttätigen und ängstlichen Inhaltes, die sich auf
die nächsten Verwandten, besonders auf die Eltern, beziehen.
Es stellt sich so heraus, daß tatsächlich in jedem Menschen
das liebenwollende, dabei furchtsam-ängstliche Kind weiterlebt
und daß alles spätere Lieben, Hassen und Fürchten nur Übertragungen oder, wie F r e u d sagt, „Neuauflagen" von Gefühlsströmungen sind, die in der ersten Kindheit (vor dem voll-
endeten vierten Jahre) erworben und später verdrängt worden
sind.

Im Besitze dieser Kenntnisse war es kein allzu gewagter
Schritt mehr anzunehmen, daß die merkwürdige Plenipotenz,
mit der wir als Hypnotiseure über alle psychischen und Nerven-
kräfte des „Mediums" verfügen, nichts anderes als Äußerungen
verdrängter infantiler Triebregungen des Hypnotisierten sind.
Ich fand diese Erklärung viel beruhigender als die Annahme
der dissoziationerzeugenden Fähigkeit einer Eingebung, die einen
ja vor seiner Gottähnlichkeit bange machen müßte.

Ein naheliegender Einwand auf diese Überlegungen wäre
die Bemerkung, daß es ja längst bekannt sei, daß Sympathie
und Respekt das Zustandekommen suggestiver Beeinflußbarkeit
sehr begünstigen. Diese Tatsache konnte ja den tüchtigen
Beobachtern und Experimentatoren auf diesem Gebiete nicht
entgehen. Was aber bislang nicht bekannt war und nur mit
Hilfe der Psychoanalyse erkannt werden konnte, ist erstens, daß
diese unbewußten Affekte die Hauptrolle beim Zustandekommen
jeder Suggestionswirkung spielen, zweitens, daß sie sich *in
ultima analysi* als M a n i f e s t a t i o n e n l i b i d i n ö s e r T r i e b-
r e g u n g e n darstellen, die zumeist v o n d e n V o r s t e l l u n g s-
k o m p l e x e n d e r k i n d l i c h - e l t e r l i c h e n B e z i e h u n g e n
a u f d i e R e l a t i o n Arzt-Patient übertragen w u r d e n.

Daß Sympathie oder Antipathie zwischen Hypnotiseur und
Medium das Gelingen des Experimentes sehr beeinflußt, war,

wie gesagt, auch vordem allgemein anerkannt. Unbekannt war
aber der Umstand, daß die Gefühle der „Sympathie" und
„Antipathie" hoch zusammengesetzte, noch weiterer Analyse
zugängliche psychische Gebilde und nach F r e u d s Methode
in ihre Elemente zerlegbar sind. Bei der Zerlegung findet man
in ihnen die primären unbewußten libidinösen Wunschregungen als Unterlage und darüber einen unbewußten und
vorbewußten psychischen Überbau.

In den tiefsten Schichten der Psyche wie beim Beginne der
psychischen Entwicklung herrscht noch das rohe Unlustprinzip,
der Drang nach unmittelbarer, motorischer Befriedigung der
Libido; das ist die Schichte (oder das Stadium) des Autoerotismus nach F r e u d. Diese Region in der Schichtung der
Psyche eines Erwachsenen ist als direkte Reproduktion meist
nicht mehr zu erreichen; sie muß aus ihren Symptomen
erschlossen werden.

Was reproduzierbar ist, gehört zumeist schon der Schichte
(dem Stadium) der Objektliebe (F r e u d) an und die ersten
Objekte der Liebe sind die Eltern.

Alles drängt nun zur Annahme, daß j e d e m „S y m p a t h i e -
g e f ü h l" e i n e u n b e w u ß t e „s e x u e l l e S t e l l u n g n a h m e"
z u g r u n d e l i e g t und daß, wenn zwei Menschen sich begegnen
(ob des gleichen oder verschiedenen Geschlechtes), das Unbewußte stets den Versuch der Übertragung macht. („Im Unbewußten gibt es kein ‚Nein' " . . . „Das Unbewußte kann nichts
als wünschen", sagt F r e u d.) Gelingt es dem Unbewußten,
diese Übertragung, sei es in rein sexueller (erotischer), sei es
in sublimierter, versteckter Form (Achtung, Dankbarkeit, Freundschaft, ästhetisches Wohlgefallen usw.) dem Bewußtsein annehm-
bar zu machen, so kommt es zur „Sympathie" zwischen den
beiden. Antwortet das Vorbewußte mit Verneinung der stets
positiven unbewußten Lust, so entsteht je nach dem Kräfte-

verhältnis beider Instanzen Antipathie in verschiedenen Graden bis zum Ekel.[1]

Als klassischen Zeugen für die Wirklichkeit der allen Personen gegenüber sich äußernden „sexuellen Stellungnahme" führe ich Freuds Patientin Dora aus dem „Bruchstück einer Hysterieanalyse" an. Im Laufe der — nicht einmal vollständigen — Analyse stellte sich heraus, daß ihre Sexualität keiner einzigen Person ihrer Umgebung gegenüber indifferent blieb. Die beiden Ehehälften der befreundeten Familie K., die Gouvernante, der Bruder, die Mutter, der Vater: alle regten ihre sexuelle Libido an. Dabei war sie im Bewußten — wie die meisten Neurotiker — eher spröde und negativistisch und

---

1) Daß das Gefühl der Antipathie, des Ekels, aus Lust und Unlust, Gefallen und Mißfallen zusammengesetzt ist, fand ich in einem auch von Herrn Professor Freud untersuchten Falle von paranoischem Eifersuchtswahn bei einer Frau aus den gebildeten Ständen besonders schön ausgeprägt. Als Grundursache ihres Leidens entpuppte sich die infantile Homosexualität, die seinerzeit von der Mutter auf weibliche Wartepersonen, dann auf kleine Freundinnen übertragen und ausgiebig betätigt wurde. Die Enttäuschungen des Ehelebens hatten das Zurückströmen der Libido in „infantile Kanäle" zur Folge, inzwischen ist aber diese Art von sexueller Lust ihr unerträglich geworden. Sie projizierte also dieselbe auf ihren Mann (den sie früher liebte) und beschuldigte ihn der Untreue. Merkwürdigerweise verdächtigte sie ihn immer nur mit ganz jungen, 12- bis 13jährigen, oder sehr alten, häßlichen Frauenpersonen, meist Dienstboten, die sie „antipathisch" oder gar „ekelhaft" fand. Wo sie sich das Gefallen in sublimierter Form (ästhetisches Gefallen, Freundschaft) eingestehen konnte, also bei hübschen Personen aus ihrem Gesellschaftskreise, da konnte sie lebhafte Sympathie empfinden, und diesen gegenüber äußerte sie auch keine Wahnideen. Daß wir ein Gemenge von süß und bitter „ekelhaft" finden, dürfte ähnliche psychologische Ursachen haben, wie auch die Idiosynkrasie gegenüber Speisen und Getränken von gewisser Farbe und Konsistenz die Reaktion auf infantile, meist mit der Kopro- und Urophilie zusammenhängende verdrängte Wunschregungen ist. Der Reiz zum Spucken und Erbrechen beim Anblicke „ekelhafter" Dinge ist nur die Reaktion auf den unbewußten Wunsch, diese Dinge in den Mund zu nehmen.

hatte keine Ahnung davon, daß hinter ihren schwärmerischen Freundschaften, ihren Sympathien und Antipathien sich sexuelle Wünsche versteckten.

Dora ist aber keine Ausnahme, sondern ein Typus. So wie ihre Psyche analysiert vor uns dasteht, gibt sie ein getreues Abbild des inneren Menschen· überhaupt, denn bei genügender Vertiefung in das Seelenleben eines jeden (ob „normalen" oder neurotischen) Menschen können wir, von quantitativen Verhältnissen abgesehen, dieselben Erscheinungen wieder finden.

Die Hypnotisierbarkeit und suggestive Beeinflußbarkeit eines Menschen hängt also von der Möglichkeit der „Übertragung" oder, offener gesagt, der positiven, wenn auch unbewußten sexuellen Stellungnahme des zu Hypnotisierenden dem Hypnotiseur gegenüber ab; die Übertragung aber, wie jede „Objektliebe", hat ihre letzte Wurzel in dem verdrängten Elternkomplex.[1]

Weitere Indizienbeweise für die Richtigkeit dieser Auffassung erhält man, wenn man die praktischen Erfahrungen über die Bedingungen der Hypnotisierbarkeit und Suggestibilität in Betracht zieht.

Es ist auffallend, wie sehr die Verhältniszahl der gelungenen Hypnosen bei den einzelnen Autoren differiert. Der eine erzielt nur in 50 Prozent, der andere in 80 bis 90, ja, 96 Prozent der Fälle einen positiven Erfolg. Nach der übereinstimmenden Überzeugung erfahrener Hypnotiseure gehört zur Eignung zu diesem Beruf eine Anzahl äußerer und innerer Eigenschaften (eigentlich nur äußerer, denn auch die „inneren" müssen sich

---

1) Da ich von der Richtigkeit der Ansicht Bernheims, daß die Hypnose nur eine Form der Suggestion (suggerierter Schlaf) ist, überzeugt bin, lege ich kein Gewicht auf das scharfe Auseinanderhalten beider Begriffe und gebrauche hier oft den einen für beide.

in äußerlich bemerkbaren Ausdrucksbewegungen und in Art
und Inhalt der Rede manifestieren, die ein schauspielerisches
Talent auch ohne Überzeugung leisten kann). Sehr erleichtert
wird die Hypnose durch imponierendes Aussehen des Hypnotiseurs; einen „imposanten" Menschen denkt man sich aber oft
mit einem langen, womöglich schwarzen Barte (Svengali); für
den Mangel dieses Attributes der Männlichkeit können mächtige
Statur, dichte Augenbrauen, durchdringender Blick, strenger,
aber vertrauenerweckender Gesichtsausdruck entschädigen. Daß
die Selbstsicherheit im Auftreten, der Ruf früherer Erfolge, die
hohe Achtung, die einen berühmten Gelehrten umgibt, auch
das seinige zum Gelingen der Suggestionswirkung beiträgt,
wird allgemein anerkannt. Große Höhen- und Rangunterschiede
in der gesellschaftlichen Stellung zugunsten des Hypnotiseurs
erleichtern das Zustandekommen von Suggestionswirkungen. Ich
war während meines Militärdienstes Zeuge, wie ein Infanterist
auf Geheiß seines Oberleutnants augenblicklich einschlief. Es
war ein *coup de foudre*. Meine ersten hypnotischen Versuche,
die ich als Student an den Lehrlingen aus der Buchhandlung
meines Vaters vornahm, gelangen ausnahmslos; später hatte ich
bei weitem nicht so hohe „Prozente", allerdings fehlte es mir
später an der absoluten Selbstsicherheit, die einem nur die
Unwissenheit verleihen kann.

Die Befehle müssen bei der Hypnose so bestimmt und sicher
gegeben werden, daß dem zu Hypnotisierenden der Widerspruch ganz unmöglich vorkommen soll. Als Grenzfall dieser
Art von Hypnose mag die „Überrumpelungshypnose" durch
Anschreien, Erschrecken gelten, wobei nebst der Strenge des
Tones verzerrte Mienen, geballte Fäuste von Nutzen sein
können. Diese Überrumpelung kann — ähnlich dem Anblicke
des Medusenhauptes — die sofortige Schrecklähmung, die
Katalepsie des dazu Disponierten zur Folge haben.

Es gibt aber auch eine ganz andere Methode der Einschläferung; die Requisiten derselben sind: ein halbdunkles
Zimmer, absolute Stille, freundlich-mildes Zureden in monotoner,
leicht melodischer Sprache (worauf großes Gewicht gelegt wird),
dabei können leichtes Streicheln der Haare, der Stirne, der
Hände als unterstützende Maßnahmen dienen.

Im allgemeinen kann man also sagen, daß uns zwei Mittel
und Wege zu Gebote stehen, um andere Menschen zu hypnotisieren, suggerieren, d. h. sie zum (relativ) willenlosen Gehorsam
und blinden Glauben zu zwingen: die A n g s t und die L i e b e.
Die professionellen Hypnotiseure der vorwissenschaftlichen Ära
dieser Heilmethode, die eigentlichen Erfinder der Prozeduren,
scheinen instinktiv in allen Details gerade jene Arten des
Ängstigens und Liebseins zur Einschläferung und zum Gefügig-
machen gewählt zu haben, deren Wirksamkeit sich seit
Jahrtausenden in dem Verhältnisse der Eltern zum Kinde
bewährt hat.

Der durch Schrecken und Überrumpeln Hypnotisierende
mit dem imponierenden Äußern hat sicherlich große Ähnlichkeit mit dem Bilde, das sich dem Kinde vom gestrengen,
allmächtigen Vater, dem zu glauben, zu gehorchen und nach-
zustreben wohl die höchste Ambition jedes normalen Menschen-
kindes ist, eingeprägt haben mag.[1] Und die leicht streichelnde
Hand, die angenehmen, monotonen, zum Schlafen zuredenden
Worte: sind sie nicht eine Neuauflage von Szenen, die sich
beim Bette des Kindes zwischen ihm und der zärtlichen,
Schlaflieder singenden oder Märchen erzählenden Mutter wohl

---

1) Das in Mythos, Sage und Märchen immer wiederkehrende
R i e s e n m o t i v und das universelle Interesse für diese Kolossal-
gestalten hat gleichfalls infantile Wurzeln und ist ein Symptom des
unsterblichen Vaterkomplexes. Diese Hochachtung vor den „Riesen"
erscheint bei N i e t z s c h e in ganz sublimierter Form als Forderung
eines „Pathos der Distanz".

viele hunderte Male abgespielt haben können. Und was tut
man nicht alles, um der guten Mutter zu gefallen?

Ich lege kein großes Gewicht auf diese Scheidung von
v ä t e r l i c h e r und m ü t t e r l i c h e r H y p n o s e ; kommt es
doch gar zu oft vor, daß Vater und Mutter die Rolle wechseln.
Ich mache nur darauf aufmerksam, wie die Situation beim
Hypnotisieren zum bewußten oder unbewußten Zurückphanta-
sieren in die Kindheit, zum Wecken der in jedem Menschen
versteckten Reminiszenzen aus der Zeit des kindlichen Gehorsams
geeignet ist.

Aber auch die angeblich durch äußeren Reiz wirkenden
Einschläferungsmittel: Vorhalten eines glänzenden Gegenstandes,
Anlegen einer tickenden Uhr ans Ohr, sind die nämlichen,
mit denen es zum erstenmal gelang, die Aufmerksamkeit des
Wickelkindes zu „fesseln", also sehr wirksame Mittel zur
Weckung infantiler Erinnerungen und Gefühlsregungen.

Daß auch beim gewöhnlichen spontanen Einschlafen seit
der Kindheit bewahrte Gewohnheiten und Zeremonien eine
große Rolle spielen, und daß beim „Schlafengehen" autosuggestive (wir möchten sagen unbewußt gewordene infantile)
Elemente im Spiele sind, wird neuerdings von vielen, auch
von solchen zugegeben, die der Psychoanalyse fremd oder
feindlich gegenüberstehen. Alle diese Überlegungen drängen
zur Annahme, daß es die Vorbedingung jeder erfolgreichen
Suggestion (Hypnose) ist, daß der H y p n o t i s e u r d e m z u
H y p n o t i s i e r e n d e n „ g e w a c h s e n " sei, d. h. i n i h m
d i e s e l b e n G e f ü h l e d e r L i e b e o d e r F u r c h t , d i e s e l b e
Ü b e r z e u g u n g   d e r   U n f e h l b a r k e i t   e r w e c k e n
k ö n n e , m i t d e n e n e r a l s K i n d z u d e n E l t e r n
h i n a u f s c h a u t e .

Zur Vermeidung von Mißverständnissen muß betont werden,
daß die Suggestibilität, d. h. die Empfänglichkeit für Ein-

gebungen, die Neigung zu blindem Glauben und Gehorsam
hier nicht nur g e n e t i s c h mit analogen psychischen Eigentümlichkeiten der Kindheit zusammenhängend gedacht wird,
daß vielmehr nach unserer Ansicht bei Hypnose und Suggestion
„das im Unbewußten der Erwachsenen schlummernde Kind"
(F r e u d) gleichsam wiederbelebt wird. Die Existenz dieser
zweiten Persönlichkeit verrät sich ja nicht nur in der Hypnose,
sie äußert sich bei Nacht in allen unseren Träumen, die —
wie wir es seit F r e u d wissen — mit einem Beine stets auf
Kindheitsreminiszenzen stehen, bei Tage aber ertappen wir
unsere Psyche bei infantilen Tendenzen und Arbeitsweisen bei
gewissen F e h l l e i s t u n g e n[1] und bei allen Äußerungen des
W i t z e s.[2] Im Innersten unserer Seele sind und bleiben wir
eben zeitlebens Kinder. *Grattez l'adulte et vous y trouverez
l'enfant.*

Wer dieser Anschauung ganz gerecht werden will, muß
natürlich seine hergebrachten Ansichten vom „Vergessen" gründlich
ändern. Die analytische Erfahrung überzeugt uns mehr und
mehr, daß es ein Vergessen, ein spurloses Verschwinden im
Seelenleben ebensowenig gibt wie nach unserer Ansicht eine Ver-
nichtung von Energie oder Materie in der physischen Welt. Die
psychischen Vorgänge scheinen sogar ein sehr großes Beharrungs-
vermögen zu besitzen und sind selbst nach jahrzehntelangem
„Vergessen" als unverändert zusammenhängende Komplexe
wiedererweckbar oder aus ihren Elementen rekonstruierbar.

Der günstige Zufall setzt mich in die Lage, die Ansicht,
daß die bedingungslose Unterordnung unter einen fremden
Willen einfach als die unbewußte Übertragung von „kindlichen",

---

1) F r e u d, Psychopathologie des Alltagslebens, 1904. (Ges. Schr.,
Bd. IV.)

2) F r e u d, Der Witz und seine Beziehungen zum Unbewußten, 1905.
(Ges. Schr., Bd. IX.)

aber erotisch gefärbten Affekten (Liebe, Respekt) auf den Arzt zu erklären ist, mit psychoanalytischen Erfahrungen bei früher von mir hypnotisierten Patienten belegen zu können.

I) Vor fünf Jahren hypnotisierte ich erfolgreich eine nach der erwiesenen Untreue des Bräutigams an Angsthysterie erkrankte Patientin. Vor etwa einem halben Jahre, nach dem Tode eines geliebten Neffen, kam sie mit der Rezidive ihres Leidens zu mir und wurde der Psychoanalyse unterzogen. Die charakteristischen Zeichen der Übertragung zeigten sich alsbald, und indem ich sie der Patientin demonstrierte, ergänzte sie meine Beobachtungen mit dem Geständnisse, daß sie sich schon damals bei der hypnotischen Behandlung bewußten, auf die Person des Arztes gerichteten erotischen Phantasien hingab und meinen Suggestionen „aus Liebe" Folge leistete.

Die Analyse deckte — um mit F r e u d zu reden — die Übertragung, die die Hypnose schuf, auf. Es scheint also, daß ich damals bei der Hypnose die Patientin heilte, indem ich ihr in Freundlichkeit, Mitleid, Trostesworten einen Ersatz für ihre den Ausbruch ihrer ersten Erkrankung auslösende unglückliche Liebschaft bot. Die Neigung zum treulosen Liebhaber war allerdings selbst nur ein Surrogat für die durch die Ehe verlorene Liebe der älteren Schwester, mit der sie in ihrer Kindheit in enger Freundschaft lebte und jahrelang mutuell onanierte. Ihr höchstes Leid war aber die frühzeitige Entfremdung von der sie früher abgöttisch liebenden und unglaublich verzärtelnden Mutter, ja alle späteren Liebesversuche scheinen nur Surrogate dieser ersten, infantilen, aber durch und durch erotischen Neigung zur Mutter gewesen zu sein. Nach dem Abbruche der hypnotischen Kur bemächtigte sich ihre Libido in ganz sublimierter, aber bei der Analyse als erotisch demaskierter Art eines kleinen achtjährigen Neffen, dessen

plötzlicher Tod die Rezidive der hysterischen Symptome aus-
löste. Die hypnotische Fügsamkeit war hier die Folge der
Übertragung, und das ursprüngliche, nie voll ersetzte Liebesobjekt war bei meiner Patientin unzweifelhaft die Mutter.

II) Ein 28jähriger Beamter kam vor ungefähr zwei Jahren
zum erstenmal mit einer schweren Angsthysterie zu mir. Ich
befaßte mich zwar bereits mit Psychoanalyse, entschloß mich
aber aus äußeren Gründen zur Hypnose und erreichte durch
einfaches Zureden („Mutterhypnose") eine großartige, momentane
Besserung des Gemütszustandes. Der Patient kam aber bald mit
der Rezidive der Angst zurück und ich wiederholte von Zeit
zu Zeit mit dem gleichen, aber immer nur flüchtigen Erfolge
die Hypnose. Als ich mich endlich zur Analyse entschloß,
hatte ich mit der (sicherlich durch die Hypnosen großgezogenen)
Übertragung auf meine Person die größten Schwierigkeiten.
Diese lösten sich erst, als es sich herausstellte, daß er mich
auf Grund oberflächlicher Analogien mit der „guten Mutter"
identifizierte. Zur Mutter fühlte er sich aber als Kind außerordentlich hingezogen, ihre Liebkosungen waren ein Bedürfnis
für ihn, und er gab auch zu, damals starke Neugierde für die
sexuellen Beziehungen der Eltern verspürt zu haben; er war
auf den Vater eifersüchtig, phantasierte sich in die Rolle des
Vaters hinein usw. Eine Zeitlang ging die Analyse ganz glatt
von statten. Doch wie ich ihm einmal auf eine Bemerkung
etwas ungeduldig und abweisend antwortete, bekam er einen
heftigen Angstanfall und es begann eine neuerliche Störung im
Fortgange der Analyse. Nachdem wir uns endlich über den
ihn so aufregenden Zwischenfall ausgesprochen hatten, vertiefte
sich die Analyse in die Reminiszenzen an ähnliche Vorkommnisse, und nun kam — nach Erledigung von Freundschaften mit
etwas homosexuell-masochistischer Färbung und von unliebsamen

Szenen mit Professoren und Vorgesetzten — der **Vater-komplex** zum Vorschein. „Das schreckliche, verzerrte, runzlige Gesicht des zürnenden Vaters" sah er leibhaftig vor sich und er zitterte dabei wie Espenlaub. Zugleich kam aber auch eine Flut von Erinnerungen, die bezeugten, wie gerne er dennoch den Vater hatte, wie stolz er auf seine Stärke und Größe war.

Es sind dies nur Episoden aus der Analyse des komplizierten Falles, sie zeigen aber deutlich, daß mich auch bei der Hypnose nur sein ihm damals noch unbewußter Mutterkomplex zur Beeinflussung des Zustandes befähigte. Ich hätte aber in diesem Falle wahrscheinlich mit ebensolchem Erfolge auch das andere Machtmittel der Suggestion: die Einschüchterung, das Imponieren, also das Appellieren an den Vaterkomplex versuchen können.

III) Der dritte Fall, den ich anführen kann, ist der eines 26jährigen Schneiderleins, der mich wegen seiner epileptiformen Anfälle, die ich aber nach der Beschreibung für hysterische hielt, um Hilfe anrief. Sein klägliches, unterwürfig-bescheidenes Aussehen forderte förmlich zu Suggestionen heraus, und in der Tat gehorchte er wie ein folgsames Kind allen meinen Befehlen; er bekam nämlich Anästhesien, Lähmungen usw. ganz nach meinem Willen. Ich unterließ es nicht, eine wenn auch unvollständige Analyse seines Zustandes vorzunehmen. Ich erfuhr dabei, daß er jahrelang somnambul war, bei Nacht aufstand, sich zur Nähmaschine setzte und an einem halluzinierten Stoffe arbeitete, bis man ihn weckte. Dieser Beschäftigungsdrang stammte aus der Lehrzeit bei einem sehr strengen Schneidermeister, der ihn oft schlug und dessen hohen Anforderungen er um jeden Preis gerecht werden wollte. Selbstverständlich war auch das nur eine Deckerinnerung an den geachteten und gefürchteten Vater. Auch seine jetzigen Anfälle beginnen mit Beschäftigungsdrang. Er glaubt eine innere Stimme zu vernehmen: „Steh auf!", dann setzt er sich auf, zieht das Nachthemd aus, macht Nähbewegungen, die in generalisierte Krämpfe ausarten. An die motorischen Erscheinungen kann er sich nachträglich nicht erinnern, die weiß er nur von seiner Frau. Mit dem Rufe „Steh auf!" hat ihn seinerzeit sein Vater allmorgendlich geweckt, und der Arme scheint noch immer Befehle auszuführen, die er als Kind vom Vater und als Lehrling vom Chef erhalten hat. „Man kann solche nachträgliche Wirkungen von Geboten und Drohungen in der Kindheit bei Erkrankungsfällen beobachten, wo das Intervall ebensoviel ($1\frac{1}{4}$) Dezennien und mehr umfaßt", sagt F r e u d. Er nennt diese Erscheinung „n a c h t r ä g l i c h e n   G e h o r s a m".[1]

Ich vermute nun, daß diese Art „Nachträglichkeit" der Psychoneurosen überhaupt viel Gemeinsames hat mit den p o s t h y p n o t i s c h e n   B e f e h l s a u t o m a t i s m e n. Hier wie dort werden Handlungen ausgeführt, über deren Motive man keine oder nur unzureichende Aufklärung geben kann, da man damit (in der Neurose) einen längst verdrängten Befehl oder (bei der Hypnose) eine amnestisch gemachte „Eingebung" befolgt.

Daß die Kinder den Eltern willig, ja freudig gehorchen, ist eigentlich nicht selbstverständlich. Man sollte erwarten, daß die Anforderungen der Eltern an das Verhalten und die Handlungen der Kinder als äußerer Zwang empfunden werden und Unlust entbinden. Das ist auch wirklich in den allerersten Lebensjahren der Fall, solange das Kind nur autoerotische Befriedigungen kennt. Beim Beginne der „Objektliebe" wird es anders. Die geliebten Objekte werden i n t r o j i z i e r t, vom Ich angeeignet.

---

[1] Ges. Schr., Bd. VIII, S. 157.

Das Kind liebt die Eltern, das heißt: es identifiziert sich mit ihnen in Gedanken. Gewöhnlich identifiziert man sich als Kind in Gedanken mit dem gleichgeschlechtlichen Teile des Elternpaares und phantasiert sich in alle seine Situationen hinein. Unter solchen Umständen ist das Gehorchen nicht unlustvoll; die Äußerungen der Allmächtigkeit des Vaters schmeicheln sogar dem Knaben, der sich in seiner Phantasie alle Macht des Vaters aneignet und gleichsam nur sich selbst gehorcht, wenn er sich dem Willen des Vaters fügt. Selbstverständlich geht dieses willige Gehorchen nur bis zu einer gewissen, individuell verschiedenen Grenze; wird diese von den Eltern in ihren Anforderungen überschritten, wird die bittere Pille des Zwanges nicht in die süße Oblate der Liebe eingehüllt, so ist die allzu frühe Ablösung der Libido von den Eltern und zumeist eine gewaltige Störung der psychischen Entwicklung die Folge, wie dies besonders C. G. Jung in seiner Arbeit über die Rolle des Vaters festgestellt hat.

In dem schönen Buche Mereschkowskys „Peter der Große und Alexei" wird das Verhältnis zwischen einem jede sentimentale Regung bereuenden, grausam-tyrannischen Vater und dem ihm willenlos ergebenen Sohne, der, durch seinen aus Liebe und Haß gemischten „Vaterkomplex" gefesselt, unfähig ist, sich energisch aufzulehnen, sehr charakteristisch geschildert. Der Dichter-Historiograph läßt z. B. in den Träumereien des Kronprinzen sehr oft das Bild seines Vaters aufsteigen. Einmal sieht sich der Kronprinz als kleines Kind und den Vater vor seinem Bettchen. „Er streckt (dem Vater) mit einem zärtlichen, schlaftrunkenen Lächeln die Ärmchen entgegen und ruft: ‚Papa, Papa, mein Teurer!' Dann springt er auf und wirft sich dem Vater an den Hals. Peter umarmt ihn so fest, daß es das Kind schmerzt, er drückt ihn an sich, küßt ihm Gesicht, Hals, die nackten Beine und seinen ganzen, noch unter dem Nachthemd

warmen, verschlafenen Körper . . ." Der Zar hat aber dann
beim Heranwachsen seines Sohnes furchtbar strenge Erziehungs-
mittel angewendet. Seine Pädagogik gipfelte in folgendem
(historischen) Satze: „Gib dem Sohne in der Jugend keine
Macht; brich ihm die Rippen, solange er wächst; wenn du
ihn mit dem Stocke schlägst, wird er nicht sterben, sondern
nur kräftiger werden."

Und trotz alledem erglühte das Gesicht des Zarewitsch vor
schamhafter Freude, als er „in das bekannte, schreckliche und
liebe Gesicht schaute, mit den vollen, fast aufgedunsenen Backen,
mit dem gedrehten, spitzen Schnurrbarte . . . mit dem herz-
lichen Lächeln auf den zierlichen, fast frauenhaft zarten Lippen;
er erblickte die großen, dunkeln, klaren Augen, die ebenso
schrecklich wie mild waren, daß er einst von ihnen wie ein
verliebter Jüngling von den Augen eines schönen Weibes ge-
träumt hatte; er empfand den von Kindheit an ihm bekannten
Duft, ein Gemisch starken Knasters, Schnapses, Schweißes und
eines noch anderen nicht unangenehmen, aber starken Kasernen-
geruches, das im Arbeitszimmer, im Kontor des Vaters herrschte;
er fühlte die ihm auch von Kindheit an bekannte rauhe Berührung des nicht ganz glatt rasierten Kinnes mit dem kleinen
Grübchen in der Mitte, das sich in diesem finsteren Gesichte
sonderbar, fast ergötzlich ausnahm . . .". Solche oder ähnliche
Beschreibungen des Vaters sind bei Psychoanalysen etwas
Typisches. Der Dichter will uns durch diese Charakterisierung
des Verhältnisses zwischen Vater und Sohn verständlich machen,
wie es kam, daß der Kronprinz aus seinem sicheren italienischen
Verstecke beim brieflichen Rufe des Vaters allen Widerstand
aufgibt und sich dem Grausamen (der ihn dann eigenhändig
zu Tode peitscht) willenlos preisgibt. Die Suggestibilität des
Zarewitsch wird hier ganz richtig mit seinem stark betonten
Vaterkomplex motiviert. Den Mechanismus der „Übertragungen"

scheint Mereschkowsky gleichfalls zu ahnen, als er schreibt: „Er (der Zarewitsch) übertrug auf den geistlichen Vater (den Beichtvater Jakob Ignatiew) alle die Liebe, die er seinem leiblichen Vater nicht zuwenden konnte. Es war eine eifersüchtige, zärtliche, leidenschaftliche Freundschaft wie zwischen Verliebten."

Normalerweise schwindet — beim Heranwachsen des Kindes — das Gefühl der Hochachtung vor den Eltern und die Neigung, ihnen zu gehorchen. Aber das Bedürfnis, jemandem untertan zu sein, bleibt; nur wird die Rolle des Vaters auf Lehrer, Vorgesetzte, imposante Persönlichkeiten übertragen. Die so verbreitete unterwürfige Loyalität vor Regierenden und Herrschern ist auch eine solche Übertragung. Im Falle Alexeis war das Erblassen des Vaterkomplexes auch beim Heranwachsen unmöglich, da sein Vater wirklich der furchtbar mächtige Herrscher war, für den wir unsere Väter in der Kindheit ansehen.

Daß die Vereinigung der elterlichen Macht mit der Würde einer Respektsperson in der Person des Vaters die inzestuöse Neigung fixieren kann, konnte ich bei zwei Patientinnen beobachten, die die Schülerinnen ihrer eigenen Väter waren. Die eine bereitete durch leidenschaftliche Übertragung, die andere durch neurotischen Negativismus fast unüberwindliche Schwierigkeiten für die Psychoanalyse. Der grenzenlose Gehorsam bei der einen und die trotzige Ablehnung der ärztlichen Bemühungen bei der anderen, sie waren durch dieselben psychischen Komplexe, durch die Verdichtung des Vater- und Lehrerkomplexes determiniert.

Diese markanten Fälle wie auch alle übrigen schon angeführten Beobachtungen bestätigen die Ansicht F r e u d s, daß die hypnotische Gläubigkeit und Gefügigkeit in der masochistischen Komponente des Sexualtriebes w u r z e l t. (Drei Abhandlungen zur Sexualtheorie, Ges. Schr., Bd. V, S. 24.)

Masochismus aber ist l u s t v o l l e s G e h o r c h e n, und dieses lernt man in der Kindheit von den Eltern.

Im Falle des ängstlich-gehorsamen Schneiders sahen wir die elterlichen Befehle, weit über die Jahre der Kindheit hinaus, nach Art einer posthypnotischen Suggestion fortwirken. Aber auch das neurotische Analogon der sogenannten „T e r m i n - s u g g e s t i o n e n" (*Sugg. à échéance*) konnte ich bei einem Angstneurotiker nachweisen. (Es ist der oben erwähnte 28jährige Beamte.) Seine Erkrankung erfolgte aus Anlaß ganz geringfügiger Motive, und es war auffallend, daß der Patient sich etwas zu rasch mit dem Gedanken, in so jungen Jahren in Pension zu gehen, abfand. Die Analyse förderte dann die Reminiszenz an den Tag, daß er genau zehn Jahre vor der Erkrankung, und zwar sehr ungerne, die Beamtenlaufbahn betrat, da er sich künstlerisch für befähigt hielt; er folgte damals nur dem Drängen des Vaters, nahm sich aber vor, sofort nach Erreichung der zur Pension berechtigenden Dienstzeit (zehn Jahre) sich unter dem Vorwand einer Krankheit pensionieren zu lassen. (Die Neigung zum Krankheitvorschützen stammt aus früherer Kindheit, wo es ihm viel Zärtlichkeit von der Mutter und etwas Nachsicht vom Vater einbrachte.) Inzwischen vergaß er aber seinen Vorsatz vollständig; er erreichte ein etwas höheres Einkommen, und obzwar der Konflikt zwischen der Antipathie gegen die Bureaubeschäftigung und der Vorliebe für die inzwischen erfolgreich versuchte künstlerische Tätigkeit fortbestand, hinderte ihn seine anerzogene Mutlosigkeit daran, an das Aufgeben eines Teiles des Einkommens, wie es nach der Pensionierung der Fall gewesen wäre, auch nur zu denken Der vor zehn Jahren gefaßte Vorsatz scheint die ganze Zeit hindurch im Unbewußten geschlummert.

nach Ablauf der Frist fällig geworden zu sein und gleichsam
„autosuggestiv" als eine der auslösenden Ursachen der Neurose
mitgewirkt zu haben. Daß aber Termine eine so bedeutende
Rolle im Leben dieses Patienten gespielt haben konnten, war
im Grunde das Symptom von unbewußten Phantasien, die an
infantile Grübeleien über Menstruations- und Graviditätstermine
der Mutter, unter anderem an die Idee der eigenen Situation
im Mutterleibe und bei der Geburt, anknüpften.[1]

Dieser Fall — wie auch alle anderen — bestätigt den Satz
J u n g s, daß „die Zauberkraft, welche die Kinder an die Eltern
fesselt", wirklich „die Sexualität ist von beiden Seiten".

So weitgehende Übereinstimmungen zwischen dem analytisch
enthüllten Mechanismus der Psychoneurosen und der mittels
Hypnose und Suggestion produzierbaren Erscheinungen zwingen
förmlich zur Revision des Urteiles, das in wissenschaftlichen
Kreisen über C h a r c o t s Auffassung der H y p n o s e als „a r t i -
f i z i e l l e H y s t e r i e" gefällt wurde. Manche Gelehrte glauben,
diese Idee schon dadurch ad absurdum geführt zu haben, daß
sie 90 Prozent der Gesunden zu hypnotisieren imstande sind,
eine solche Ausdehnung des Begriffes „Hysterie" aber für

---

1) Die unbewußte Geburtsphantasie war die schließliche Erklärung
folgender, wie es sich herausstellte, symbolisch zu deutender Zeilen, die
er während eines Angstanfalles in sein Tagebuch schrieb: „Die Hypochondrie umspinnt meine Seele wie ein feiner Nebel oder eher wie
ein Spinngewebe, so wie Schimmelblumen den Morast bedecken. Ich
habe das Gefühl, als stäke ich in so einem Sumpf, als müßte ich den
Kopf herausstecken, um atmen zu können. Zerreißen, ja zerreißen
möchte ich das Spinngewebe. Aber nein, es geht nicht! Das Gewebe
ist irgendwo befestigt — man müßte die Pfähle herausreißen, an denen
es hängt. Geht das nicht, so müßte man sich durch das Netz langsam
durcharbeiten, um Luft zu schöpfen. Der Mensch ist doch nicht dazu
da, um von solch einem Spinngewebe umschleiert, erstickt, des Sonnen-
lichtes beraubt zu werden." Alle diese Gefühle und Gedanken waren
symbolische Darstellungen von Phantasien über intrauterine und Geburtsvorgänge.

undenkbar halten. Die Psychoanalyse führte jedoch zur Entdeckung, daß die Gesunden mit denselben Komplexen kämpfen, an denen die Neurotischen erkranken (J u n g), daß also wirklich in jedem Menschen ein Stück hysterische Disposition steckt, die sich unter ungünstigen, die Psyche übermäßig belastenden Umständen auch manifestieren kann. Keinesfalls kann man die Tatsache der Hypnotisierbarkeit so vieler Normalmenschen als zwingenden Beweis für die Unmöglichkeit der Auffassung C h a r c o t s hinnehmen. Ist man aber einmal von diesem Vorurteile befreit und vergleicht die Krankheitsäußerungen der Psychoneurosen mit den Erscheinungen der Hypnose und Suggestion, so überzeugt man sich, daß der Hypnotiseur wirklich nichts mehr und nichts anderes zeigen kann, als was die Neurose spontan produziert: dieselben psychischen, dieselben Lähmungs- und Reizerscheinungen. Der Eindruck weitgehender Analogie zwischen Hypnose und Neurose erstarkt aber zur Überzeugung von ihrer Wesensgleichheit, sobald man überlegt, daß in beiden Zuständen unbewußte Vorstellungskomplexe die Erscheinungen bestimmen und daß unter diesen Vorstellungskomplexen bei beiden die infantilen und sexuellen, besonders aber die sich auf die Eltern beziehenden die größte Rolle spielen. Es wird die Aufgabe künftiger Untersuchungen sein, zu erforschen, ob sich diese Übereinstimmung auch auf die Einzelheiten erstreckt; die bisherigen Erfahrungen berechtigen zu der Erwartung, daß dieser Nachweis gelingen wird.

Die Sicherheit dieser Erwartung wird wesentlich durch die nicht angezweifelte Existenz der sogenannten Autohypnosen und Autosuggestionen gestützt. Es sind dies Zustände, in denen unbewußte Vorstellungen, ohne beabsichtigte Einwirkung von außen, alle neuropsychischen Erscheinungen der gewollten Suggestion und Hypnose zustande bringen. Es ist vielleicht kein allzu gewagter Schritt anzunehmen, daß zwischen dem psychischen

Mechanismus derartiger Autosuggestionen und dem der psychoneurotischen Symptome, die ja Realisierungen unbewußter
Vorstellungen sind, eine weitgehende Analogie bestehen muß.
Diese Verwandtschaft muß aber mit ebensolchem Rechte zwischen
Neurose und Fremdsuggestion angenommen werden, da es ja
nach unserer Auffassung ein „Hypnotisieren", eine
„Eingebung" im Sinne der psychischen Einverleibung von etwas ganz Fremden von außen
her, gar nicht gibt, sondern nur Prozeduren,
die unbewußte, präexistente, autosuggestive
Mechanismen in Gang bringen können. Die Tätigkeit des Suggerierenden ließe sich dann sehr wohl mit der
Wirkung der auslösenden Ursache einer Psychoneurose vergleichen. Die Möglichkeit, daß zwischen dem Neurotisch- und
Hypnotisiertsein nebst dieser weitgehenden Übereinstimmung
auch Unterschiede obwalten, soll natürlich nicht geleugnet
werden. Diese Unterschiede darzutun, ist sogar eine wichtige
Aufgabe der Zukunft. Hier wollte ich nur darauf hinweisen,
daß der hohe Prozentsatz der Hypnotisierbaren
unter den „Normalen" nach den psychoanalytisch gewonnenen Erfahrungen eher ein
Argument für die allgemein vorhandene Fähigkeit zur Erkrankung an einer Psychoneurose
als gegen die Wesensgleichheit von Hypnose
und Neurose liefern kann.

Ganz paradox dürfte selbst nach diesen durch ihre Ungewohnt-
heit zunächst gewiß unerfreulich wirkenden Auseinandersetzungen die Behauptung klingen, daß der Widerstand
gegen das Hypnotisiert- und Suggeriertwerden die Reaktion
auf dieselben psychischen Komplexe sei, die in anderen Fällen
die „Übertragung", die Hypnose oder Suggestion ermöglichen.
Und doch hat dies Freud schon in seiner ersten Arbeit über

die psychoanalytische Technik[1] erraten und durch Beispiele erhärten können.

Nach F r e u d s Auffassung, die durch die seitdem gewonnenen Erfahrungen in allen Punkten bestätigt wurde, bedeutet das Nichthypnotisierbarsein ein unbewußtes Nichthypnotisiertwerdenwollen. Daß ein Teil der Neurotischen schwerer oder gar nicht hypnotisierbar ist, beruht eben sehr oft darauf, daß sie eigentlich nicht geheilt werden wollen. Sie haben sich mit ihrem Leiden gleichsam abgefunden, da es ihnen, wenn auch auf einem höchst unpraktischen und kostspieligen Umwege, aber ohne Selbstvorwurf, libidinöse Lust,[2] nicht selten auch andere große Vorteile einbringt. („Sekundärfunktion der Neurosen" nach F r e u d.)

Die Ursache einer zweiten Art des Widerstandes liegt im Verhältnisse zwischen dem Hypnotiseur und dem zu Hypnotisierenden, in der „Antipathie" gegen den Arzt. Daß auch dieses Hindernis meist von den unbewußten infantilen Komplexen geschaffen wird, wurde aber schon eingangs dargetan.

Man kann mit großer Wahrscheinlichkeit annehmen, daß die übrigen Widerstände, die wir bei der psychoanalytischen Behandlung der Patienten nachweisen, beim Versuche der Hypnose und Suggestion gleichfalls zu Worte kommen können. Es gibt ja auch Sympathien, die unerträglich sind. Die Ursache des Mißlingens vieler Hypnosen ist, wie F r e u d uns zeigte, die Furcht, „sich zu sehr an die Person des Arztes zu gewöhnen, ihm gegenüber die Selbständigkeit zu verlieren oder

---

1) B r e u e r - F r e u d, Studien über Hysterie. Kapitel: F r e u d, „Zur Psychotherapie der Hysterie" 1895. (Ges. Schr., Bd. I, S. 178 ff.)

2) S. F r e u d, „Hysterische Phantasien und ihre Beziehung zur Bisexualität" 1908. (Ges. Schr., Bd. V, S. 251.) „Das hysterische Symptom dient der sexuellen Befriedigung und stellt einen Teil des Sexuallebens der Person dar."

gar in sexuelle Abhängigkeit von ihm zu geraten". Daß aber
beim einen Kranken die ungehemmte Neigung zur Übertragung, beim anderen die Flucht vor jedem Beeinflußtwerden
zu Worte kommt, glaube ich in letzter Linie gleichfalls auf
den Elternkomplex, insbesondere auf die Art der Ablösung der
Libido von den Eltern zurückführen zu können.[1]

IV) Vor nicht langer Zeit suchte mich eine 33jährige
Patientin, Frau eines Gutsbesitzers, auf, deren Fall als
Illustration dieser Widerstände dienen kann. Sie litt an hysterischen
Anfällen. Mitten in der Nacht wurde ihr Mann einigemal
durch ihr Stöhnen geweckt und sah, wie sie sich unruhig hin
und her wälzte; „sie gab Töne von sich, als stäke ihr etwas im
Halse, was sie vergeblich zu verschlucken versucht", lautete
die Beschreibung des Gatten. Endlich kamen Würgbewegungen
und Brechreiz, worauf die Patientin erwachte, um bald darauf
ruhig einzuschlafen. Die Patientin war das gerade Gegenteil
eines „guten Mediums". Sie war eine jener Widerspenstigen,
die immer auf der Lauer sind nach Inkonsequenzen in den
Aussagen des Arztes, die alles, was er sagt und tut, auf die
Goldwage legen und überhaupt sehr trotzig, beinahe negativistisch sich benehmen. Durch schlechte Erfahrungen bei solchen
Patientinnen gewitzigt, versuchte ich es nicht einmal mit der
Hypnose oder Suggestion und nahm sofort die Analyse in
Angriff. Die verschlungenen Wege zu beschreiben, auf denen
ich die Lösung ihres Symptomkomplexes erlangte, würde mich

---

1) **Infantile (inzestuöse) Fixierung und Fähigkeit zur
Übertragung scheinen in der Tat reziproke Größen
zu sein.** Jungs diesbezügliche Beobachtungen kann jeder Psychoanalytiker vollauf bestätigen; ich glaube aber, daß dieser Satz auch
für jene Form von Affektübertragung, die wir Suggestion nennen,
gültig ist.

zu weit vom Gegenstande ablenken. In diesem Zusammenhange beschränke ich mich auf die Erklärung ihres trotzigen Benehmens, das sie besonders am Anfange der Analyse mir, aber schon vordem auf kleinliche Anlässe hin ihrem Manne gegenüber bekundete, mit dem sie manchmal tagelang kein Wort wechselte. Ihr Leiden brach nach einer gesellschaftlichen Zusammenkunft aus, wo sie das Benehmen einer älteren Dame in dem sie beleidigenden Sinne deutete, daß sie der Patientin vorwerfen wolle, ungebührlicherweise den ersten Platz an der Tafel einzunehmen. Der Schein des Inadäquaten in ihrer Gefühlsreaktion schwand aber beim Fortschreiten der Analyse. Den ersten Platz an der Tafel hatte sie nämlich wirklich ungebührlicherweise als junges Mädchen, nach dem Tode der Mutter, eine kurze Zeit lang zu Hause eingenommen. Der Vater war mit einer großen Schar von Kindern zurückgeblieben, und es kam nach dem Begräbnisse zu einer rührenden Szene zwischen ihm und der Tochter; er versprach, sich nie mehr zu verehelichen, worauf sie die feierliche Erklärung abgab, zehn Jahre lang nicht zu heiraten und bei den armen Waisenkindern Mutterstelle zu vertreten. Es kam aber anders. Es verging kaum ein Jahr, da fing der Vater an, darauf anzuspielen, daß sie heiraten sollte. Sie erriet, was das bedeutete, und wies jeden Bewerber trotzig zurück. Richtig heiratete der Vater bald darauf eine junge Person und es begann ein erbitterter Kampf zwischen der aus allen Stellungen verdrängten Tochter und ihrer Stiefmutter; in diesem Kampfe nahm der Vater offen gegen die Tochter Stellung und als einzige Waffe gegen beide blieb ihr nur der Trotz übrig, von dem sie auch nach Kräften Gebrauch machte. Bis hierher klang das Ganze wie eine rührende Geschichte von der bösen Stiefmutter und vom treulosen Vater; bald aber kam das „Infantile" und das „Sexuelle" an die Reihe. Als Zeichen beginnender Übertragung fing ich an, in ihren Träumen eine Rolle zu spielen, merkwürdigerweise recht häufig in der für mich wenig schmeichelhaften Gestalt einer Mischperson, die aus mir und — einem Pferde zusammengeschweißt war. Die Assoziationen vom Pferde führten auf unangenehme Themata; sie erinnerte sich, als ganz kleines Kind von ihrem Dienstmädchen sehr häufig zu einem Feldwebei der Gestütsbranche in die Kaserne mitgeführt worden und dort viele Pferde (auch Koitusszenen zwischen Hengst und Stute) gesehen zu haben. Sie gab ferner zu, daß sie sich für die Größenverhältnisse der männlichen Genitalien schon als Mädchen ungewöhnlich interessierte und von der relativen Kleinheit dieses Organs bei ihrem Manne — dem gegenüber sie frigid blieb — enttäuscht gewesen sei. Noch als Mädchen überredete sie eine Freundin, die Dimensionen des Kopulationsorgans ihrer zukünftigen Männer zu messen und einander mitzuteilen. Sie hielt ihr Versprechen, die Freundin aber nicht.

Der sonderbare Umstand nun, daß das Pferd in einem Traume im Nachthemd erschien, führte zur Reproduktion viel weiter zurückliegender Kindheitserinnerungen, worunter, wie so häufig, das Belauschen des sexuellen Verkehrs zwischen den Eltern und besonders die Beobachtung der Miktion des Vaters die wichtigste war. Jetzt erst erinnerte sie sich, wie oft sie sich als Kind in die Stelle der Mutter hineinphantasierte, wie gerne sie mit ihren Puppen und Freundinnen Vater und Mutter spielte, ja, einmal mittels eines unter die Röcke gesteckten Polsters eine imaginäre Gravidität durchmachte. Zum Schlusse stellte es sich heraus, daß die Patientin schon als Kind jahrelang an einer „kleinen Angsthysterie" litt: sie konnte oft bis spät in die Nacht hinein nicht einschlafen infolge der unmotivierten Angst, der strenge Vater könnte zu ihr kommen und sie m i t s e i n e m i m N a c h t k ä s t c h e n a u f b e w a h r t e n Revolver totschießen. Die Würgebewegungen und der Brechreiz in ihrem

Anfalle waren das Zeichen der Verdrängung von unten nach oben (F r e u d), war sie doch (wie F r e u d s Patientin Dora) lange Zeit eine enragierte Lutscherin, deren stark betonte erogene Mundzone einer großen Zahl von perversen Phantasien entgegenkam.

Diese, wie gesagt nur sehr verstümmelt wiedergegebene Krankheitsgeschichte ist in zweifacher Hinsicht lehrreich. Sie zeigt erstens, daß hier der Trotz, die Ablehnung jeder Beeinflussung, die dem Versuch einer Suggestionskur im Wege stand, sich bei der Psychoanalyse als Widerstand gegen den Vater entpuppte. Zweitens lehrt der Fall, daß dieser Widerstand ein Abkömmling des bei der Patientin stark fixierten Elternkomplexes, eines Ödipuskomplexes *feminini generis* war und daß ihre Elternkomplexe von infantiler Sexualität durchsetzt waren. (Auffallend ist ferner die Analogie der Pferdeträume dieser Patientin mit jener Phobie vor Pferden, die Professor F r e u d beim füufjährigen „kleinen Hans" [Ges. Schr., Bd. VIII] gleichfalls auf Identifizierung des Vaters mit einem Pferde zurückführen konnte.)

*

Was ich durch die angeführten Tatsachen begründen wollte, ist die Ansicht, daß das „Medium" in den Hypnotiseur eigentlich unbewußt verliebt ist und die Neigung dazu aus der Kinderstube mitgebracht hat. Ich weise nur noch darauf hin, daß auch das gewöhnliche Verliebtsein psychologische Erscheinungen zeitigen kann, die an Hypnose erinnern. Ein von Liebesleidenschaft verblendeter Mann vollführt fast willenlos Handlungen, die ihm die Geliebte eingibt, und seien sie auch Verbrechen. Im berühmten Prozesse C z y n s k y konnten die gelehrtesten Sachverständigen nicht entscheiden, ob die Handlungen der in die Affäre verwickelten Baronin durch Verliebtsein oder durch suggerierte Eingebungen determiniert waren.

Die meisten Homosexuellen, die mir ihre Lebensgeschichte erzählten, gaben an, von dem Manne, mit dem sie zum ersten Male verkehrten, hypnotisiert oder wenigstens suggeriert worden zu sein. Bei der Analyse eines solchen Falles stellte es sich natürlich heraus, daß diese Hypnotisierphantasien nur Projektionsversuche zur eigenen Entschuldigung sind.

Ich begnüge mich mit diesen Hinweisen und will die Analogie zwischen Verliebtsein und Hypnose nicht fortführen, um nicht den unrichtigen Eindruck zu erwecken, als ob es sich hier nur um das deduktive Breittreten eines banalen Gleichnisses handelte. Dem ist nicht so. Mühevolle individualpsychologische Untersuchungen, wie wir sie seit F r e u d anzustellen imstande sind, waren die Grundlage, auf die sich diese Hypothese aufbaute, und wenn sie schließlich auf einen Gemeinplatz hinauslief, so ist das keinesfalls als Argument gegen ihre Richtigkeit zu verwerten.

Eine nicht zu leugnende Schwäche dieser Überlegungen ist es allerdings, daß ihnen eine verhältnismäßig kleine Zahl von beobachteten Fällen zugrunde liegt. Es liegt aber in der Natur der psychoanalytischen Arbeit, daß hier die Massenbeobachtung und die statistische Methode nicht anwendbar ist.

Immerhin glaube ich durch gründliche Untersuchung, wenn auch nicht zahlreicher Fälle, durch die große grundsätzliche Übereinstimmung in allen Fällen, endlich durch das Zusammenhalten dieser Beobachtungen mit dem nunmehr ganz respektablen Wissensstoff der Psychoanalytik genügendes Material zur Stütze einer von der bisherigen verschiedenen Auffassung der Hypnose und Suggestion zusammengetragen zu haben.

Das S u g g e r i e r e n und H y p n o t i s i e r e n wäre nach dieser Auffassung d i e a b s i c h t l i c h e H e r s t e l l u n g v o n B e d i n g u n g e n, u n t e r d e n e n d i e in jedem Menschen vorhandene, aber für gewöhnlich durch die Zensur verdrängt

gehaltene Neigung zu blindem Glauben und kritik-
losem Gehorsam — ein Rest des infantil-erotischen Liebens
und Fürchtens der Eltern — auf die Person des Hypnotisierenden oder Suggerierenden unbewußt übertragen werden kann.

———————

Zur Begriffsbestimmung der Introjektion

(1912)

Dr. A. Maeder bezieht sich in einem Aufsatze[1] auf meine Arbeit über Introjektion,[2] und indem er diesen Begriff mit dem von ihm vorgeschlagenen Begriffe der Exteriorisation vergleicht, gelangt er zur Schlußfolgerung, daß beide so ziemlich dasselbe bedeuten. Wäre dem wirklich so, so müßten wir uns nunmehr darüber einigen, welcher der beiden Termini fallen zu lassen sei.

Die wiederholte Lektüre beider Aufsätze überzeugte mich aber, daß die Identifizierung beider Begriffe nur infolge mißverständlicher Auslegung der in meiner Arbeit entwickelten Idee erfolgen konnte.

Ich beschrieb die Introjektion als Ausdehnung des ursprünglich autoerotischen Interesses auf die Außenwelt durch Einbeziehung deren Objekte in das Ich. Ich legte das Schwergewicht auf dieses „Einbeziehen" und wollte damit andeuten, daß ich jede Objektliebe (oder Übertragung), beim Normalen sowohl als auch beim Neurotiker (natürlich auch

---

1) A. Maeder, Zur Entstehung der Symbolik im Traum, in der Dementia praecox usw. Zentralbl. f. PsA., I. (1910/11).

2) S. Ferenczi, Introjektion und Übertragung. 1909. (S. 9 ff. dieses Bandes.)

beim Paranoischen, insoferne er deren fähig ist), als eine Ausweitung des Ichs, d. h. als Introjektion auffasse.

Im Grunde genommen kann der Mensch eben nur sich selbst lieben; liebt er ein Objekt, so nimmt er es in sein Ich auf. Gleichwie die arme Fischersfrau im Märchen, der infolge einer Verwünschung die Wurst an die Nase angewachsen ist, deren Berührung wie die der eigenen Haut verspürt und sich gegen das Abschneiden des unliebsamen Auswuchses energisch wehren muß: so spüren wir alles Leid, das den von uns geliebten Objekten angetan wird als unser eigenes. Solches Anwachsen, solche Einbeziehung des geliebten Objektes in das Ich nannte ich Introjektion. Ich stelle mir — wie gesagt — den Mechanismus **jeder Übertragung auf ein Objekt**, also **jeder Objektliebe als Introjektion, als Ichausweitung** vor.

Die exzessive Übertragungsneigung der Neurotischen aber beschrieb ich als **unbewußte Übertreibung desselben Mechanismus**, also als Introjektionssüchtigkeit, während die Paranoiker[1] die Tendenz haben, ihre Liebe den Objekten zu entziehen, und falls sie wiederkehrt, sie in die Außenwelt zu projizieren (Projektionssucht). Ein echter Paranoiker könnte ein Stück der eigenen Nase (der eigenen Persönlichkeit) für eine „Wurst" ansehen, abschneiden und wegwerfen; keinesfalls aber läßt er daran etwas Fremdes anwachsen.

Ich weiß es nur zu gut, und habe auch in meiner zitierten Arbeit oft darauf hingewiesen, daß dieselben Mechanismen auch beim Normalen vorkommen.[2] Sicher ist auch, daß die Projek-

---

1) Die Existenz einer Paranoia ohne Demenz ist mir im Gegensatz zu M a e d e r nicht zweifelhaft.

2) Den dort gebrachten Beispielen hierfür könnte ich sogar weitere anfügen. Man kann z. B. die metaphysischen Systeme der Philosophie als Projektions- und als Introjektionssysteme klassifizieren. Der Mate-

tion auch in manchen Fällen der Neurose in Gang gesetzt
wird (z. B. bei den hysterischen Halluzinationen); auch fehlt
die Fähigkeit zum Übertragen (Introjizieren) nicht in jedem
Falle von Paranoia. Immerhin spielt die Projektion bei der
Paranoia und die Introjektion bei der Neurose eine um so viel
bedeutendere Rolle als andere Mechanismen, daß man sie als
für diese klinischen Krankheitsbilder charakteristisch ansehen
kann.[1]

Wenden wir uns nun zur Exteriorisation Maeders.
Sie besteht nach seiner Beschreibung darin, daß einzelne Organe
des Körpers mit Gegenständen der Außenwelt identifiziert und
als solche behandelt werden. (Der Paranoide F. B. sieht in den
Äpfeln des Obstgartens Vervielfältigungen seiner Genitalien. Ein
anderer hält die Wasserleitung für sein eigenes Blutgefäß.)

Maeder hält dies für einen Projektionsvorgang. Nach
meinen vorangesetzten Ausführungen müßte man aber diese
Fälle folgendermaßen auffassen: Die Paranoischen machten
vielleicht auch in diesen Fällen einen Versuch zur Projektion
des Gefallens an den eigenen Organen, sie brachten aber bloß
eine Verschiebung dieses ihnen subjektiv erhalten
gebliebenen Interesses zustande. Den eigenen Körper kann das
Ich als zur Außenwelt gehörig, also objektiv, betrachten. Bei
der „Exteriorisation" Maeders wurde also das Interesse nur
von einem Objekt der Außenwelt (dem Organ) auf ein anderes

---

rialismus, der das Ich ganz in der Außenwelt aufgehen läßt, bezeichnet
das Maximum der denkbaren Projektion; der Solipsismus, der die ganze
Außenwelt in das Ich aufnimmt, das Maximum der Introjektion.

1) Nach neueren Erfahrungen wird die Paranoia nebst dieser pathognomonischen Form auch durch einen pathognomonischen Inhalt
(Homosexualität) charakterisiert. (S. Freud, Psychoanalytische Bemerkungen über einen autobiographisch beschriebenen Fall von Paranoia,
1912 (Ges. Schriften, Bd. VIII) und Ferenczi, Rolle der Homosexualität in der Pathogenese der Paranoia. (Dieser Band S. 120 ff.)

ähnliches (die Wasserleitung, das Obst) v e r s c h o b e n. Die Verschiebung kennen wir aber schon als einen Spezialfall des
I n t r o j e k t i o n s m e c h a n i s m u s, der Ü b e r t r a g u n g, wobei
zur Sättigung der „frei flottierenden" Libido an Stelle des
zensurierten Objektes ein anderes, ähnliches, in den Interessenkreis einbezogen wird. M a e d e r s Exteriorisation ist also kein
Projektions-, sondern ein Introjektionsvorgang.

Bei der wirklich gelungenen paranoischen Projektion (z. B.
beim Verfolgungswahn) wird hingegen einem Teile der
psychischen Persönlichkeit selbst (der Homosexualität) die Zuge-
hörigkeit zum Ich, gleichsam das Bürgerrecht, entzogen und da
er sich doch nicht aus der Welt schaffen läßt, wieder als etwas
Objektives, Ichfremdes, behandelt. Eine solche Umwandlung des
rein Subjektiven in etwas Objektives darf als P r o j e k t i o n
bezeichnet werden. Ich stehe nicht an, die „exteriorisierenden"
Paranoiker, die immerhin noch ein, wenn auch verschobenes
Interesse an den Dingen der Außenwelt nehmen, die also noch
introjizieren und auf diesem Umwege sich sozial betätigen
können, als den Neurotikern näher stehend und vielleicht auch
therapeutisch günstiger zu beurteilen.

Nach alledem kann ich M a e d e r s Exteriorisierung nur als
eine übrigens auch bei Normalen vorkommende [1] spezielle Art
der Introjektion, nicht aber als Projektion auffassen; den Begriff
der Introjektion aber, der unseren bisherigen Erfahrungen
gerecht wird, glaube ich auch in Hinkunft festhalten zu sollen.

---

1) S. den Hinweis auf die mythische Vermenschlichung unbelebter
Dinge in meiner Arbeit „Introjektion und Übertragung". (Dieser
Band S. 9.)

Entwicklungsstufen des Wirklichkeitssinnes
(1913)

Wie uns F r e u d zeigte, besteht die Entwicklung der seelischen Tätigkeitsformen der Einzelwesen darin, daß das ursprünglich herrschende Lustprinzip und der ihm eigene Verdrängungsmechanismus abgelöst werden durch die Anpassung an die Wirklichkeit, d. h. durch die auf objektive Urteilsfällung gegründete Realitätsprüfung. So entsteht aus dem „primären" psychischen Stadium, wie es sich in den seelischen Leistungen primitiver Wesen (Tiere, Wilde, Kinder) und in primitiven Seelenzuständen (Traum, Neurose, Phantasie) kundgibt, das sekundäre Stadium des wachdenkenden Normalmenschen.

Am Anfang seiner Entwicklung versucht das neugeborene Menschenkind, das Befriedigtsein lediglich durch eindringliches Wünschen (Vorstellen) zu erlangen, wobei es die unbefriedigende Wirklichkeit einfach unbeachtet läßt (verdrängt), die gewünschte, aber mangelnde Befriedigung dagegen als vorhanden sich vergegenwärtigt; es will also alle seine Bedürfnisse ohne Mühe, durch positive und negative Halluzinationen decken. „Erst das Ausbleiben der erwarteten Befriedigung, die Enttäuschung, hatte zur Folge, daß dieser Versuch zur Befriedigung auf halluzinatorischem Wege aufgegeben wurde. Anstatt seiner mußte sich der psychische Apparat entschließen, die realen Verhältnisse der Außenwelt vorzustellen und die reale Veränderung anzustreben. Damit war ein neues Prinzip der seelischen Tätigkeit eingeführt; es wurde nicht mehr vorgestellt, was angenehm, sondern was real war, auch wenn es unangenehm sein sollte.“[1]

Die bedeutsame Arbeit, in der F r e u d diese Grundtatsache der Psychogenese vor uns enthüllt, beschränkt sich auf die scharfe Unterscheidung der Lust- und Realitätsstadien. Zwar beschäftigt sich F r e u d hier auch mit Übergangszuständen, in denen beide Prinzipien des seelischen Geschehens nebeneinander gelten (Phantasie, Kunst, Geschlechstleben), aber er läßt die Frage, ob die Entwicklung der sekundären seelischen Tätigkeitsform aus der primären allmählich oder stufenweise vor sich geht, ob sich etwa solche Entwicklungsstufen erkennen oder deren Derivate sich im gesunden oder kranken Seelenleben nachweisen lassen, zunächst unbeantwortet.

Eine frühere Arbeit F r e u d s, in der er uns tiefe Einblicke in das Seelenleben der Zwangsneurotiker gewährt,[2] macht indessen auf eine Tatsache aufmersam, von der ausgehend man den Versuch wagen kann, die Kluft zwischen dem Lust- und dem Wirklichkeitsstadium der seelischen Entwicklung zu überbrücken.

Zwangsneurotiker, die man der Psychoanalyse unterzieht, — heißt es dort, — gestehen uns, daß sie nicht umhin können, von der A l l m a c h t ihrer Gedanken, Gefühle, guten und bösen Wünsche überzeugt zu sein. Sie mögen noch so aufgeklärt sein, ihr doktrinäres Wissen und ihre Vernunft mögen sich noch so sehr dagegen sträuben: sie haben das G e f ü h l,

---

1) F r e u d, „Formulierungen über die zwei Prinzipien des psychischen Geschehens“, 1911. (Ges. Schr., Bd. V, S. 409.)

2) F r e u d, „Bemerkungen über einen Fall von Zwangsneurose“, 1909. (Ges. Schr., Bd. VIII.)

daß sich ihre Wünsche unerklärlicherweise verwirklichen. Von
der Wahrheit dieses Sachverhaltes kann sich jeder Analytiker
beliebig oft überzeugen. Er wird erfahren, daß dem Zwangskranken von gewissen an sich harmlosen Denkvorgängen und
Handlungen, die er vornimmt, das Wohl und Wehe anderer
Menschen, ja ihr Leben oder Tod abhängig erscheint. Er m u ß
an gewisse Zauberformeln denken oder eine bestimmte Handlung
ausführen : sonst widerfährt diesem oder jenem Menschen (meist
einem nahen Angehörigen) ein Unglück. Diese gefühlsmäßige
abergläubische Überzeugung wird auch durch wiederholte gegenteilige Erfahrungen nicht wankend.[1]

Sehen wir hier ganz davon ab, daß die Analyse solche
Zwangsgedanken und -handlungen als S u b s t i t u t i o n e n
logisch richtiger, aber ob ihrer Unerträglichkeit verdrängter
Wunschregungen entlarvt[2] und wenden wir ausschließlich der
eigentümlichen Erscheinungsform dieser Zwangssymptome unsere
Aufmerksamkeit zu, so müssen wir gestehen, daß diese ein
Problem für sich ist.

Die psychoanalytische Erfahrung erklärte mir nun das Symptom des Allmachtsgefühls als eine Projektion der Wahrnehmung,
daß man gewissen unwiderstehlichen Trieben sklavisch gehorchen
muß. Die Zwangsneurose ist ein Rückfall des Seelenlebens auf
jene kindliche Entwicklungsstufe, die u. a. auch dadurch
gekennzeichnet war, daß sich auf ihr die hemmende, auf-
schiebende, überlegende Denktätigkeit noch nicht zwischen das
Wünschen und das Handeln einschaltete, sondern auf das

---

1) Dieser Artikel wurde abgeschlossen, bevor auf die das gleiche Thema
von anderen Gesichtspunkten aus behandelnde Arbeit F r e u d s über
„A n i m i s m u s, M a g i e u n d A l l m a c h t d e r G e d a n k e n" (Totem und
Tabu, 1913, Ges. Schr., Bd. X) hätte Rücksicht genommen werden
können.

2) S. F r e u d, „Die Abwehr-Neuropsychosen" 1893, und „Obsessions
et phobies", 1895 (Ges. Schr., Bd. I).

Wünschen von selbst und unweigerlich die wunscherfüllende Bewegung folgte: eine abwehrende Bewegung gegenüber dem Unlustvollen oder die Näherung an das Lustvolle.[1]

Ein dem Bewußtsein mehr oder minder entrückter Teil des Seelenlebens blieb also — wie die Analyse nachweist — beim Zwangsneurotiker infolge einer Entwicklungshemmung (Fixierung) auf dieser kindlichen Stufe stehen und setzt das Wünschen dem Handeln gleich, weil dieser verdrängte Anteil des Seelenlebens gerade infolge der Verdrängung, der Abwendung der Aufmerksamkeit, die Unterscheidung der beiden Tätigkeiten nicht erlernen konnte, während das von Verdrängungen frei entwickelte Ich, durch Erziehung und Erfahrung gewitzigt, über diese Gleichsetzung nur lächeln kann. Daher die Zwiespältigkeit beim Zwangsneurotiker: das unerklärliche Nebeneinanderbestehen des Aufgeklärtseins und des Aberglaubens.

Von dieser Erklärung des Allmachtsgefühls als autosymbolisches Phänomen[2] nicht voll befriedigt, stellte ich mir die Frage: Woher nimmt denn das Kind die Kühnheit, mit der es das Denken und Handeln einander gleichsetzt? Woher die Selbstverständlichkeit, mit der es nach allen Gegenständen, nach der über ihm hängenden Lampe wie nach dem leuchtenden Mond, die Hand ausstreckt, in der sicheren Erwartung, sie mit dieser Gebärde zu erreichen und in sein Machtbereich zu ziehen?

Ich erinnerte mich dann, daß nach F r e u d s Annahme

---

1) Es ist bekannt, daß kleine Kinder nach jedem glänzenden oder ihnen sonst gefallenden Gegenstand fast reflektorisch die Hand ausstrecken. Sie sind ursprünglich auch unfähig, eine irgendwie Lust bereitende „Unart" beim Auftreten des dazu veranlassenden Reizes zu unterlassen. Ein kleiner Junge, dem das Bohren in der Nase verboten wurde, antwortete der Mutter: „Ich will ja nicht, aber meine Hand will und ich kann sie nicht hindern."

2) So nennt S i l b e r e r die symbolisch dargestellten Selbstwahrnehmungen.

in der Allmachtsphantasie der Zwangsneurotiker „ein Stück des alten Kindergrößenwahnes ehrlich eingestanden wird", und versuchte es, dem Ursprung und den Schicksalen dieses Wahnes nachzugehen. Ich hoffte dabei auch über die Entwicklung des Ich vom Lust- zum Wirklichkeitprinzip Neues zu erfahren, da es mir wahrscheinlich schien, daß die uns von der Erfahrung aufgenötigte Ersetzung des kindlichen Größenwahns durch die Anerkennung der Macht der Naturgewalten den wesentlichen Inhalt der Ich-Entwicklung ausmacht.

F r e u d erklärt eine Organisation, die dem Lustprinzip frönen, die Realität der Außenwelt aber vernachlässigen kann, für eine Fiktion, die aber im Säugling, wenn man nur die Mutterpflege hinzunimmt, nahezu realisiert ist.[1] Ich möchte dem hinzufügen, daß es einen Zustand der menschlichen Entwicklung gibt, der das Ideal eines nur der Lust frönenden Wesens nicht nur in der Einbildung und annähernd, sondern in der Tat und vollkommen verwirklicht.

Ich meine die im Mutterleib verbrachte Lebenszeit des Menschen. In diesem Zustand lebt der Mensch wie ein Parasit des Mutterleibes. Eine „Außenwelt" gibt es für das aufkeimende Lebewesen nur in sehr beschränktem Maße; sein ganzes Bedürfnis nach Schutz, Wärme und Nahrung wird von der Mutter gedeckt. Ja, es hat nicht einmal die Mühe, sich des ihm zugeführten Sauerstoffes und der Nahrungsmittel zu bemächtigen, denn es ist dafür gesorgt, daß diese Stoffe durch geeignete Vorrichtungen geradewegs in seine Blutgefäße gelangen. — Im Vergleich hiezu muß z. B. ein Eingeweidewurm viel Arbeit leisten, die „Außenwelt verändern", wenn er sich erhalten will. Alles Sorgen um den Fortbestand der Leibes-

---

[1] Ges. Schr., Bd. I, S. 411, Fußnote. Siehe dazu auch die Kontroverse zwischen B l e u l e r und F r e u d in dieser Frage. (B l e u l e r, „Das autistische Denken", Jahrbuch, IV. Band.)

frucht ist aber der Mutter übertragen. Wenn also dem Menschen im Mutterleibe ein wenn auch unbewußtes Seelenleben zukommt, — und es wäre unsinnig zu glauben, daß die Seele erst mit dem Augenblick der Geburt zu wirken beginnt, — muß er von seiner Existenz den Eindruck bekommen, daß er tatsächlich a l l m ä c h t i g ist. Denn was ist Allmacht? Die Empfindung, daß man alles hat, was man will, und man nichts zu wünschen übrig hat. Die Leibesfrucht könnte aber das von sich behaupten, denn sie hat immer alles, was zur Befriedigung ihrer Triebe notwendig ist,[1] darum hat sie auch nichts zu wünschen; sie ist bedürfnislos.

Der „Kindergrößenwahn" von der eigenen Allmächtigkeit ist also zumindest kein l e e r e r Wahn; das Kind und der Zwangsneurotiker fordern von der Wirklichkeit nichts Unmögliches, wenn sie davon nicht abzubringen sind, daß ihre Wünsche sich erfüllen müssen; sie fordern nur die W i e d e r - k e h r eines Zustandes, der einmal bestanden hat, jener „guten alten Zeit", in der sie allmächtig waren. (P e r i o d e d e r b e d i n g u n g s l o s e n A l l m a c h t.)

Mit demselben Rechte, ja mit noch mehr Berechtigung, mit der wir die Übertragung von Erinnerungsspuren der Rassengeschichte auf das Individuum annehmen, können wir behaupten, daß die Spuren intrauteriner psychischer Vorgänge nicht ohne Einfluß auf die Gestaltung des nach der Geburt sich produzierenden psychischen Materials bleiben. Für diese Kontinuität der Seelenvorgänge spricht das Verhalten des Kindes unmittelbar nach der Geburt.[2]

---

1) Infolge von Störungen, etwa durch Krankheit oder Verletzung der Mutter oder der Nabelschnur usw., kann die N o t auch schon im Mutterleibe an den Menschen herantreten, ihm die Allmächtigkeit rauben und ihn zum Versuch zwingen, „die Außenwelt zu verändern", d. h. Arbeit zu leisten. Eine solche Arbeitsleistung ist z. B. das Einatmen von Fruchtwasser bei Gefahr der Erstickung.

2) F r e u d hat gelegentlich darauf hingewiesen, daß die Sensationen

Das neugeborene Kind akkommodiert sich an die neue, ihm sichtlich unlustvolle Situation nicht bezüglich aller seiner Bedürfnisse gleichmäßig. Um die nach Unterbindung der Umbilikalgefäße ausbleibende Sauerstoffversorgung zu ersetzen, beginnt es sofort nach der „Entbindung" zu a t m e n; der Besitz des schon intrauterin präformierten Respirationsmechanismus setzt es in den Stand, der Sauerstoffnot sofort a k t i v zu steuern. Beobachtet man aber das sonstige Benehmen des Neugeborenen, so bekommt man den Eindruck, daß es von der unsanften Störung der wunschlosen Ruhe, die es im Mutterleibe genoß, durchaus nicht erbaut ist, ja, daß es i n d i e s e S i t u a t i o n z u r ü c k - z u g e l a n g e n s i c h s e h n t. Die Pflegepersonen erkennen instinktiv diesen Wunsch des Kindes, und sobald es durch Zappeln und Schreien seiner Unlust Ausdruck verleiht, bringen sie es geflissentlich in eine Lage, die der Mutterleibssituation möglichst ähnlich ist. Sie legen es an den warmen Körper der Mutter oder wickeln es in weiche, warme Decken, Pölster ein, offenbar um ihm die Illusion des Wärmeschutzes durch die Mutter zu verschaffen. Sie schützen sein Auge vor Licht-, sein Ohr vor Schallreizen und verschaffen ihm die Möglichkeit, die intrauterine Reizlosigkeit weiter zu genießen; oder sie reproduzieren die leisen und rhythmisch-monotonen Reize, die dem Kinde auch in utero nicht erspart geblieben sind (die Schaukelbewegungen beim Gehen der Mutter, die mütterlichen Herztöne, das dumpfe Geräusch, das etwa von außen doch ins Körperinnere dringt), indem sie das Kind wiegen und ihm monoton-rhythmische Wiegenlieder vorsummen.

Versuchen wir, uns in die Psyche des Neugeborenen nicht nur (wie es die Pflegepersonen tun) einzufühlen, sondern auch

___

des Kindes während der Geburt wahrscheinlich den ersten Angstaffekt des neuen Lebewesens provozieren, der für alle spätere Angst und Ängstlichkeit vorbildlich bleibt.

hineinzudenken, so müssen wir uns sagen, daß das hilflose
Schreien und Zappeln des Kindes eine scheinbar recht unzweck-
mäßige Reaktion auf die unlustvolle S t ö r u n g ist, die die
bisherige Befriedigungssituation infolge der Geburt plötzlich
erfahren hat. Gestützt auf Überlegungen, die F r e u d im
allgemeinen Teile seiner „Traumdeutung" ausführt,[1] dürfen
wir annehmen, daß die erste Folge dieser Störung die
h a l l u z i n a t o r i s c h e W i e d e r b e s e t z u n g der vermißten
Befriedigungssituation: der ungestörten Existenz im warmen,
ruhigen Mutterleibe, gewesen ist. D i e e r s t e W u n s c h -
r e g u n g d e s K i n d e s kann also keine andere sein als die,
i n d i e s e S i t u a t i o n z u r ü c k z u g e l a n g e n. Das Merkwürdige an der Sache ist nun, daß sich diese Halluzination
des Kindes — normale Kinderpflege vorausgesetzt — tatsächlich
realisiert. Es hat sich also die bisherige bedingungslose „Allmacht" vom subjektiven Standpunkte des Kindes nur insofern
verändert, als es sich die Wunschziele nur halluzinatorisch
besetzen (vorzustellen), aber an der Außenwelt sonst nichts zu
ändern braucht, um nach Erfüllung dieser einzigen Bedingung die
Wunscherfüllung wirklich zu erlangen. Da das Kind von der realen
Verkettung der Ursachen und Wirkungen, von der Existenz
und Tätigkeit der Pflegepersonen sicher keine Kenntnis hat,
muß es sich im Besitze einer magischen Fähigkeit fühlen, alle
Wünsche einfach durch Vorstellung ihrer Befriedigung tatsächlich realisieren zu können. (P e r i o d e d e r m a g i s c h -
h a l l u z i n a t o r i s c h e n A l l m a c h t.)

Daß die Pflegepersonen die Halluzinationen des Kindes
richtig erraten haben, zeigt der Effekt ihrer Handlungsweise.
Sobald die angedeuteten Maßnahmen der ersten Pflege ausgeführt wurden, beruhigt sich das Kind und „schläft ein".
D e r e r s t e S c h l a f aber ist nichts anderes als d i e g e l u n -

---

1) F r e u d, Traumdeutung. 1900. (Ges. Schr., Bd. II, S. 482 f.)

gene Reproduktion der vor Außenreizen
möglichst schützenden Mutterleibssituation,
wahrscheinlich mit dem biologischen Zwecke, daß die
Wachstums- und regenerativen Vorgänge, ungestört durch äußere
Arbeitsleistung, alle Energie auf sich konzentrieren können.
Überlegungen, die in diesem Zusammenhange nicht dargelegt
werden können, überzeugten mich, daß auch jedes spätere
Schlafen nichts anderes ist als eine periodisch sich wiederholende Regression zum Stadium der magisch-halluzinatorischen
Allmacht und mit deren Hilfe zur absoluten Allmacht der
Mutterleibssituation. Nach F r e u d muß man für jedes nach
dem Lustprinzip lebende System Einrichtungen fordern, mittels
deren es sich den Reizen der Realität entziehen kann.[1] Ich
denke mir nun, daß Schlaf und Traum die Funktionen solcher
Einrichtungen sind, das heißt, die auch dem Erwachsenen
erhalten gebliebenen Reste der halluzinatorischen Allmacht des
kleinen Kindes. Das pathologische Pendant dieser Regression ist
die halluzinatorische Wunscherfüllung bei Psychosen.

Da der Wunsch nach Triebbefriedigungen sich periodisch
meldet, die Außenwelt aber von dem Eintreten jenes Momentes,
wo der Trieb sich geltend macht, keine Kenntnis hat, genügt
die halluzinatorische Repräsentation der Wunscherfüllung bald
nicht mehr dazu, um die Wunscherfüllung wirklich herbei-
zuführen. Die Erfüllung wird an eine neue Bedingung geknüpft:
das Kind muß gewisse S i g n a l e geben, also eine wenn auch
inadäquate motorische Arbeit leisten, damit sich die Situation
in seinem Sinne verändert und die „Vorstellungsidentität" von
der befriedigenden „Wahrnehmungsidentität" gefolgt wird.[2]

Schon das halluzinatorische Stadium war durch das Auftreten
unkoordinierter motorischer Entladungen bei Unlustaffekten

---

1) F r e u d, Formulierungen usw. (Ges. Schr., Bd. V.)
2) S. F r e u d, Traumdeutung. 1900. (Ges. Schr., Bd. II, S. 482 f.)

charakterisiert (Schreien, Zappeln). D i e s e benützt nun das
Kind als magische Signale, auf deren Ruf dann die Wahrnehmung der Befriedigung (natürlich mit äußerer Hilfe, von
der aber das Kind keine Ahnung hat) prompt eintritt. Das
subjektive Empfinden des Kindes bei diesen Vorgängen ist dem
eines wirklichen Zauberers zu vergleichen, der nur eine
bestimmte Geste vorzunehmen hat, damit in der Außenwelt
die kompliziertesten Ereignisse nach seinem Willen vor sich
gehen.¹

Wir merken, wie die Allmacht des menschlichen Lebewesens bei Zunahme der Kompliziertheit der Wünsche an
immer mehr „Bedingungen" geknüpft wird. Bald genügen
auch diese Abfuhräußerungen nicht mehr, um die Befriedigungssituation hervorzurufen. Die sich mit der Entwicklung immer
spezieller gestaltenden Wünsche erfordern entsprechend speziali-
sierte Signale. Solche sind zunächst: die Nachahmungen der

¹) Wenn ich in der Pathologie nach einem Analogon dieser Entladungen suche, muß ich immer an die g e n u i n e E p i l e p s i e, diese
problematischeste unter den großen Neurosen, denken. Und obzwar ich
ohne weiteres zugebe, daß in der Frage der Epilepsie Physiologisches und
Psychologisches schwer zu sondern ist, erlaube ich mir doch darauf aufmerksam zu machen, daß die Epileptiker als ungemein „empfindliche" Menschen
bekannt sind, hinter deren Unterwürfigkeit beim leisesten Anlaß furchtbare Wut und Selbstherrlichkeit zum Vorschein kommt. Diese Charakter-
eigenschaft wurde bisher meist als sekundäre Entartung, als Folge oft
wiederholter Anfälle gedeutet. Man muß aber auch an eine andere
Möglichkeit denken: an die nämlich, ob denn die epileptischen Anfälle
nicht als Regressionen in die infantile Periode der W u n s c h e r f ü l-
l u n g m i t t e l s u n k o o r d i n i e r t e r B e w e g u n g e n zu betrachten
sind. Die Epileptiker wären dann Wesen, bei denen sich die Unlust-
affekte aufhäufen und sich periodisch in Paroxysmen abreagieren.
Erwiese sich diese Erklärung als brauchbar, so müßten wir die
Fixierungsstelle für eine spätere Erkrankung an Epilepsie in dieses
Stadium der unkoordinierten Wunschäußerungen verlegen. — Das irrationelle Strampeln mit den Füßen, das Ballen der Fäuste, das Zähne-
knirschen usw. bei Z o r n e s a u s b r u c h wäre eine mildere Form
derselben Regression bei sonst gesunden Menschen.

Saugbewegungen mit dem Mund, wenn der Säugling gestillt werden will, und die charakteristischen Äußerungen mittels Stimme und Bauchpresse, wenn es von den Exkrementen gereinigt werden möchte. Allmählich lernt das Kind auch, die Hand nach den Gegenständen auszustrecken, die es haben will. Später entwickelt sich daraus eine förmliche Gebärdensprache: durch entsprechende Kombination der Gesten vermag das Kind ganz spezielle Bedürfnisse zu äußern, die denn auch sehr oft wirklich befriedigt werden, so daß sich das Kind — wenn es nur die Bedingung der Wunschäußerung mittels entsprechender Gesten einhält — immer noch allmächtig vorkommen kann: P e r i o d e d e r   A l l m a c h t   m i t   H i l f e   m a g i s c h e r   G e b ä r d e n.

Auch diese Periode hat einen Vertreter in der Pathologie; der merkwürdige Sprung aus der Gedankenwelt in die Körperlichkeit, als welche F r e u d die h y s t e r i s c h e K o n v e r s i o n entlarvt hat,[1] wird uns verständlicher, wenn wir sie als eine Regression auf das Stadium der Gebärdenmagie auffassen. Die Psychoanalyse zeigt uns in der Tat, daß die hysterischen Anfälle verdrängte Wünsche der Patienten mit Hilfe von Gebärden als erfüllt darstellen. — Im Seelenleben Normaler ist die Unzahl abergläubischer oder sonst für wirkungsvoll gehaltener Gebärden (Gebärde des Fluchs, des Segens, des Händefaltens beim Beten usw.) ein Rest jener Entwicklungsperiode des Realitätssinnes, in der man sich noch mächtig genug fühlte, mit Hilfe solcher harmloser Gesten die — allerdings ungeahnte — Gesetzmäßigkeit des Weltgeschehens durchbrechen zu können. Zauberer, Wahrsager und Magnetiseure finden mit der Behauptung solcher Machtvollkommenheit ihrer Gebärden immer noch Glauben und auch der Neapolitaner wehrt sich gegen den bösen Blick mit einer symbolischen Geste.

---

1) S. F r e u d s Arbeiten in den „Studien über Hysterie". 1885. (Ges. Schr., Bd. I.)

Mit der Zunahme des Umfanges und der Kompliziertheit der Bedürfnisse mehren sich natürlich nicht nur die „Bedingungen", denen sich das Individuum unterwerfen muß, wenn es seine Bedürfnisse befriedigt sehen will, sondern auch die Zahl der Fälle, in denen seine immer dreisteren Wünsche selbst bei strenger Einhaltung der einmal wirkungsvoll gewesenen Bedingungen unerfüllt bleiben. Die ausgestreckte Hand muß oft leer zurückgezogen werden, der ersehnte Gegenstand folgt der magischen Geste nicht. Ja, eine unbezwingliche feindliche Macht mag sich dieser Geste mit Gewalt entgegensetzen und die Hand zwingen, ihre frühere Lage einzunehmen. Hat sich bislang das „allmächtige" Wesen mit der ihm gehorchenden, seinen Winken folgenden Welt eins fühlen können, so kommt es allmählich zu einem schmerzlichen Zwiespalt innerhalb seiner Erlebnisse. Es muß gewisse tückische Dinge, die seinem Willen nicht gehorchen, als A u ß e n w e l t vom I c h, d. h. die subjektiven psychischen Inhalte (Gefühle) von den objektivierten (den Empfindungen) sondern. Ich benannte einmal das erste dieser Stadien die I n t r o j e k t i o n s p h a s e der Psyche, da hier noch alle Erfahrungen ins Ich aufgenommen werden, die spätere die P r o j e k t i o n s p h a s e.[1] Man könnte nach dieser Terminologie die Allmachtsstadien auch als Introjektionsstufen, das Realstadium als Projektionsstufe der Ichentwicklung ansprechen.

Doch auch die Objektivierung der Außenwelt zerreißt zunächst nicht jeden Faden zwischen dem Ich und dem Nicht-Ich. Das Kind lernt zwar, sich damit zu bescheiden, daß es nur über einen Teil der Welt, über das „Ich" verfügen kann, der Rest, die Außenwelt aber seinen Wünschen oft Widerstand entgegensetzt, es hängt aber immer noch dieser Außenwelt

---

1) S. Introjektion und Übertragung. 1909, S. 9 dieses Bandes.

Qualitäten an, die es an sich kennen gelernt hat, d. h. Ich-
qualitäten. Alles spricht dafür, daß das Kind eine animi-
stische Periode der Realitätsauffassung durchmacht, in der
ihm jedes Ding beseelt vorkommt und es in jedem Ding seine
eigenen Organe und deren Tätigkeiten wiederzufinden sucht.[1]

Es wurde einmal gegen die Psychoanalyse die spöttische
Bemerkung laut, daß nach dieser Lehre das „Unbewußte" in
jedem konvexen Gegenstand einen Penis, in jedem konkaven
die Vagina oder den Anus sieht. Ich finde, daß dieser Satz die
Tatsachen gut charakterisiert. Die kindliche Psyche (und die
daraus restierende Tendenz des Unbewußten beim Erwachsenen)
kümmert sich am eigenen Leibe zunächst ausschließlich, später
hauptsächlich um die Befriedigung seiner Triebe, um die Lustbefriedigungen, die ihm das Saugen, das Essen, die Berührung
der erogenen Körperpartien und die Exkretionsfunktionen verschaffen; was Wunder, wenn auch seine Aufmerksamkeit in
erster Linie durch solche Dinge und Vorgänge der Außenwelt
gefesselt wird, die auf Grund einer noch so entfernten Ähnlichkeit an die ihm liebsten Erlebnisse erinnern.

Es entstehen so jene innigen, fürs ganze Leben bestehen
bleibenden Beziehungen zwischen dem menschlichen Körper
und der Objektwelt, die wir die symbolischen heißen. Einerseits sieht das Kind in diesem Stadium in der Welt nichts als
Abbilder seiner Leiblichkeit, andererseits lernt es, die ganze
Mannigfaltigkeit der Außenwelt mit den Mitteln seines Körpers
darzustellen. Diese Fähigkeit zur symbolischen Darstellung ist
eine bedeutende Vervollständigung der Gebärdensprache; sie
befähigt das Kind zum Signalisieren nicht nur solcher Wünsche,
die unmittelbar seine Körperlichkeit angehen, sondern auch zur
Äußerung von Wünschen, die sich auf die Veränderung der

---

1) Zum Thema des Animismus siehe auch die Abhandlung „Über
Naturgefühl" von Dr. Hanns S a c h s (Imago, I., 1912).

nunmehr als solche erkannten Außenwelt beziehen. Ist das
Kind von liebevoller Pflege umgeben, so muß es selbst in
diesem Stadium seiner Existenz die Illusion seiner Allmacht
nicht aufgeben. Es braucht ja immer noch einen Gegenstand
nur symbolisch darzustellen, und das (beseelt geglaubte) Ding
„kommt" oft wirklich zu ihm; denn diesen Eindruck muß
das animistisch denkende Kind bei der Befriedigung seiner
Wünsche haben. Allerdings läßt ihn die Ungewißheit des Ein-
treffens der Befriedigung allmählich ahnen, daß es auch höhere,
„göttliche" Mächte gibt (Mutter oder Amme), deren Gunst es
besitzen muß, soll der magischen Gebärde die Befriedigung auf
dem Fuße folgen. Übrigens ist auch die Befriedigung unschwer
erfüllt, besonders bei großer Nachgiebigkeit der Umgebung.

Eines der körperlichen „Mittel", die das Kind zur Darstellung seiner Wünsche und der von ihm gewünschten Gegenstände verwertet, gelangt dann zu besonderer, alle anderen Darstellungsmittel überflügelnder Bedeutung — nämlich die Sprache.
Die Sprache ist ursprünglich[1] die Nachahmung, d. h. stimm-
liche Darstellung der durch die Dinge produzierten oder mit
ihrer Hilfe produzierbaren Laute und Geräusche; die Geschicklichkeit der Sprachorgane gestattet eine viel größere Mannigfaltigkeit von Gegenständen und von Vorgängen der Außenwelt,
und zwar viel einfacher, zu reproduzieren, als es mit Hilfe der
Gebärdensprache möglich war. Die Gebärdensymbolik wird so
von der Sprachsymbolik abgelöst: gewisse Reihen von Lauten
werden mit bestimmten Dingen und Vorgängen in feste assoziative Verbindung gebracht, ja, allmählich mit diesen Dingen
und Vorgängen identifiziert. Daraus erwächst der große
Fortschritt, daß man der schwerfälligen bildlichen Vorstellung

1) S. Kleinpaul, Leben der Sprache (Leipzig, 1893), und Dr.
Sperber, Über den Einfluß sexueller Momente auf Entstehung und
Entwicklung der Sprache (Imago, I, 1912).

und der noch schwerfälligeren dramatischen Darstellung
enthoben wird; die Vor- und Darstellung jener Reihe von
Sprachlauten, die wir Worte nennen, gestattet eine weit
spezialisiertere und ökonomischere Fassung und Äußerung der
Wünsche. Zugleich ermöglicht die Sprachsymbolik das bewußte
Denken, indem es sich an die an sich unbewußten Denkprozesse
assoziiert und ihnen wahrnehmbare Qualitäten verleiht.[1]

Nun ist das bewußte Denken mittels Sprachzeichen die
höchste Leistung des psychischen Apparates, die schon die
Anpassung an die Realität durch Aufhalten der reflektorischen
motorischen Abfuhr und der Unlustentbindung ermöglicht. Und
trotzdem versteht das Kind sein Allmachtsgefühl selbst in diesem
Stadium seiner Entwicklung hinüberzuretten. Die gedanklich
gefaßten Wünsche des Kindes sind nämlich noch so wenig
zahlreich und von verhältnismäßig so unkomplizierter Art, daß
es der aufmerksamen, um das Wohl des Kindes besorgten
Umgebung leicht gelingt, die meisten dieser Gedanken zu
erraten. Die das Denken (besonders bei Kindern) immer noch
begleitenden mimischen Äußerungen machen den Erwachsenen
diese Art Gedankenlesen besonders leicht. Und wenn gar das
Kind seine Wünsche in Worte faßt, so beeilt sich die hilfs-
bereite Umgebung, sie womöglich sofort zu erfüllen. Das Kind
aber dünkt sich dabei wirklich im Besitze zauberhafter Fähigkeiten, befindet sich also in der Periode der magischen
Gedanken und der magischen Worte.[2]

Und dieses Stadium der Realitätsentwicklung ist es, auf das
die Zwangsneurotiker zu regredieren scheinen, wenn sie vom
Gefühle der Allmacht ihrer Gedanken und Wortformeln nicht

---

1) S. Freud, Traumdeutung. (Ges. Schr., Bd. II, S. 519.)
2) Die psychologische Erklärung der „Magie" schließt natürlich die
Möglichkeit nicht aus, daß in diesem Glauben auch die Vor-
ahnung physikalischer Tatsachen (Telepathie usw.) steckt.

abzubringen sind, und wenn sie, wie es F r e u d nachgewiesen hat, das Denken an Stelle des Handelns setzen. Im Aberglauben, in der Zauberei und im religiösen Kult spielt dieser Glaube an die unwiderstehliche Macht gewisser Gebets-, Fluch- und Zauberformeln — die man nur innerlich denken oder die man nur laut aussprechen muß, damit sie wirken — eine ungeheure Rolle.[1]

Diesem fast unheilbaren Größenwahne des Menschen widersprechen nur scheinbar jene Neurotiker, bei denen man hinter der hastigen Sucht nach Erfolgen sofort auf ein, auch den Patienten selbst wohlbekanntes M i n d e r w e r t i g k e i t s g e f ü h l (A d l e r) stößt. Die in die Tiefe reichende Analyse beweist in jedem solchen Falle, daß diese Minderheitsgefühle keineswegs etwas Letztes, die Neurose Erklärendes sind, sondern bereits die Reaktionen auf ein ü b e r t r i e b e n e s A l l m a c h t s g e f ü h l, an das solche Kranke in ihrer ersten Kindheit fixiert wurden und das es ihnen unmöglich machte, sich an eine spätere Versagung anzupassen. Die m a n i f e s t e Größensucht dieser Leute ist aber nur eine „Wiederkehr des Verdrängten", ein hoffnungsloser Versuch, die ursprünglich mühelos genossene Allmacht auf dem Wege der Veränderung der Außenwelt wieder zu erlangen.

Wir können nur wiederholen: alle Kinder leben im glücklichen Wahne der Allmacht, der sie irgend einmal — wenn auch etwa nur im Mutterleibe — wirklich teilhaftig waren. Es hängt von ihrem „Daimon" und ihrer „Tyche" ab, ob sie die Allmachtsgefühle auch ins spätere Leben hinüberretten — und O p t i m i s t e n werden können, oder ob sie die Zahl der P e s s i m i s t e n vermehren werden, die sich mit der Versagung

---

1) Auch den obszönen Worten ist diese „Allmächtigkeit" („motorische Kraft") in hohem Maße eigen. S. meine Ausführungen: Über obszöne Worte, dieser Band S. 171.

ihrer unbewußten irrationellen Wünsche nie versöhnen, sich
durch die nichtigsten Anlässe beleidigt, zurückgesetzt fühlen
und für Stiefkinder des Schicksals halten, — weil sie nicht
seine e i n z i g e n oder L i e b l i n g s k i n d e r bleiben können.

Erst von der vollen psychischen Ablösung von den Eltern
rechnet F r e u d das Ende der Herrschaft des Lustprinzips.
Dieser in den Einzelfällen äußerst variable Zeitpunkt ist es
auch, wo das Allmachtsgefühl der vollen Würdigung der Macht
der Verhältnisse Platz macht. Seinen Höhepunkt erlangt der
Realitätssinn in der Wissenschaft, während die Allmachtsillusion
in ihr die größte Erniedrigung erfährt: die frühere Allmacht
löst sich hier in lauter „Bedingungen" auf. (Konditionalismus,
Determinismus.) In der Lehre von der Willensfreiheit besitzen
wir allerdings auch eine optimistische, immer noch Allmachts-
phantasien realisierende philosophische Doktrin.

Die Anerkennung der Bedingtheit unserer Wünsche und
Gedanken bedeutet das Maximum der normalen P r o j e k t i o n,
d. h. Objektivierung. Es gibt aber auch einen psychischen
Krankheitszustand, die P a r a n o i a, die u. a. auch dadurch
charakterisierbar ist, daß sie sogar die eigenen Wünsche und
Gedanken zur Außenwelt schlägt, projiziert.[1] Es liegt nahe, die
Fixierungsstelle dieser Psychose in die Zeit des endgültigen
Verzichtes auf Allmacht zu verlegen, d. h. in die Projektions-
phase des Realitätssinnes.

Die Entwicklungsstufen des Realitätssinnes wurden in den
bisherigen Erörterungen nur an den egoistischen, in den Dienst
der Selbsterhaltung gestellten sogenannten „Ichtrieben" dargestellt; die Realität hat eben, wie es F r e u d festgestellt hat,

---

1) F r e u d: Die Abwehrneuropsychosen. 1894. (Ges. Schr., Bd. I.)
F r e u d: Psychoanalytische Bemerkungen über einen autobiographisch
beschr. Fall von Paranoia 1911, (Ges. Schr., Bd. VIII) und F e r e n c z i:
Über die Rolle der Homosexualität in der Pathogenese der Paranoia.
(Dieser Band S. 120.)

innigere Beziehungen zum „Ich" als zur Sexualität, einerseits, weil die letztere weniger von der Außenwelt abhängig ist (sie kann sich lange autoerotisch befriedigen), andererseits, weil sie während der Latenzzeit unterdrückt ist und gar nicht mit der Realität in Berührung kommt. Die Sexualität bleibt also zeitlebens mehr dem Lustprinzip unterworfen, während das Ich nach jeder Mißachtung der Wirklichkeit sofort die bitterste Enttäuschung erfahren müßte.[1] Betrachten wir nun das das Luststadium charakterisierende Allmachtsgefühl in der Sexualentwicklung, so müssen wir feststellen, daß hier die „Periode der bedingungslosen Allmacht" bis zum Aufgeben der autoerotischen Befriedigungsarten andauert, wo doch das Ich schon längst an die sich immer mehr komplizierenden Bedingungen der Realität angepaßt ist und über die Stadien der magischen Gebärden und Worte hinaus, fast schon bei der Kenntnis der Allmacht der Naturgewalten anlangte. Autoerotismus und Narzißmus sind also die Allmachtsstadien der Erotik; und da der Narzißmus überhaupt nie aufhört, sondern nebst der Objekterotik immer auch erhalten bleibt, so kann man sagen, daß — insofern man sich darauf beschränkt, sich selber zu lieben — man sich die Illusion der Allmacht in Sachen der Liebe zeitlebens bewahren kann. Daß der Weg zum Narzißmus zugleich der stets gangbare Regressionsweg nach jeder Enttäuschung am Objekte ist, ist zu bekannt, um bewiesen werden zu müssen; autoerotisch-narzißtische Regressionen von pathologischer Stärke dürften hinter den Symptomen der Paraphrenie (Dementia praecox) und der Hysterie vermutet werden, während die Fixierungsstellen der Zwangsneurose und der Paranoia auf der Entwicklungslinie der „erotischen Realität" (der Nötigung zur Objektfindung) zu finden sein dürften.

1) Freud: Formulierungen usw. (Ges. Schr., Bd. V.)

Diese Verhältnisse sind aber noch nicht bei allen Neurosen gehörig studiert, so daß wir uns bezüglich der Neurosenwahl mit der allgemeinen Formulierung Freuds zufrieden geben müssen, daß die Entscheidung über die spätere Erkrankungsart davon abhängt: „in welcher Phase der Ich- und der Libidoentwicklung die disponierende Entwicklungshemmung eingetroffen ist".

Man kann es immerhin schon wagen, diesem Satz einen zweiten anzureihen; wir vermuten, daß der Wunschgehalt der Neurose, d. h. die Arten und Ziele der Erotik, die die Symptome als erfüllt darstellen, von der Phase der Libidoentwicklung an der Fixierungsstelle abhängt, während über den Mechanismus der Neurosen wahrscheinlich jenes Stadium der Ichentwicklung entscheidet, in dem sich das Individuum zur Zeit der disponierenden Hemmung befand. Es ist eben ganz gut denkbar, daß bei der Regression der Libido auf frühere Entwicklungsstufen auch die zur Fixierungszeit herrschend gewesene Stufe des Realitätssinnes in den Mechanismen der Symptombildung wieder auflebt. Da nämlich diese frühere Art der „Realitätsprüfung" dem aktuellen Ich des Neurotikers unverständlich ist, kann sie ohne weiteres in den Dienst der Verdrängung gestellt und zur Darstellung zensurierter Gefühls- und Gedankenkomplexe verwendet werden. Die Hysterie und Zwangsneurose wären z. B. nach dieser Auffassung einerseits durch eine Regression der Libido auf frühere Entwicklungsstufen (Autoerotismus, Ödipismus), andererseits in ihren Mechanismen durch einen Rückfall des Realitätssinnes auf die Stufe der magischen Gebärden (Konversion) oder der magischen Gedanken (Gedankenallmacht) charakterisiert. Ich wiederhole: es wird noch langer mühsamer Arbeit bedürfen, bis die Fixierungsstellen aller Neurosen mit Sicherheit festgestellt sein werden. Hier wollte ich nur auf eine — mir allerdings plausible — Möglichkeit der Lösung hinweisen.

Was wir über die Phylogenese des Realitätssinnes ahnen, läßt sich zurzeit nur als wissenschaftliche Prophezeiung darstellen. Vermutlich gelingt es einmal, die einzelnen Entwicklungsstadien des Ich und deren neurotische Regressionstypen mit den Etappen der Stammesgeschichte der Menschheit in Parallele zu bringen, ähnlich wie z. B. Freud im Seelenleben der Wilden die Charaktere der Zwangsneurose wiederfand.[1]

Im allgemeinen stellt sich die Entwicklung des Realitätssinnes als eine Reihe von Verdrängungschüben dar, zu denen der Mensch nicht durch spontane „Entwicklungsbestrebungen", sondern durch die Not, durch Anpassung erheischende Versagung gezwungen wird. — Die erste große Verdrängung wird durch den Geburtsvorgang notwendig gemacht, die wohl sicher ohne aktive Mithilfe, ohne „Absicht" des Kindes zustande kommt. Die Leibesfrucht wäre viel lieber auch weiter ungestört im Mutterleibe geblieben, wird aber grausam in die Welt gesetzt, muß die liebgewonnenen Befriedigungsarten vergessen (verdrängen) und sich an neue anpassen. Dasselbe grausame Spiel wiederholt sich bei jedem neuen Stadium der Entwicklung.[2]

Es ist vielleicht erlaubt, die Vermutung zu wagen, daß es die geologischen Veränderungen der Erdoberfläche mit ihren

---

1) Freud: „Totem und Tabu. Einige Übereinstimmungen im Seelenleben der Wilden und der Neurotiker." 1912—13. (Ges. Schr., Bd. X.)

2) Bei konsequenter Durchführung dieses Gedankenganges muß man sich mit der Idee einer auch das organische Leben beherrschenden Beharrungs-, resp. Regressionstendenz vertraut machen, während die Tendenz nach Fortentwicklung, Anpassung usw. nur auf äußere Reize hin lebendig wird.

katastrophalen Folgen für die Stammvorderen der Menschheit
gewesen seien, die zur Verdrängung liebgewonnener Gewohnheiten und zur „Entwicklung" gezwungen haben. Solche Katastrophen können die Verdrängungsstellen in der Entwicklungsgeschichte des Stammes gewesen sein und zeitliche Lokalisation
und Intensität solcher Katastrophen mögen über den Charakter
und die Neurosen der Rassen entschieden haben. Nach einer
Aussage von Professor F r e u d ist der Rassencharakter der
Niederschlag der Rassengeschichte. Haben wir uns aber einmal
so weit über das sicher Wißbare hinausgewagt, so dürfen wir
auch vor der letzten Analogie nicht zurückscheuen und den
großen Verdrängungsschub des Individuums, die L a t e n z z e i t
mit der letzten und größten Katastrophe, die unsere Stammvorderen (schon zu einer Zeit, wo es sicher Menschen auf der
Erde gegeben hat) traf, d. i. mit dem Elend der E i s z e i t e n
in Konnex bringen, die wir in unserem Individualleben immer
noch getreulich wiederholen.[1]

Das neugierig ungestüme Alleswissenwollen, das mich in
diesen letzten Ausführungen in märchenhafte Fernen der Vergangenheit verführte und das noch Unwißbare mit Hilfe von
Analogien überbrücken ließ, bringt mich zum Ausgangspunkt
dieser Betrachtungen: zum Thema der Blüte und des Nieder-
ganges des Allmachtsgefühls zurück. Die Wissenschaft muß

---

1) Der Auffassung, daß nur äußerer Zwang und nie spontaner Drang
das Verlassen gewohnter Mechanismen (Entwicklung) veranlaßt, scheinen
Fälle zu widersprechen, in denen die Entwicklung den realen Bedürf-
nissen vorausläuft. Ein Beispiel dafür war die Entwicklung des Respirationsmechanismus schon in utero. Das kommt aber nur in der O n t o-
g e n e s e vor und ist hier schon als Rekapitulation eines notgedrungenen
Entwicklungsvorganges in der Stammesgeschichte zu betrachten. Auch die
Übungsspiele der Tiere (G r o o s) sind wohl nicht Vorstufen einer
künftigen Rassenfunktion, sondern Wiederholungen phylogen erworbener
Fähigkeiten. Sie gestatten also eine rein historisch-kausale Erklärung
und zwingen nicht zur finalen Betrachtungsweise.

sich von dieser Illusion — wie gesagt — lossagen, oder
zumindest immer wissen, wann sie das Gebiet der Hypothesen
und Phantasien betritt. In den Märchen dagegen sind und
bleiben die Allmächtigkeitsphantasien die herrschenden.[1] Gerade
wo wir uns vor den Naturgewalten am tiefsten beugen müssen,
kommt uns das Märchen mit seinen typischen Motiven zu
Hilfe. Wir sind in der Realität schwach, darum sind die Helden
der Märchen stark und unbesiegbar; wir sind durch Zeit und
Raum in unserer Tätigkeit und unserem Wissen beengt und
gehemmt: darum lebt man im Märchen ewig, ist gleichzeitig
an hundert Orten, sieht in die Zukunft und weiß die Vergangenheit. Schwere, Härte, Undurchdringlichkeit der Materie
stellen sich uns jeden Augenblick hinderlich in den Weg: im
Märchen aber hat der Mensch Flügel, seine Augen durchdringen
die Wände, sein Zauberstab öffnet ihm alle Türen. Die Wirklichkeit ist hartes Kämpfen ums Dasein; im Märchen genügen
die Zauberworte: „Tischlein deck dich!" Man lebt in unaus-
gesetzter Furcht vor Angriffen gefährlicher Tiere und grimmiger
Feinde; im Märchen befähigt eine Tarnkappe zu jeder Ver-
wandlung und macht uns unerreichbar. Wie schwer erreicht
man in der Realität die Liebe, die alle unsere Wünsche erfüllen
könnte: im Märchen ist der Held unwiderstehlich oder er
bezaubert mit einer magischen Gebärde.

　　Das Märchen also, in dem die Erwachsenen so gerne die
eigenen unerfüllten und verdrängten Wünsche ihren Kindern
erzählen, bringt eigentlich die verlorene Allmachtssituation zu
einer letzten, künstlerischen Darstellung.

---

1) Vgl. Fr. R i k l i n : Wunscherfüllung und Symbolik im Märchen.
(Schriften zur angewandten Seelenkunde, Heft 2.)

Das Problem der Unlustbejahung

Fortschritte in der Erkenntnis des Wirklichkeitssinnes

(*1926*)

Nicht lange nach meiner ersten Bekanntschaft mit der Psychoanalyse stieß ich auf das Problem des Wirklichkeitssinnes, dessen Funktionsart in so scharfem Gegensatz zu der im Seelenleben sonst allgemein nachweisbaren Unlustfluchts- und Verdrängungstendenz zu stehen schien. Mittels einer Art Einfühlung in die Infantilseele kam ich zur Aufstellung, daß dem von jeder Unlust verschonten Kinde die ganze Existenz zunächst vollkommen einheitlich, sozusagen „monistisch", vorkommen muß; erst später käme es zur Sonderung der „guten" und der „bösen" Dinge, des Ich und der Umwelt, des Innen und Außen; fremd und feindlich wären also auf dieser Stufe identisch.[1] In einer anderen Arbeit versuchte ich dann die Hauptmomente der Entwicklung vom Lust- zum Realitätsprinzip

---

1) Das Kind muß gewisse tückische Dinge, die seinem Willen nicht gehorchen, als Außenwelt vom I c h, d. h. die subjektiven psychischen Inhalte (Gefühle) von den objektivierten (den Empfindungen) sondern. („Introjektion und Übertragung", 1909, s. S. 9 dieses Bandes.)

theoretisch zu rekonstruieren.[1] Ich nahm an, daß das Kind vor
den ersten Enttäuschungen sich im Besitze bedingungsloser Allmacht fühlt, an diesem Allmachtsgefühl auch festhält, wenn
die wunscherfüllende Wirksamkeit seines Wollens an die Einhaltung gewisser Bedingungen geknüpft ist, bis die wachsende
Zahl und Kompliziertheit dieser Bedingungen es zum Aufgeben
des Allmachtsgefühls und zur Anerkennung der Realität überhaupt zwingen. In dieser Deskription konnte aber noch nichts
über die inneren Vorgänge ausgesagt werden, die diese merkwürdige und bedeutsame Umwandlung begleiten müssen; dazu
war unsere Einsicht in die tieferen Grundlagen des Seelischen,
insbesondere in das Triebleben, noch zu unentwickelt. Seither
brachten uns die grundlegenden Arbeiten F r e u d s über das
Triebleben und seine Entdeckungen über die Analyse des Ich
diesem Ziele näher,[2] es fehlte aber immer noch die eigentliche
Brücke über die Kluft zwischen Triebleben und Intellektualität.
Dazu war offenbar jene höchste Vereinfachung erforderlich, auf
die F r e u d schließlich die Vielgestaltigkeit der Triebäußerungen
reduzieren konnte; ich meine die Feststellung der allem Leben-
digen zugrunde liegenden Triebpolarität, die Polarität des Lebenstriebes (Eros) und des Todes- oder Destruktionstriebes.[3] Doch
erst F r e u d s jüngst erschienene Arbeit: „Die Verneinung"
(„Imago, 1925, Heft 3), unter welchem bescheidenen Titel sich
die Anfänge einer biologisch fundierten Psychologie der Denk-
vorgänge verstecken, verknüpft die bisher zerstreuten Stücke
unseres Wissens miteinander. Wie immer, steht F r e u d auch
diesmal auf dem sicheren Boden der analytischen Erfahrung
und ist äußerst vorsichtig in der Verallgemeinerung. Seinen

1) „Entwicklungsstufen des Wirklichkeitssinnes", 1913 (s. S. 62 dieses
Bandes).
2) Massenpsychologie und Ichanalyse, 1921. Das Ich und das Es, 1923.
(Ges. Schr., Bd. VI.)
3) Jenseits des Lustprinzips, 1920 (Ges. Schr., Bd. VI).

Fußstapfen folgend, möchte ich nun versuchen, das Problem des Wirklichkeitssinnes im Lichte der Freudschen Entdeckung nochmals zu behandeln.

Freud entdeckte im psychologischen Akte der Verneinung der Wirklichkeit eine Übergangsphase zwischen ihrer Ignorierung und ihrer Anerkennung; die fremde, daher feindliche Außenwelt wird trotz der Unlust bewußtseinsfähig, indem sie mit dem negativen Vorzeichen der Verneinung versehen wird; sie wird geleugnet. In dem Negativismus, der Beseitigungstendenz, sehen wir also noch immer die verdrängenden Mächte, die im Primärvorgang zur vollen Ignorierung jeder Unlust führten, am Werke; die negativ-halluzinatorische Ignorierung gelingt nicht mehr voll, die Unlust wird nicht mehr ignoriert, sondern als Negation immerhin Inhalt der Wahrnehmung. Sofort erhebt sich natürlich die Frage, was noch geschehen muß, um auch das letzte Hindernis der Anerkennung aus dem Wege zu räumen und die Bejahung einer Unlust, d. h. die volle Aufhebung der Verdrängungstendenz zu ermöglichen.

Man ahnt auch sogleich, daß sich die Antwort auf diese Frage nicht so leicht wird geben lassen; nur so viel ist nach der Entdeckung Freuds von vornherein klar, daß die Bejahung einer Unlust niemals ein einfacher, sondern immer ein zweifacher psychischer Akt ist: zuerst wird versucht, sie als Tatsache abzuleugnen, dann muß eine neuerliche Kraftanstrengung einsetzen, die diese Negation negiert. Das Positivum, die Anerkennung des Schlechten, dürfte eigentlich immer aus zwei Negationen resultieren. Um uns Vergleiche aus dem uns wohlvertrauten psychoanalytischen Gebiete zu holen, müssen wir die volle Ignorierung mit dem psychischen Zustand eines noch jeder Unlust abgewandten Kindes in Analogie bringen, wie ich denn schon vor langer Zeit den „Fixierungspunkt" der Psy-

chosen in diesem Stadium suchte[1] und auch die ungehemmte
Fähigkeit des megalomanen Paralytikers zu fortwährender Glücks-
empfindung als Regression zu dieser Phase auffaßte.[2] Die Ver-
neinungsphase findet ihre Analogie, wie uns F r e u d zeigte, im
Verhalten der Patienten während der Kur, überhaupt in der
N e u r o s e, die ja gleichfalls das Resultat einer nur halbgelungenen
oder mißlungenen Verdrängung ist und eigentlich immer ein
Negativum, das Negativ der Perversion ist. Der Prozeß der
schließlichen Anerkennung oder Bejahung der Unlust spielt sich
als Erfolg unserer therapeutischen Bemühung bei der Heilung
einer Neurose vor unseren Augen ab, und wenn wir auf seine
Einzelheiten achten, haben wir einige Aussicht, uns auch von
diesem Anerkennungsvorgang eine Vorstellung zu bilden.

Wir sehen, daß im Höhenstadium der Übertragung der
Patient auch das Unlustvollste widerstandslos anerkennt; offenbar
findet er im Glücksgefühl der Übertragungsliebe Trost für den
Schmerz, den ihn diese Anerkennung sonst kosten würde. Aber
am Ende der Kur, wenn auch auf die Übertragung verzichtet
werden muß, käme es unzweifelhaft zu einem Rückfall in die
Verneinung, d. h. in die Neurose, wäre es dem Patienten nicht
gelungen, auch für diese Versagung allmählich Ersatz und Trost
in der Wirklichkeit, besonders aber in der I d e n t i f i z i e r u n g
m i t d e m A n a l y t i k e r, zu finden. Unwillkürlich denkt man
dabei an eine gehaltvolle Arbeit des allzufrüh dahingegangenen
Analytikers Viktor T a u s k, der die Entwertung der Verdrän-
gungsmotive durch Rekompense als Heilungsbedingung auf-
stellte.[3] In ähnlicher Weise müssen wir auch beim allerersten
Zustandekommen einer Unlustbejahung das Vorhandensein einer

1) Entwicklungsstufen des Wirklichkeitssinnes, (s. S. 62 dieses Bandes.)
2) „Zur Psychoanalyse der paralytischen Geistesstörung." (Beihefte
der Int. Zeitschr. für PsA., Nr. V.)
3) Tausk: Entwertung des Verdrängungsmotivs durch Rekompense.
Int. Zeitschr. f. PsA., I (1913), S. 230 ff.

Rekompensation vermuten; auf eine andere Weise wäre übrigens
ihr Aufkommen in der Psyche, die ja immer in der Richtung
des *locus minoris resistentiae*, d. h. nach dem Lustprinzip arbeitet,
unvorstellbar. Wir finden schon in F r e u d s „Traumdeutung"
eine Stelle, die die Umwandlung des Primärvorganges in den
sekundären in ähnlicher Weise erklärt. Er sagt uns dort, daß
der hungernde Säugling sich die Befriedigung zuerst halluzinatorisch zu verschaffen sucht, erst wenn dies nicht zum Ziele
führt, die Unlust als solche anerkennt und jene Unlust-
äußerungen tut, die zu realen Befriedigungen führen. Wir
sehen, daß hier zum erstenmal ein quantitatives Moment die
Reaktionsweise der Psyche zu bestimmen scheint. Die Anerkennung der feindlichen Umwelt ist eine Unlust, doch ihre
Nichtanerkennung ist gelegentlich noch unlustvoller; so wird
das weniger Unlustvolle relativ lustvoll und kann als solches
bejaht werden. Die Berücksichtigung der Rekompense und der
Flucht vor noch größerer Unlust gestattet uns, die Möglichkeit
einer Bejahung von Unlust überhaupt zu verstehen, ohne auf
die Allgemeingültigkeit des Lustsuchens als Grundtendenz alles
Psychischen verzichten zu müssen. Allerdings postulierten wir
gleichzeitig das Eingreifen eines neuen Instrumentes in den
psychischen Mechanismus, einer Art Rechenmaschine, deren
Installierung uns wieder vor neue und vielleicht noch schwerer
lösbare Rätsel stellt.

Wir wollen auf das Problem der psychischen Mathematik
noch zurückkommen und möchten lieber erst die psychischen
Inhalte betrachten, an denen der Säugling die Anerkennung
der Wirklichkeit bewerkstelligt. Wenn uns F r e u d sagt, daß
der Mensch mit seiner Aufmerksamkeit die Umwelt unausgesetzt
oder in rhythmischen Intervallen „absucht", „abtastet", davon
kleine Proben „verkostet", so nimmt er offenbar die Handlungsweise des die Mutterbrust vermissenden und suchenden Säug-

lings zum Vorbilde jeder späteren Denkarbeit. Eine ähnliche
Gedankenreihe führte mich in meinem bioanalytischen Versuche[1]
zur Annahme, daß das Beriechen oder Beschnüffeln der Umwelt
eine vielleicht noch größere Ähnlichkeit mit dem Denkakte
zeigt, da ja dabei noch feinere und kleinere Kostproben zugelassen werden. Nur bei günstigem Ausfall der Probe wird die
orale Einverleibung durchgeführt. Der intellektuelle Unterschied
zwischen einem Kinde, das noch unterschiedslos alles in den
Mund nimmt, und dem, das sich nur dem ihm angenehm
Riechenden zuwendet, ist also ein ganz bedeutender.

Bleiben wir aber beim Beispiel des trinkenwollenden Kindes.
Nehmen wir an, daß es bisher immer rechtzeitig gestillt wurde
und nun zum erstenmal die Unlust des Hungerns und Dürstens
ertragen muß; was mag wohl in seinem Innern vorgehen? In
seiner urnarzißtischen Selbstsicherheit kannte es bisher nur
sich selbst, wußte von der Existenz fremder Dinge, also auch
der Mutter, nichts, konnte also ihnen gegenüber keine Gefühle
haben, weder gute noch böse. Vielleicht im Zusammenhang
mit der physiologischen Destruktion, die die Abwesenheit der
Nährstoffe in den Geweben des Organismus hervorruft, kommt
es anscheinend zu einer „Triebentmischung" auch im
Seelenleben, die sich zunächst in unkoordinierter motorischer
Entladung und im Schreien äußert, Manifestationen, die wir
ganz gut mit den Äußerungen der Wut bei Erwachsenen vergleichen dürfen. Wenn dann nach längerem Warten und
Schreien die Mutterbrust wieder gereicht wird, wirkt sie nicht
mehr wie ein indifferentes Ding, das immer da ist, wenn
man es braucht, so daß man davon keine Kenntnis zu nehmen
braucht, sondern sie wird zu einem Objekt des Liebens
und des Hassens; des Hassens, weil man es eine Zeitlang
entbehren mußte, des Liebens, weil sie nach der Entbehrung

---

[1] Versuch einer Genitaltheorie (Int. PsA. Bibl., Bd. XV).

eine noch intensivere Befriedigung bot; sicherlich wird sie
aber gleichzeitig zum Gegenstande einer wenn auch noch so
dunklen O b j e k t v o r s t e l l u n g. Dieses Beispiel illustriert,
wie ich glaube, die bedeutsamsten Sätze in F r e u d s Arbeit
„Die Verneinung": „Der erste und nächste Zweck der Realitätsprüfung ist nicht, ein dem Vorgestellten entsprechendes Objekt
in der Realität zu finden, sondern es w i e d e r zu finden,
sich zu überzeugen, daß es noch vorhanden ist" und „Man
erkennt als Bedingung für die Realitätsprüfung, daß Objekte
verloren gegangen sind, die einst reale Befriedigung gebracht
hatten."[1] Man wäre nur noch versucht, hinzuzufügen, daß
zum Zustandekommen einer Objektwahrnehmung die hier
angedeutete A m b i v a l e n z, d. h. die T r i e b e n t m i s c h u n g,
unumgänglich notwendig ist. Dinge, die uns fortwährend
lieben, d. h. die stets alle unsere Bedürfnisse befriedigen,
nehmen wir als solche gar nicht zur Kenntnis, wir schlagen sie
einfach zu unserem subjektiven Ich; die Dinge, die uns stets
nur feindlich gegenüberstehen und -standen, verdrängen wir
einfach; für die Dinge aber, die nicht bedingungslos zur Verfügung stehen, die wir lieben, weil sie uns Befriedigung
bringen, und hassen, weil sie uns nicht in allem gehorchen,
errichten wir in unserem Seelenleben besondere Merkzeichen,
Erinnerungsspuren mit dem Charakter des Objektiven, und
freuen uns, wenn wir sie in der Realität wieder finden, d. h.
sie wieder lieben können. Und wenn wir ein Objekt hassen,
es aber nicht so weit verdrängen können, daß wir es dauernd
verleugnen könnten, so beweist die Zurkenntnisnahme seiner
Existenz, daß wir es eigentlich lieben möchten und daran nur
durch die „Tücke des Objektes" verhindert sind. Es ist also

---

1) In der „Genitaltheorie" führe ich auf ein ähnliches W i e d e r-
finden und W i e d e r e r k e n n e n das Befriedigungsgefühl zurück, das
Gefühl des Erreichens der e r o t i s c h e n R e a l i t ä t.

nur konsequent, wenn der Wilde, nachdem er den Feind getötet hat, ihm seine größte Liebe und Ehre bezeugt. Er besagt damit nur, daß er am liebsten in Ruhe gelassen worden wäre, in ungestörter Harmonie mit der Umwelt leben wollte, daran aber durch die Existenz „störender Objekte" gehindert war. Das Auftauchen dieses Hindernisses führte zur Entmischung seiner Triebe unter Hervorkehrung des aggressiven destruktiven Triebanteils; nach der Befriedigung der Rache verlangt aber auch der andere, der Liebesanteil, nach Sättigung. Es ist, als ob die beiden Triebarten sich im Ruhezustande des Ichs gegenseitig neutralisierten, gleichwie die positive und negative Elektrizität in einem elektrisch inaktiven Körper, und als ob es hier wie dort besonderer äußerer Einwirkungen bedürfte, um die zwei Stromarten zu zerteilen und dadurch aktionsfähig zu machen. Das Auftreten der Ambivalenz wäre demnach eine Art Schutzvorrichtung, die Befähigung zum aktiven Widerstand überhaupt, wie denn auch ihre psychische Begleiterscheinung, die Erkenntnis der Objektwelt, eines der Mittel zu ihrer Bewältigung bedeutet.

Nun merken wir aber, daß mit der Ambivalenz zwar eine Anerkennung der Existenz der Dinge, nicht aber das erreicht ist, was wir objektive Betrachtung nennen; im Gegenteil, dieselben Dinge werden nacheinander Gegenstand leidenschaftlichen Hasses und ebensolcher Liebe. Zur Erreichung der „Objektivität" ist es notwendig, daß die losgelassenen Triebe gehemmt, d. h. wieder miteinander vermengt werden, also eine neuerliche Triebvermischung nach erfolgter Erkenntnis stattfindet. Dies dürfte denn auch der psychische Vorgang sein, der die Hemmung und den Aufschub der Aktion bis zur Erreichung der Identität der äußeren mit der „Denkrealität" garantiert; die Fähigkeit zum objektiven Urteilen und Handeln ist also wesentlich eine Fähigkeit zur gegenseitigen Neutralisierung der

Haß- und Liebestendenzen, was allerdings sehr nach einem
Gemeinplatz klingt; nur meinen wir, daß man die gegenseitige
Bindung der Attraktions- und Repulsionskräfte bei jeder
Kompromißbildung, bei jeder objektiven Betrachtung ernstlich
als psychisch-energetischen Vorgang annehmen darf und daß
man die Redewendung *sine ira et studio* durch eine andere
ersetzen müßte, die nämlich, daß zur objektiven Betrachtung
der Dinge das G e w ä h r e n l a s s e n   d e r   g l e i c h e n   Q u a n-
t i t ä t von *ira* u n d von *studium* erforderlich ist.

Es gibt offenbar auch in der Fähigkeit zur Objektivität
Entwicklungsstufen. In dem Versuch über die Entwicklung des
Wirklichkeitssinnes beschrieb ich das sukzessive Aufgeben der
eigenen Allmacht und die Übertragung derselben an andere
höhere Mächte (Amme, Eltern, Götter) und nannte dies die
Perioden der Allmacht mit Hilfe magischer Gebärden und
Worte; als letzte, der schmerzlichen Erfahrung entnommene
Einsicht nahm ich dann das schließliche Aufgeben der Allmacht überhaupt an, eine sozusagen wissenschaftliche Stufe der
Welterkenntnis. Mit den Kunstworten der Psychoanalyse bezeichnete ich die allerursprünglichste Phase, in der nur das Ich
existiert und die ganze Erfahrungswelt zu ihr hinzugeschlagen
wird, als Introjektionsperiode, die zweite, in der die Allmacht
äußeren Mächten zugeschrieben wird, als Projektionsperiode;
die letzte Entwicklungsstufe durfte ich als eine gleichmäßige oder
sich gegenseitig kompensierende Verwendung beider psychischen
Mechanismen auffassen. Diese Reihenfolge entsprach ungefähr der
großzügigen Darstellung der Menschheitsentwicklung in F r e u d s
„Totem und Tabu" als des Nacheinanders einer magischen,
einer religiösen und einer wissenschaftlichen Phase. Aber auch
viel später, als ich einmal den Versuch machte, die heutige
Produktionsweise der Wissenschaft kritisch zu beleuchten,[1] mußte

---

[1] Einleitung zur „Genitaltheorie".

ich annehmen, daß die Wissenschaft, wenn sie wirklich objektiv bleiben soll, alternierend rein psychologisch und rein naturwissenschaftlich arbeiten und die innere wie die äußere Erfahrung durch gegenseitige Analogisierung erhärten muß, was einer Oszillierung zwischen Pro- und Introjektion entspricht. Ich nannte dies den Utraquismus jedes richtigen Wissenschaftsbetriebes. In der Philosophie bedeutet der ultraidealistische Solipsismus einen Rückfall in einen egozentrischen Infantilismus, die rein materialistische, psychophobe Auffassung die Regression in die Übertreibungen der Projektionsphase, während Freuds Festhalten am Dualismus der utraquistischen Forderung vollkommen gerecht wird.

Wir sind zur Hoffnung berechtigt, daß Freuds Entdeckung der Verneinung als Zwischenstufe zwischen Verleugnung und Anerkennung der Unlust, uns in die Lage bringen wird, diese Entwicklungsstufen und ihr Nacheinander besser zu verstehen, wohl auch ihre Übersicht zu vereinfachen. Der erste schmerzliche Schritt zur Welterkenntnis ist wohl die Einsicht, daß ein Teil der „guten Dinge" nicht zum Ich gehört, als „Außenwelt" von ihm abzusondern ist. (Mutterbrust.) Ungefähr gleichzeitig muß der Mensch erfahren, daß sich auch in seinem Innern, also gleichsam im Ich selbst, Unlustvolles, d. h. Böses ereignen kann, das sich weder durch Halluzinieren noch sonstwie abschütteln läßt. Einen weiteren Fortschritt bedeutet das Ertragen der absoluten Versagung von außen, d. h. die Erkenntnis, daß es auch Dinge gibt, auf die wir immer verzichten müssen; der Parallelvorgang dazu ist die Anerkennung der verdrängten Wünsche unter Verzicht auf deren Realisierung. Da zur Anerkennung, wie wir nun wissen, ein Stück Eros, d. h. Liebe notwendig ist, was ohne Introjektion, d. h. Identifizierung, nicht denkbar ist, muß man sagen, daß die Anerkennung der Umwelt eigentlich eine teilweise Verwirklichung des christlichen

Imperativs: „Liebet eure Feinde" bedeutet. (Der Widerstand,
der sich gegen die Anerkennung der psychoanalytischen Trieblehre erhebt, zeigt allerdings, daß die Versöhnung mit dem
inneren Feind die schwierigste Aufgabe ist, die der Mensch zu
bewältigen hat.)

Wenn wir versuchen, unsere neuen Erkenntnisse mit dem
topischen System der Freudschen Metapsychologie in Zusammenhang zu bringen, so können wir vermuten, daß zur
Zeit des absoluten Solipsismus eigentlich nur eine $W-Bw$,
d. h. eine Wahrnehmungsfläche der Psyche funktioniert; im
Stadium der Verneinung kommt es zur Bildung der unbewußt
verdrängten Schichte (Ubw); die bewußte Anerkennung der
Außenwelt erfordert bereits jene Überbesetzung, zu der uns nur
die Institution eines neuen psychischen Systems, das des Vorbewußten (Vbw), befähigt, das zwischen Ubw und Bw eingeschaltet wird. Entsprechend dem biogenetischen Grundgesetz
wiederholt sich also in der psychischen Entwicklung des Einzelwesens der artgeschichtliche Entwicklungsmodus der Psyche
überhaupt; ist doch die hier geschilderte Reihenfolge dieselbe,
in der wir uns die fortschreitende Entwicklung der psychischen
Systeme bei den Organismen vorstellen müssen.

Doch auch in der organischen Entwicklung finden wir Vor-
bilder für die fortschreitende Anpassung der Lebewesen an die
Realität der Umwelt. Es gibt primitive Organismen, die gleichsam auf der narzißtischen Stufe stehen bleiben, untätig auf die
Befriedigung ihrer Bedürfnisse harren und, wenn sie ihnen
dauernd versagt bleiben, einfach zugrunde gehen; sie stehen
eben der Erschaffung aus dem Unorganischen noch viel näher,
so daß ihr Destruktionstrieb einen kürzeren Weg zurückzulegen
hat, d. h. viel wirksamer ist. Eine Stufe höher vermag der
Organismus unlustbringende Teile seines Selbst abzustoßen und
sich so das Leben zu retten (Autotomie); ich nannte einst diese

Art Sequestrierung ein physiologisches Vorbild des Verdrängungsvorganges. Erst eine weitere Entwicklung schafft die Fähigkeit zur Anpassung an die Realität, gleichsam zur organischen Anerkennung der Umwelt, wie sie sich besonders schön in der Lebensweise symbiotisch verbundener Lebewesen zeigt, die sich aber auch in jeder anderen Anpassungsleistung nachweisen läßt. Anknüpfend an meine „bioanalytische" Betrachtungsweise, kann man also schon im Organischen Primärvorgänge und Sekundärvorgänge unterscheiden, Vorgänge also, die wir im Psychischen als Grade der Intellektualität schätzen. Das würde aber heißen, daß eine Art Rechenmaschine, die nicht bloß mit der Lust- und der Unlustqualität, sondern auch mit Quantitäten rechnet, im gewissen Grade und Sinne bereits auch dem Organischen eignet. Jedenfalls ist die organische Anpassung durch eine gewisse Starrheit charakterisiert, wie sie sich in den gewiß zweckmäßigen, aber unwandelbaren Reflexvorgängen zeigt, während die psychische Anpassungsfähigkeit eine stete Bereitschaft zur Anerkennung auch neuer Wirklichkeiten und die Fähigkeit zur Hemmung der Aktion bis zur Beendigung des Denkaktes ermöglicht. G r o d d e c k hat also recht, wenn er das organische Es für intelligent erklärt; er wird aber parteiisch, wenn er den Gradunterschied zwischen der Intelligenz des Ich und des Es übersieht.

In diesem Zusammenhang wäre noch anzuführen, daß wir auch in der organischen Pathologie Gelegenheit haben, die Verneinungs- (Autotomie-) und die Anpassungsarbeit am Werke zu sehen. Ich versuchte bereits gewisse Vorgänge der organischen Heilung (von Wunden usw.) auf eine Zuströmung von Libido (Eros) zur verletzten Stelle zurückzuführen.[1]

Wir dürfen uns nicht verhehlen, daß alle diese Überlegungen uns noch keine befriedigende Erklärung der Tatsache geben,

---

[1] S. Hysterie und Pathoneurosen (Int. PsA. Bibl. II).

daß bei der organischen sowohl als auch bei der psychischen Anpassung an die reale Umwelt einerseits Teile der feindlichen Außenwelt mit Hilfe des Eros zum Ich geschlagen, andererseits geliebte Teile des eigenen Ich aufgegeben werden. Man mag sich da mit der psychologisierenden Erklärung helfen, daß auch das wirkliche Aufgeben einer Lust und die Anerkennung einer Unlust immer nur etwas „Vorläufiges" ist, gleichsam ein Gehorchen unter Protest mit der *reservatio mentalis* einer *in integrum restitutio*. Dies mag für sehr viele Fälle zu Recht bestehen; dafür spricht schon die virtuell erhaltene und unter besonderen Umständen auch aktivierte Fähigkeit zur Regression zu längst überholten, ja archaischen Reaktionsweisen. Die anscheinende Anpassung wäre so nur eine Einstellung auf ein unendliches Warten und Hoffen bis zur Wiederkehr der „guten alten Zeit", im Grunde also nur graduell verschieden vom Verhalten der Rädertierchen, die auf Jahre eintrocknen und auf Feuchtigkeit warten können. Wir dürfen aber nicht vergessen, daß es auch wirklichen, unwiederbringlichen Verlust von Organen und Organteilen gibt und daß wir auch im Psychischen einen anscheinend völligen Verzicht auch ohne Rekompense kennen. Da kommt man mit solchen optimistischen Erklärungen nicht mehr aus, sondern muß sich von der F r e u d schen Trieblehre die Auskunft holen, daß es Fälle gibt, in denen der Destruktionstrieb sich gegen die eigene Person wendet, ja daß die Tendenz zur Selbstzerstörung, zum Tode, die ursprünglichere ist, die sich erst im Laufe der Entwicklung nach außen wendet. Eine solche gleichsam masochistische Änderung der Aggressionsrichtung dürfte bei jeder Anpassungsleistung mitspielen. Es wurde ja bereits weiter oben darauf hingewiesen, daß das Aufgeben von geliebten Teilen des Ich und die Introjektion des Fremden Parallelvorgänge sind, daß wir also die Objekte nur auf Kosten unseres Narzißmus lieben (anerkennen) können; wohl nur eine andersartige Beleuchtung der uns aus der Psychoanalyse bekannten Tatsache, daß alle Objektliebe auf Kosten des Narzißmus entsteht.

Das Merkwürdige an dieser Selbstzerstörung ist allerdings, daß hier (bei der Anpassung, bei der Anerkennung der Umwelt, bei der objektiven Urteilsfällung) die Destruktion tatsächlich „Ursache des Werdens" wird.[1] Es wird eine partielle Destruktion des Ich zugelassen, aber nur um aus dessen Resten ein noch widerstandsfähigeres Ich aufzubauen, ähnlich wie die geistreichen Versuche Jacques Loebs, unbefruchtete Eier mittels chemischer Einwirkungen, also ohne Befruchtung, zur Entwicklung zu reizen; die Chemikalien zerstören, desorganisieren die äußeren Schichten des Eies, aber aus dem Detritus bildet sich eine schützende Blase, die die weitere Schädlichkeit hintanhält, während der bei der Triebentmischung freigewordene Eros die Destruktion in ein Werden, eine Fortentwicklung der verschont gebliebenen Anteile verwandelt. Ich gestehe, daß es sehr gewagt ist, organische Analogien ohne weiteres auf das Psychische zu übertragen. Zu meiner Entschuldigung diene, daß ich es wissentlich tue und nur bei sogenannten „letzten Fragen", wo, wie ich es anderwärts ausführte, analytische Urteile nicht mehr fördern, sondern man sich zur Fällung eines synthetischen Urteils auf fremdem Gebiet nach Analogien umsehen muß. Auch die Psychoanalyse, wie jede Psychologie, muß bei Tiefbohrungen irgendwo auf das Gestein des Organischen stoßen. Ich stehe nicht an, auch die E r i n n e r u n g s - s p u r e n sozusagen als N a r b e n t r a u m a t i s c h e r E i n - w i r k u n g e n, also D e s t r u k t i o n s p r o d u k t e anzusehen, die aber der nimmer ruhende E r o s in seinem Sinne, d. h. z u r E r h a l t u n g   d e s   L e b e n s   z u   v e r w e n d e n versteht: er

1) S. S. Spielrein, Die Destruktion als Ursache des Werdens. Jahrbuch für PsA. IV. (1912.)

gestaltet aus ihnen ein neues psychisches System, das das Ich
zu richtigerer Orientierung in der Umwelt und zu stichhältigerem
Urteilen befähigt. Eigentlich ist es doch nur der Destruktionstrieb, der „das Böse will", und der Eros der, der daraus „das
Gute schafft".

Ich sprach eingangs und auch zwischendurch von einer
Rechenmaschine, die ich als Hilfsorgan des Wirklichkeitssinnes
postuliere. Obzwar diese Idee in einen anderen Zusammenhang
gehört, der mir die Tatsache des wissenschaftlichen Sinnes für
Mathematik und Logik zu erklären hilft, möchte ich darauf
hier, wenn auch nur kurz, eingehen. Ich kann dabei ganz gut
vom Doppelsinn des Wortes „rechnen" ausgehen. Wenn man
die Tendenz der Beseitigung der Umwelt mittels Verdrängung
oder Verneinung aufgibt, beginnt man mit ihr zu rechnen,
d. h. sie als Tatsache anzuerkennen; ein weiterer Fortschritt
der Rechenkunst ist, wie ich meine, die Entwicklung der
Fähigkeit zur Wahl zwischen zwei Objekten, die mehr oder
minder große Unlust verschaffen können oder zur Wahl
zwischen zwei Handlungsweisen, die mehr oder minder große
Unlust nach sich ziehen könnten. Die ganze Denkarbeit dürfte
eine solche größtenteils unbewußte Rechenarbeit sein, die
zwischen Sensibilität und Motilität eingeschaltet ist und bei
der, wie bei den modernen Rechenmaschinen, meist nur das
Resultat der Operation im Bewußtsein auftaucht, während die
Erinnerungsspuren, mit denen die eigentliche Arbeit geleistet
wird, versteckt, resp. unbewußt bleiben. Man kann nur dunkel
ahnen, daß auch der einfachste Denkakt auf einer Unzahl von
unbewußten Rechenoperationen beruht, bei denen vermutlich
alle Vereinfachungen der Arithmetik (Algebra, Differential-
rechnung) zur Verwendung kommen, und daß das Denken in
Sprachsymbolen nur eine höchste Vereinfachung dieser komplizierten Rechentätigkeit bedeutet; ich glaube auch allen

Ernstes, daß der Sinn für Mathematik und Logik vom Vorhandensein oder von der Abwesenheit der Fähigkeit zur Selbstwahrnehmung dieser Rechen- und Denktätigkeit abhängt, die aber auch von denen unbewußt geleistet wird, die nicht den geringsten Sinn für Mathematik und Logik zu haben scheinen. Einer ähnlichen Introversion dürfte man die Musikalität (Selbstwahrnehmung der Gemütsbewegungen, Lyrismus[1]) und das wissenschaftliche Interesse für Psychologie zuschreiben.

Es dürfte vom Entwicklungsgrade der Rechenmaschine abhängen, ob und inwieweit jemand „richtig" urteilen, d. h. die Zukunft voraus berechnen kann. Die Grundelemente, mit denen die Berechnungen ausgeführt werden, sind die Erinnerungen, die aber selbst eine Summe sensibler Eindrücke, in letzter Linie also psychische Reaktionen auf verschiedene und verschieden starke Sinnesreize sind. Die psychische Mathematik wäre so nur die Fortsetzung einer „organischen".

Wie dem auch sei, das Wesentliche bei der Entwicklung des Wirklichkeitssinnes ist, wie uns F r e u d zeigte, die Einschaltung einer Hemmungsvorrichtung in den psychischen Apparat und die Verneinung ist nur ein letzter verzweifelter Versuch des Lustprinzips, den Fortschritt zur Realitätserkenntnis aufzuhalten. Die schließliche Urteilsfällung bedeutet aber, als Resultat der vermuteten Rechenarbeit, eine i n n e r e A b f u h r, eine N e u o r d n u n g d e r G e f ü h l s e i n s t e l l u n g d e n D i n g e n u n d i h r e n V o r s t e l l u n g e n g e g e n ü b e r, deren Richtung dem unmittelbar oder erst später darauffolgenden H a n d e l n die Wege weist. D i e A n e r k e n n u n g d e r U m w e l t, d. h. die B e j a h u n g e i n e r U n l u s t ist aber nur möglich, wenn vorerst d i e A b w e h r d e r u n l u s t - b r i n g e n d e n O b j e k t e und d e r e n V e r n e i n u n g a u f -

---

[1] S. auch bei P f e i f e r, Musikpsychologische Probleme, Imago IX (1923).

gegeben wird und deren Reize, dem Ich einver-
leibt, zu inneren Antrieben umgewandelt werden.
Die Macht, die diese Umwandlung verwirklicht, ist der bei
der Triebentmischung frei werdende Eros.

Zur Ontogenese der Symbole

(1913)

Die Bemerkungen Dr. Beaurains[1] über die Wege, auf
denen das Kind zur Bildung der ersten Allgemeinbegriffe
gelangt, kann jeder, der die geistige Entwicklung des Kindes
unmittelbar oder durch Vermittlung der Eltern mit psychologisch
geschärftem Blick zu verfolgen Gelegenheit hat, vollauf bestätigen. Es unterliegt keinem Zweifel, daß das Kind (wie das
Unbewußte) zwei Dinge auf Grund der geringsten Ähnlichkeit
identifiziert, Affekte vom einen auf das andere mit Leichtigkeit
verschiebt und beide mit demselben Namen belegt. Ein solcher
Name ist also der hochverdichtete Repräsentant einer großen
Anzahl von grundverschiedenen, aber irgendwie (wenn auch noch
so entfernt) ähnlichen und daher identifizierten Einzeldingen.
Die Progression in der Realitätserkenntnis (der Intelligenz)
äußert sich dann beim Kinde in der fortschreitenden Auflösung
solcher Verdichtungsprodukte in ihre Elemente im Erlernen der
Unterscheidung der in einer Hinsicht ähnlichen, aber sonst verschiedenen Dinge von einander. Diesen Vorgang haben schon
viele richtig erfaßt und beschrieben; die diesbezüglichen Mitteilungen Silberers und Beaurains brachten dazu weitere

1) Int. Zsch. f. PsA. I. (1913).

Bestätigungen und vertieften die Einsicht in die Einzelheiten dieses geistigen Entwicklungsprozesses.

Beide Autoren sehen in der infantilen Unzulänglichkeit des Unterscheidungsvermögens die Hauptbedingung für das Zustandekommen der onto- und phylogenetischen Vorstufen der Erkenntnisvorgänge.

Einen Einwand möchte ich hier nur gegen die Benennung aller dieser Erkenntnis-Vorstufen mit dem Worte „Symbol" erheben; auch Gleichnisse, Allegorien, Metaphern, Anspielungen, Parabeln, Embleme, indirekte Darstellungen jeder Art können im gewissen Sinne als Produkte solcher unscharfer Distinktionen und Definitionen aufgefaßt werden und doch sind sie — in psychoanalytischem Sinne — keine Symbole. Symbole im Sinne der Psychoanalyse sind nur solche Dinge (resp. Vorstellungen), denen im Bewußten eine logisch unerklärliche und unbegründete Affektbesetzung zukommt und von denen analytisch festzustellen ist, daß sie diese affektive Überbetonung der u n b e w u ß t e n Identifizierung mit einem anderen Dinge (Vorstellung) verdanken, dem jener Affektüberschuß eigentlich angehört. Nicht alle Gleichnisse sind also Symbole, sondern nur jene, bei denen das eine Glied der Äquation ins Unbewußte verdrängt ist.[1] In demselben Sinne fassen R a n k und S a c h s das Symbol auf:[2] „Wir verstehen darunter", heißt es bei ihnen, „eine besondere Art der indirekten Darstellung, die durch gewisse Eigentümlichkeiten vor den ihr nahestehenden des Gleichnisses,

---

1) Siehe dazu meine diesbezügl. Bemerkungen in früheren Aufsätzen: D i e O n a n i e (Diskuss. der Wiener Psychonalyt. Vereinigung). Bergmann, Wiesbaden, 1912, p. 19. Z u r A u g e n s y m b o l i k (In Band II dieser Sammlung). E n t w i c k l u n g s s t u f e n d e s W i r k l i c h -
k e i t s s i n n e s (S 61). Siehe auch mein Referat über J u n g s Libidoarbeit (Im Anhang dieses Bandes).

2) D i e B e d e u t u n g d e r P s y c h o a n a l y s e f ü r d i e
G e i s t e s w i s s e n s c h a f t e n. Wiesbaden 1913. S. 11 ff.

der Metapher, der Allegorie, der Anspielung und anderer Formen der bildlichen Darstellung von Gedankenmaterial (nach Art des Rebus) ausgezeichnet ist", „es ist ein stellvertretender anschaulicher Ersatzausdruck für etwas Verborgenes."

Nach alledem ist es vorsichtiger, die Entstehungsbedingungen des Symbols nicht ohneweiters mit denen der Gleichnisbildung überhaupt gleichsetzen zu wollen, sondern für diese spezifische Art der Gleichnisbildung spezifische Entstehungsbedingungen vorauszusetzen und darnach zu forschen.

Die analytische Erfahrung zeigt uns nun in der Tat, daß, obzwar auch bei der Bildung wirklicher Symbole die Bedingung der intellektuellen Insuffizienz erfüllt sein muß, die Hauptbedingungen zu ihrem Zustandekommen nicht intellektueller, sondern affektiver Natur sind. Ich will das an einzelnen, z. T. schon anderwärts mitgeteilten Beispielen aus der Sexualsymbolik zeigen.

Die Kinder kümmern sich usprünglich, solange sie die Not des Lebens nicht zur Anpassung und damit zur Wirklichkeitserkenntnis zwingt, nur um die Befriedigungen ihrer Triebe, d. h. um die Körperstellen, an denen diese Befriedigung stattfindet, um die Objekte, die diese hervorzurufen geeignet sind, und um die Handlungen, die diese Befriedigung tatsächlich hervorrufen. Von den sexuell erregbaren Körperstellen (erogenen Zonen) z. B. interessiert sie der Mund, der After und das Genitale ganz besonders. „Was Wunder, wenn auch ihre Aufmerksamkeit in erster Linie durch solche Dinge und Vorgänge der Außenwelt erregt wird, die auf Grund einer noch so entfernten Ähnlichkeit an die ihnen liebsten Erlebnisse erinnern."[1] So kommt es zur „Sexualisierung des Alls". In diesem Stadium benennen kleine Knaben alle länglichen Gegen-

---

1) F e r e n c z i, Entwicklungsstufen des Wirklichkeitssinnes. (Dieser Band S. 62.)

stände gerne mit der kindlichen Bezeichnung ihres Genital-
organs, in jedem Loch sehen sie einen Anus, in jeder Flüssig-
keit Harn und in jedem halbweichen Stoffe Kot.

Ein etwa anderthalbjähriger Knabe sagte, als man ihm zum
erstenmal den Donaustrom zeigte: „Wie viel Speichel!“
Ein zweijähriger Junge nannte alles, was sich öffnen läßt, eine
Türe, u. a. auch die Beine seiner Eltern, da er auch diese
öffnen und schließen (ab- und adduzieren) konnte.

Eine ähnliche Gleichsetzung erfolgt auch innerhalb der
Körperorgane: Penis und Zahn, After und Mund werden gleich-
gesetzt; vielleicht findet das Kind für jeden affektiv wichtigen
Teil der unteren Körperhälfte ein Äquivalent an der oberen
(besonders an Kopf und Gesicht).

Diese Gleichsetzung ist aber noch nicht Symbolik. Erst von
dem Momente an, wo infolge der kulturellen Erziehung das
eine (u. zw. das wichtigere) Glied des Gleichnisses verdrängt
wird, gelangt das andere (früher unwichtigere) Glied zur affektiven „Überbedeutung“ und wird ein Symbol des Verdrängten.
Ursprünglich wurden Penis und Baum, Penis und Kirchturm
bewußterweise gleichgestellt; aber erst mit der Verdrängung des
Interesses für den Penis erlangte Baum und Kirchturm die —
unerklärliche und scheinbar unbegründete — Interessebetonung;
sie wurden zu Penissymbolen.

So wurden auch die Augen Symbole von Genitalien, mit
denen sie früher einmal — auf Grund äußerlicher Ähnlichkeit
— identifiziert gewesen sind; so kommt es zur symbolischen
Überbetonung der oberen Körperhälfte überhaupt, nachdem das
Interesse für die untere verdrängt wurde, und so dürften überhaupt alle Genitalsymbole (Krawatte, Schlange, Zahnreißen,
Schachtel, Stiege usw.), die in den Träumen einen so breiten
Raum einnehmen, ontogenetisch zustande gekommen sein. Es
würde mich auch nicht wundern, wenn in einem Traum des

eben erwähnten Knaben die Türe als Symbol des elterlichen Schoßes wiederkehrte und in dem des anderen der Donaustrom als Symbol von Körperflüssigkeiten.

Mit diesen Beispielen wollte ich auf die überwiegende Bedeutung affektiver Momente beim Zustandekommen echter Symbole hinweisen. Diese müssen in erster Linie berücksichtigt werden, wenn man sie von anderen psychischen Produkten (Metaphern, Gleichnissen usw.), die gleichfalls Verdichtungsleistungen sind, unterscheiden will. Die einseitige Berücksichtigung formaler und rationeller Bedingungen bei der Erklärung psychischer Vorgänge kann leicht in die Irre führen.

Man war z. B. früher geneigt zu glauben, daß man Dinge verwechselt, weil sie ähnlich sind; heute wissen wir, daß man ein Ding mit einem anderen nur verwechselt, weil gewisse Motive dazu vorhanden sind; die Ähnlichkeit schafft nur die Gelegenheit zur Betätigung jener Motive. Ebenso muß man sagen, daß die apperzeptive Insuffizienz allein, ohne die Berücksichtigung der zur Gleichnisbildung treibenden Motive, die Bildung der Symbole nicht zureichend erklärt.

Zum Thema „Großvaterkomplex"

(1913)

Die Arbeiten Abrahams[1] und Jones[2] geben eine fast erschöpfende Würdigung der Bedeutung, die die Beziehungen zu den Großeltern oft für das ganze Leben der Enkelkinder gewinnen. Im Anschlusse daran möchte ich einige Beobachtungen, die ich über diesen Gegenstand sammelte, kurz zusammenfassen.

Ich fand, daß der Großvater die Phantasie des Kindes in zweifacher Weise beschäftigt. Einerseits ist er ihm wirklich der imposante Greis, der sogar dem sonst allmächtigen Vater Achtung gebietet, dessen Autorität es sich also aneignen und in seiner Auflehnung gegen den Vater ausspielen möchte. [Abraham, Jones.] Andererseits ist er aber auch der hilflose, schwache, alte Mann, dem der Tod nahe bevorsteht, der sich mit dem kräftigen Vater in keiner Hinsicht (besonders in der sexuellen nicht) messen kann, daher für das Kind ein Objekt der Geringschätzung wird. Sehr oft ist es gerade die Person des Großvaters, die dem Enkelkind zum erstenmal das Problem des Todes, das endgültige „Wegsein" eines Angehörigen

1) Abraham, Klin. Beitr. zur PsA., S. 129.
2) Jones, Int. Zeitschr. f. PsA., I. (1913).

nahebringt, und das Kind kann dann seine feindseligen, aber ob der Ambivalenz verdrängten Phantasien über den Tod des V a t e r s auf den Großvater verschieben. „Wenn der Vater meines Vaters sterben kann, wird auch mein Vater einmal sterben (und ich in den Besitz seiner Vorrechte gelangen)": so etwa lautet die Phantasie, die sich hinter Deckerinnerungen und Deckphantasien, welche sich mit dem Tode des Groß- vaters beschäftigen, zu verstecken pflegt. Durch den Tod des Großvaters wird übrigens die Großmutter ledig; manches Kind greift nun (um das Leben des Vaters zu schonen und die Mutter doch allein besitzen zu können) zum Auskunftsmittel, daß es in der Phantasie den Großvater sterben läßt, die Groß- mutter dem Vater schenkt und sich die Mutter behält. „Ich schlafe mit meiner Mama, du sollst mit d e i n e r Mama schlafen",[1] denkt das Kind und kommt sich dabei gerecht und großmütig vor.

Ob sich die I m a g o d e s „s c h w a c h e n Großvaters" oder die des „s t a r k e n Großvaters" (im letzteren Falle mit Identifizierungstendenzen) im Kinde fixiert, hängt im wesent- lichen von der Rolle ab, die der Großvater in der Familie in Wirklichkeit spielt.

Wo der Großvater der Herr im Hause, der eigentliche Patriarch ist, dort überflügelt das Kind in seiner Phantasie den

---

1) Solche Aussprüche kleiner Kinder sind mir von zuverlässiger Seite mitgeteilt worden. — Ein schönes Beispiel dieser Art findet sich in der von F r e u d publizierten „Analyse der Phobie eines fünfjährigen Knaben" (Ges. Schr., Bd. VIII), wo der kleine Hans sich zum Manne seiner Mutter und damit zu seinem eigenen Vater ernennt, während er seinem Vater dessen eigene Mutter, also des Kleinen Großmutter, über- läßt, wozu F r e u d bemerkt: „Es geht alles gut aus. Der kleine Ödipus hat eine glücklichere Lösung gefunden, als vom Schicksal vorgeschrieben ist. Er gönnt seinem Vater, anstatt ihn zu beseitigen, dasselbe Glück, das er für sich verlangt; er ernennt ihn zum Großvater und verheiratet auch ihn mit der eigenen Mutter."

machtlosen Vater und hofft die ganze Gewalt des Großvaters
direkt zu erben; in einem solchen Falle, den ich analytisch
untersuchen konnte, konnte sich das Kind nach dem Tode des
mächtigen Großvaters dem zur Macht gelangten Vater niemals
unterordnen; es behandelte ihn einfach als Usurpator, der ihm
seinen rechtmäßigen Besitz geraubt hat.

Die Imago des „schwachen Großvaters" prägt sich
besonders scharf den Kindern solcher Familien ein, in denen
(was häufig vorkommt) die Großeltern schlecht behandelt
werden.

Zur Ontogenie des Geldinteresses

(*1914*)

Je tiefer die Psychoanalyse in die Erkenntnis völkerpsychologischer Produkte (Mythen, Märchen, Folklore) eindringt, um so mehr erhärtet sie die Tatsache vom phylogenetischen Ursprung der Symbole, die wie ein Niederschlag der Erfahrungen früherer Generationen in jedes einzelne individuelle Seelenleben hineinragen. Die wichtige Aufgabe, die Phylogenie und die Ontogenie der Symbolik gesondert zu erforschen und dann deren gegenseitige Beziehungen festzustellen, harrt noch der Lösung durch die Analyse. Die klassische Formel vom „Δαιμων και Τυχη" in der Freudschen Anwendung: vom Zusammenwirken des Ererbten und Erfahrenen beim Entstehen individueller Strebungen, wird sich am Ende auch auf die Genese dieser psychischen Inhalte anwenden lassen, womit aber auch die alte Streitfrage von der „angeborenen Idee", diesmal allerdings nicht mehr in Form leerer Spekulationen, aufs Tapet kommt. Soviel können wir schon heute vorwegnehmen, daß zum Zustandekommen eines Symbols nebst der angeborenen Disposition auch individuelle Erfahrungen notwendig sind, die dann das eigentliche Material zur Symbolbildung abgeben, während jene angeborene Anlage vor der Erfahrung vielleicht nur den Wert eines ererbten, aber noch nicht funktionierenden Mechanismus hatte.

Im folgenden möchte ich die Frage untersuchen, ob und inwieweit individuelle Erfahrung die Umwandlung analerotischer in Geldinteressen begünstigt.

Jedem Psychoanalytiker ist die von F r e u d entdeckte symbolische Bedeutung des Geldes geläufig. „Überall, wo die archaische Denkweise herrschend war oder geblieben ist, in den alten Kulten, im Mythus, Märchen, Aberglauben, im unbewußten Denken, im Traume und in der Neurose, wird das Geld in innigste Beziehungen zum Drecke gebracht."

Als individualpsychologische Parallelerscheinung zu dieser Tatsache stellte F r e u d den innigen Zusammenhang zwischen der starkbetonten Erogeneität der Afterzone in der Kindheit und dem später sich entwickelnden Charakterzuge des G e i z e s auf. Bei Personen, die später besonders o r d e n t l i c h, s p a r s a m und e i g e n s i n n i g waren, erfährt man aus der analytischen Erforschung ihrer Kleinkindergeschichte, daß sie zu jenen Säuglingen gehörten, „die sich weigern, den Darm zu entleeren, weil sie aus der Defäkation einen Lustnebengewinn beziehen", und denen es auch noch in etwas späteren Jahren „Vergnügen bereitet hat, den Stuhl zurückzuhalten" und die „allerlei unziemliche Beschäftigungen mit dem zutage geförderten Kote" aus ihrer Kindheit erinnern. „Am ausgiebigsten erscheinen die Beziehungen, welche sich zwischen den anscheinend so disparaten Komplexen des Geldinteresses und der Defäkation ergeben".[1]

Die Beobachtung des Treibens der Kinder und die analytische Erforschung von Neurotikern gestattet uns nun, einzelne Punkte jener Linie festzustellen, auf der das Wertvollste, das der Mensch besitzt, sich zum Symbol „des Wertlosesten, das der Mensch als Abfall von sich wirft",[2] individuell entwickelt.

---

1) F r e u d, Charakter und Analerotik, 1908. (Ges. Schr., Bd VI.)
2) F r e u d l. c.

Die aus diesen beiden Quellen geschöpfte Erfahrung zeigt uns, daß das Kind ursprünglich sein Interesse ohne jede Hemmung dem Vorgange der Defäkation zuwendet und es ihm ein Vergnügen bereitet, den Stuhl zurückzuhalten. Die so zurückgehaltenen Fäkalien sind wirklich die ersten „Ersparnisse" des werdenden Menschen und bleiben als solche in steter unbewußter Wechselbeziehung zu jeder körperlichen Tätigkeit oder geistigen Strebung, die etwas mit Sammeln, Zusammenscharren und Sparen zu tun hat.

Der Kot ist aber auch eines der ersten S p i e l z e u g e des Kindes. Die rein a u t o e r o t i s c h e Befriedigung, die dem Kinde das Pressen und Drücken der Fäkalmassen und das Spielenlassen der Schließmuskeln bereitet, wird bald — wenigstens zum Teil — in eine Art O b j e k t l i e b e umgewandelt, indem das Interesse von der intransitiven Sensation gewisser Organempfindungen auf die Materie selbst verschoben wird, die diese Empfindungen verursachte. Die Fäzes werden also „introjiziert" und gelten in diesem Stadium der Entwicklung — das im wesentlichen durch Schärferwerden des Gesichtssinnes und durch die sich hebende Geschicklichkeit der Hände bei noch bestehender Unfähigkeit zum aufrechten Gang[*] charakterisiert ist (kriechen auf allen vieren) — als wertvolles Spielzeug, von dem das Kind nur durch Abschreckung, Strafandrohungen zu entwöhnen ist. Das Interesse des Kindes für die Dejekte erfährt seine erste Entstellung dadurch, daß der G e r u c h der Fäzes ihm widrig, ja, ekelhaft wird. Wahrscheinlich hängt das mit dem Beginne des aufrechten Ganges zusammen.[1] Die übrigen Eigenschaften jener Materie: Feuchtigkeit, Abfärben, Klebrigkeit usw., verletzen einstweilen seinen Reinlichkeitssinn nicht. Es spielt und hantiert

---

1) F r e u d faßt die Verdrängung der Analerotik und der Riechlust beim Menschengeschlechte überhaupt als Konsequenz des aufrechten Ganges, der Erhebung von der Erde auf.

also noch immer gern, wenn ihm nur dazu Gelegenheit geboten wird, mit feuchtem S t r a ß e n k o t, den es gern zu größeren Haufen zusammenscharrt. So ein Haufen Schmutz ist gewissermaßen schon ein Symbol, das sich vom Eigentlichen durch die Abwesenheit des Geruches unterscheidet. Straßenkot ist fürs Kind gleichsam desodoriertes Dejektum.

Bei zunehmendem Sinn für Reinlichkeit wird dem Kind — allerdings unter Mithilfe pädagogischer Maßregeln — auch der Straßenkot unleidlich. Substanzen, die infolge ihrer Klebrigkeit, Feuchtigkeit und Farbe geeignet wären, bleibende Spuren auf dem Körper und dessen Bekleidung zurückzulassen, werden als „schmutzige Dinge" verachtet und gemieden. Das Symbol des Kotes muß sich also eine weitere Entstellung, eine Entwässerung gefallen lassen. Das Interesse des Kindes wendet sich dem S a n d e zu, der bei erhaltener Erdfarbe trocken und reinlicher ist. Die instinktive Freude der Kinder am Sammeln, Zusammenscharren und Formen von Sand wird dann von den Erwachsenen, denen das stundenlange ruhige Spielen der sonst ungebärdigen Kleinen mit dem Sande sehr gelegen kommt, nachträglich rationalisiert und ratifiziert, indem dieses Spielen für „gesund", d. h. hygienisch angezeigt erklärt wird.[1] Und doch ist auch der

---

1) Die Neigung, koprophile Tendenzen euphemistisch hinter „hygienische" zu verstecken, ist überaus verbreitet. Bekannt ist das — sonst harmlose — Treiben der Stuhlpedanten, die einen bedeutenden Teil ihres verfügbaren Interesses der Regulierung ihrer Stuhlentleerung zuwenden; allerdings verfallen solche Individuen ziemlich leicht in die sogenannte „Stuhlhypochondrie". Eine ganze Reihe von Analysen brachte mich übrigens zu der Überzeugung, daß die H y p o c h o n d r i e in sehr vielen Fällen eigentlich ein G ä r u n g s p r o d u k t der A n a l e r o t i k ist, eine V e r s c h i e b u n g unsublimierter koprophiler I n t e r e s s e n, von ihren ursprünglichen Objekten auf andere Körperorgane und Körperprodukte unter Veränderung des Lustvorzeichens. Die Wahl des Organs,

Spielsand nichts anderes als ein Koprosymbol, als desodorierter und entwässerter Kot.

Schon in diesem Stadium der Entwicklung kommt es übrigens oft zur „Wiederkehr des Verdrängten". Es bereitet den Kindern unendliche Lust, die in den Sand gebohrten Löcher mit Wasser zu füllen und so die Materie ihres Spieles dem ursprünglichen wässerigen Stadium näher zu bringen. Nicht selten benützen Knaben zu dieser Berieselung den eigenen Harn, als wollten sie damit die Zusammengehörigkeit beider Stoffe recht deutlich betonen. Auch das Interesse für den spezifischen Geruch der Exkremente hört nicht mit einem Male auf, sondern wird nur auf andere, irgendwie ähnliche Gerüche verschoben. Die Kinder beriechen noch immer mit Vorliebe klebrige Stoffe mit charakteristischem Geruch, besonders die zwischen den Zehen sich ansammelnden starkriechenden Zerfallsprodukte der abgestoßenen Epidermiszellen, das Sekret der Nasenschleimhaut, Ohrenschmalz und Nagelschmutz, gar manche begnügen sich nicht mit dem Kneten und Beschnüffeln dieser Substanzen, sondern nehmen sie überdies in den Mund. Bekannt ist das leidenschaftliche Vergnügen des Kindes am Kneten von Glaserkitt (Farbe, Konsistenz, Geruch), von Pech und Asphalt. Ich kannte einen Knaben, dem es nach dem charakteristischen Geruch von Gummistoffen leidenschaftlich verlangte und der stundenlang an einem Stück Radiergummi herumschnüffeln konnte.

Stallgeruch und Leuchtgasausdünstung gefällt Kindern in diesem Alter — ja auch viel älteren — ausnehmend wohl, und es ist kein Zufall, daß der Volksglaube Lokalitäten mit diesen Gerüchen als „gesund", ja, als Heilmittel von Krankheiten anpreist. Vom Leuchtgas, Asphalt und Terpentingeruch

auf das sich die Hypochondrie richtet, wird dabei von speziellen Bedingungen determiniert (körperliches Entgegenkommen, starke Erogeneität auch im „kranken" Körperorgane usw.).

zweigt sich ein besonderer Sublimierungsweg der Analerotik ab: die
Vorliebe für wohlriechende Stoffe, für Parfüms, womit die
Entwicklung einer Reaktionsbildung — Darstellung durch das
Gegenteil — vollendet wäre. Leute, bei denen diese Sublimie-
rungsart sich vollzieht, entwickeln sich oft auch in sonstiger
Hinsicht zu Ästheten, und es unterliegt keinem Zweifel,
daß das Ästhetentum überhaupt die mächtigste Wurzel in der
verdrängten Analerotik hat. Das ästhetische und spielerische
Interesse, das derselben Quelle entstammt, hat nicht selten
Anteil an der sich entwickelnden Lust am Malen und am
Formen (Skulptur).[1]

Schon im Kot- und Sandzeitalter des koprophilen Interesses
fällt es auf, daß die Kinder aus diesen Materialien — soweit
es ihrer primitiven Kunstfertigkeit gelingt — gern Objekte
fabrizieren, richtiger solche nachmachen, deren Besitz für sie
von besonderem Werte ist. Sie bilden aus ihnen verschiedene
Eßwaren, Kuchen, Torten, Bonbons usw. Die Anlehnung des
rein egoistischen Triebes an die Koprophilie nimmt hier ihren
Anfang.

Der Fortschritt des Reinlichkeitssinnes macht dann allmählich auch den Sand für das Kind unannehmbar, es beginnt
die infantile Steinzeit: das Sammeln von möglichst schön
geformten und gefärbten Kieselsteinen, womit ein höherer
Entwicklungsgrad der Ersatzbildung erreicht ist: das Übel-
riechende, Wässerige, Weiche wird durch etwas Geruchloses,
Trockenes und nunmehr auch Hartes dargestellt. An den
eigentlichen Ursprung dieser Liebhaberei erinnert uns nur
mehr der Umstand, daß Steine — wie Kot und Sand — von

---

[1] Auf den wahrscheinlichen Anteil des in der Kindheit dem Flatus
zugewandten Interesses an der späteren Musikalität habe ich schon
bei anderer Gelegenheit hingewiesen. Ferenczi, Über obszöne
Worte, 1911. (Dieser Band, S. 171.)

der Erde aufgehoben und gesammelt werden. — Die kapitalistische Bedeutsamkeit der Steinchen ist bereits eine ganz erhebliche. (Kinder sind „steinreich" im engen Sinne des Wortes.)

Nach den Steinen kommen als Sammelobjekte Kunstprodukte an die Reihe und damit ist die Ablösung des Interesses vom Erdboden vollzogen; Glaskugeln, Knöpfe,[1] Obstkerne werden eifrig gesammelt — diesmal nicht mehr nur des eigenen Wertes willen, sondern als Wertmesser, gleichsam als primitive Münzen, die den bisherigen Tauschhandel der Kinder in einen schwunghaften Geldverkehr umwandeln. Der nicht rein praktisch zweckmäßige, sondern libidinös — irrationelle Charakter des Kapitalismus verrät sich aber auch auf dieser Stufe: das Kind hat eine entschiedene Freude am Sammeln selbst.[2]

Es bedurfte nur mehr eines Schrittes und die Identifizierung des Kotes mit dem Golde war vollzogen. Bald beginnen auch die Steinchen das Reinlichkeitsgefühl des Kindes zu verletzen — es sehnt sich nach etwas Reinerem — und das wird ihm in den glänzenden Geldstücken geboten, zu deren Wertschätzung natürlich auch die Achtung beiträgt, welche die Erwachsenen dem Gelde zollen, sowie die verlockende Möglichkeit, damit alles, was das Kinderherz nur wünscht, sich

1) Vgl. Lou Andreas-Salomé: Vom frühen Gottesdienst. Imago II, 1913.

2) Das deutsche Wort „Besitz" zeigt übrigens, daß der Mensch das Wertvolle, das ihm gehört, auch sprachlich durch ein Daraufsitzen darzustellen sucht. Rationalisten begnügen sich offenbar mit der Erklärung dieses Bildes, daß das Daraufsitzen ein Verstecken, Behüten und Verteidigenwollen des Wertgegenstandes ausdrücken will. Daß aber hier gerade das Gesäß und nicht — was beim Menschen natürlicher wäre — die Hand zur Darstellung des Schutzes und der Verteidigung benützt wird, spricht eher dafür, daß auch das Wort „Besitz" ein Kopro-Symbol ist. Das entscheidende Wort hierüber zu sagen, ist allerdings erst einem psychoanalytisch geschulten Philologen vorbehalten.

beschaffen zu können. Ursprünglich wirken aber nicht solche rein praktische Überlegungen, sondern die Freude am spielerischen Sammeln, Anhäufen und Betrachten der glänzenden Metallstücke die Hauptrolle, so daß Geldstücke hier noch weniger nach ihrem ökonomischen Wert, denn als an und für sich lustspendende Objekte geschätzt werden. Das Auge erfreut sich am Anblick ihres Glanzes und ihrer Farbe, das Ohr an ihrem Metallklange, der Tastsinn am Spiel mit dem runden glatten Scheibchen, nur der Geruchsinn geht ganz leer aus und auch der Geschmackssinn muß sich mit dem schwachen, aber eigentümlichen Metallgeschmack der Münzen zufrieden geben. Damit ist die Entwicklung des Geldsymbols der Hauptsache nach vollendet. Aus der Lust am Darminhalt wird Freude am Gelde, das aber nach dem Gesagten auch nichts anderes ist als geruchloser, entwässerter und glänzend gemachter Kot, *„pecunia non olet"*.

Entsprechend der inzwischen vor sich gegangenen Entwicklung des Denkorgans in der Richtung des Logischen wird das symbolische Interesse am Geld beim Erwachsenen nicht nur auf Gegenstände mit ähnlichen physikalischen Eigenschaften, sondern auf allerei Dinge ausgedehnt, die irgendwie Wert oder Besitz bedeuten (Papiergeld, Aktien, Sparkassebuch usw.). Mag aber das Geld was immer für Formen annehmen: die Freude an seinem Besitz hat ihre tiefste und ergiebigste Quelle in der Koprophilie. Mit diesem irrationalen Elemente wird jede Soziologie und Nationalökonomie, die die Tatsachen ohne Voreingenommenheit prüft, rechnen müssen. Soziale Probleme werden erst durch Aufdeckung der wirklichen Psychologie des Menschen lösbar; Spekulationen über die ökonomischen Bedingungen allein werden nie zum Ziele führen.

Ein Teil der Analerotik wird überhaupt nicht sublimiert, sondern bleibt in ihren ursprünglichen Erscheinungsformen erhalten.[1] Seinen eigenen Entleerungsfunktionen bringt selbst der kultivierteste Normalmensch ein Interesse entgegen, das in seltsamem Widerspruche steht zum Abscheu und Ekel, den er äußert, wenn er dergleichen bei anderen zu sehen oder etwas davon zu hören bekommt. Fremde Menschen und Rassen können einander bekanntlich „nicht riechen". Nebst diesem Erhaltenbleiben gibt es aber auch eine Wiederkehr des hinter dem Geldsymbol steckenden Eigentlichen. Die von Freud zuerst beobachteten Stuhlbeschwerden infolge Verletzung des Geldkomplexes sind Beispiele dafür.[2] Ein weiteres Beispiel ergäbe die sonderbare, aber von mir in unzähligen Fällen konstatierte Tatsache, daß Leute mit dem Wechseln der Unterwäsche in einer Weise sparsam sind, die in keinem Verhältnis zu ihrem sonstigen *standard of life* steht.

---

1) Die konstitutionell gegebene Quantität Analerotik verteilt sich also beim Erwachsenen auf die verschiedensten psychischen Gebilde, es entwickeln sich aus ihm 1. Analcharakterzüge im Sinne Freuds, 2. Beiträge zum Ästhetentum und zu künstlerischen Interessen, 3. zur Hypochondrie, 4. der Rest bleibt unsublimiert. Aus dem verschiedenen Mischungsverhältnis des sublimierten und des ursprünglichen Anteils, aus der Bevorzugung dieser oder jener Sublimierungsformen ergeben sich die buntesten Charaktervariationen, die natürlich ihre speziellen Bedingungen haben müssen. Zur raschen charakterologischen Orientierung über ein Individuum, ja, über ganze Volksstämme sind die analen Charakteristika besonders geeignet. Der Analcharakter mit seiner Reinlichkeit und Ordnungsliebe, Trotz und Geiz sticht vom ausgesprochenen Analerotiker, der dem Schmutz gegenüber tolerant, verschwenderisch und gutmütig ist, scharf ab.

2) „Vorübergehende Stuhlbeschwerden (Diarrhöen, Verstopfungen) entpuppen sich in der Analyse oft als Regressionen des Analcharakters. Eine Patientin bekam gegen Ende des Monats, wo sie ihren Eltern die vom Unbewußten nur ungern hergegebene Unterstützungssumme absenden mußte, heftige Diarrhöen. Ein anderer entschädigte sich für das Honorar, indem er massenhaft Darmgase produzierte." (Ferenczi: Über passagère Symptombildung usw., Band II dieser Sammlung.)

Die Sparsamkeit benützt also der Analcharakter am Ende dazu, um ein Stück Analerotik (Schmutztoleranz) wiederzugewinnen. Ein noch auffälligeres Beispiel ist folgendes: Ein Patient will sich keiner irgendwie gearteten koprophilen Manipulationen erinnern, erzählt aber bald darauf ohne Befragung, daß er besondere Lust an hellglänzenden Kupfermünzen hatte und eine eigene Prozedur zum Glänzendmachen der Münzen erfand: er schluckte das Geldstück und suchte dann in den Fäzes so lange, bis er das während der Passage durch den Darmschlauch schön glänzend gewordene Geldstück fand.[1] Hier wurde die Freude am reinlichen Gegenstand der Deckmantel zur Befriedigung der primitivsten Analerotik. Merkwürdig genug, daß der Patient sich die wirkliche Bedeutung seines doch durchsichtigen Tuns ableugnen konnte.

Abgesehen von solchen auffälligen Beispielen, kann man das erotische Vergnügen am Häufen, Sammeln von Gold und sonstigen Geldstücken, das lustvolle „Wühlen im Geld" im täglichen Leben unzählige Male beobachten. Viele Menschen geben leicht ihre Unterschrift auf ein Schriftstück, das sie zur Zahlung größerer Beträge verpflichtet, und geben leicht große Summen in Papiergeld aus, sind aber auffallend schwerfällig bei der Verausgabung von Goldmünzen oder auch von kleinstem Kupfergeld. Die Münzen k l e b e n förmlich an ihren Fingern. (Vgl. dazu auch die Bezeichnung „flüssiges Kapital" und die gegenteilige: *„argent sec"*, die in der Franche-Comté gebräuchlich sein soll.)

Der hier skizzierte ontogenetische Entwicklungsgang des

---

1) Der Fall erinnert an den koprophilen Witz, worin dem Arzt, dem es gelingt, die von einem Kinde geschluckte Geldmünze mittels Abführmittel abzutreiben, bedeutet wird, er solle die Münze gleich als Honorar behalten. Zur Identifizierung von Geld und Kot s. auch das Märchen vom „Eslein, streck' dich". Das Wort „Losung" bedeutet Erlös (im Geschäft), aber in der Jägersprache auch Wildkot.

Geldinteresses weist zwar individuelle, von den Lebensbedingungen abhängige Unterschiede auf, ist aber im großen und ganzen beim heutigen Kulturmenschen als ein psychischer Prozeß anzusehen, der sich unter den verschiedensten Verhältnissen — auf einem oder dem anderen der möglichen Wege — zu realisieren sucht. Es liegt also nahe, diese Entwicklungstendenz als ein Rassenmerkmal anzusehen und die Gültigkeit des biogenetischen Grundgesetzes auch für die Bildung des Geldsymbols anzunehmen. Es ist zu erwarten, daß die phylogenetische und kulturgeschichtliche Vergleichung des hier geschilderten individuellen Entwicklungsganges und der Entwicklung des Geldsymbols beim Menschengeschlechte überhaupt einen Parallelismus nachweisen wird. Vielleicht werden sich dann die bei Höhlenforschungen haufenweise vorgefundenen gefärbten Steinchen des primitiven Menschen deuten lassen; Beobachtungen über die Analerotik der W i l d e n (der heute lebenden primitiven Menschen, die vielfach noch im Stadium des Tauschhandels und des Kiesel- oder Muschelgeldes leben) dürften diese kulturgeschichtliche Unternehmung bedeutend fördern.

Es ist aber schon nach dem Mitgeteilten nicht unwahrscheinlich, daß das mit der Entwicklung korrelativ sich steigernde kapitalistische Interesse nicht nur im Dienste von praktisch-egoistischen Zwecken, also dem R e a l i t ä t s p r i n z i p steht, sondern daß die Freude am Gold und Geldbesitz auch den symbolischen Ersatz für und die Reaktionsbildung auf die verdrängte Analerotik und Koprophilie in gelungener Verdichtung repräsentiert, d. h. gleichzeitig auch dem L u s t p r i n z i p genügen will.

Der kapitalistische Trieb enthält also — nach unserer Auffassung — eine egoistische und eine analerotische Komponente.

Über die Rolle der Homosexualität in der Pathogenese der Paranoia

(*1913*)

Im Sommer 1908 hatte ich Gelegenheit, das Problem der Paranoia in längeren Unterredungen mit Prof. Freud aufzurollen. Wir kamen zur Festlegung gewisser Erwartungsvorstellungen, die im wesentlichen von Prof. Freud entwickelt wurden, während ich mit einzelnen Vorschlägen und Einwendungen zur schließlichen Gestaltung des Gedankenganges beitrug. Wir konstatierten zunächst, daß der Mechanismus der Projektion, wie es in dem damals einzigen analysierten Paranoiafalle von Freud dargelegt wurde, für die Paranoia überhaupt bezeichnend ist. Wir nahmen ferner an, daß der paranoische Mechanismus eine Mittelstellung zwischen den gegensätzlichen Mechanismen der Neurose und der Dementia praecox einnimmt. Der Neurotische entledigt sich seiner unliebsam gewordenen Affekte durch die verschiedenen Arten der Verschiebung (Konversion, Übertragung, Substitution), der Demente löst sein Interesse von den Objekten ab[1] und zieht es auf das Ich zurück (Autoerotismus, Größenwahn). Auch der

---

1) Vgl. Abraham, Die psychosexuellen Differenzen der Hysterie u. d. Dem. praecox. („Klin. Beitr. zur PsA.“, Int. Psa. Bibl., Bd. XVI.)

Paranoische möchte es mit der Entziehung seiner Anteilnahme versuchen, sie gelingt ihm aber nur zum Teil. Ein Teil der Begierde wird glücklich in das Ich zurückgezogen, — Größenwahn fehlt in keinem Falle von Paranoia, — aber ein mehr oder minder großer Teil des Interesses kann sich von seinem ursprünglichen Gegenstand nicht loslösen oder kehrt zu ihm zurück. Dieses Interesse ist aber mit dem Ich derart unverträglich geworden, daß es (mit Affektverkehrung, d. h. mit „negativem Vorzeichen") objektiviert und so aus dem Ich ausgestoßen wird. Die unerträglich gewordene und dem Objekt entzogene Neigung kehrt also als Wahrnehmung seines Negativs von seiten des Liebesobjektes zurück. Aus dem Gefühl der Liebe wird die Empfindung seines Gegenteils.

Die Erwartung, daß die weitere Beobachtung die Richtigkeit dieser Annahmen bewahrheiten wird, hat sich erfüllt. Die Fälle von paranoider Demenz, die Maeder im Bande II. des Jahrbuches f. PsA. veröffentlichte, bestätigen die Annahmen Freuds in weitgehendem Maße. Freud selbst hat durch weitere Studien nicht nur diese Grundformel der Paranoia, sondern auch gewisse feinere Einzelheiten, die wir im psychischen Mechanismus der verschiedenen Formen der Paranoia voraussetzten, bestätigen können.

Der Zweck dieser Veröffentlichung ist aber nicht die Aufrollung der ganzen Paranoiafrage (der Prof. Freud selbst eine größere Arbeit widmet), sondern nur die Mitteilung einer Erfahrungstatsache, die sich mir aus der Analyse mehrerer Paranoiker über die erwähnten Erwartungsvorstellungen hinaus ergeben hat.

Es stellte sich nämlich heraus, daß der paranoische Mechanismus nicht zur Abwehr aller möglichen Libidobesetzungen in Gang gesetzt wird, sondern nach den bisherigen Beobachtungen nur gegen die homosexuelle Objektwahl gerichtet ist.

Schon im Falle der von F r e u d analysierten Paranoischen spielte die Homosexualität eine auffallend große, vom Verfasser wohl damals noch nicht genügend gewürdigte Rolle.[1]

Auch in Maeders Untersuchungen an paranoid Dementen[2] wurden „unzweifelhafte homosexuelle Tendenzen" hinter den Verfolgungswahnideen des einen Kranken aufgedeckt.

Die Beobachtung mehrerer Fälle, die ich im folgenden mitteilen will, läßt aber die Annahme gerechtfertigt erscheinen, daß die Homosexualität in der Pathogenese der Paranoia nicht eine zufällige, sondern die bedeutsamste Rolle spielt und daß die Paranoia vielleicht überhaupt nichts anderes ist als entstellte Homosexualität.

I

Der erste Fall betraf den Mann meiner eigenen Bedienerin, einen etwa 38 Jahre alten, robusten Menschen, den ich mehrere Monate lang sehr eingehend zu beobachten Gelegenheit hatte.

Er und seine nicht schön zu nennende Frau, die unmittelbar vor dem Eintritt in meine Dienste heirateten, bewohnten eine

---

1) „Als sie mit dem Stubenmädchen allein war", hat sie „eine Empfindung im Schoße bekommen und dabei gedacht, das Mädchen habe jetzt einen unanständigen Gedanken." — Sie hatte „Halluzinationen von weiblichen Nacktheiten, besonders eines entblößten weiblichen Schoßes mit Behaarung, gelegentlich auch männlicher Genitalien". — „Wenn sie in Gesellschaft einer Frau war, bekam sie regelmäßig die quälende Empfindung, woran sich die Deutung schloß, sie sehe jetzt die Frau in unanständiger Blöße, aber im selben Moment habe die Frau dieselbe Empfindung von ihr." — „Die ersten Bilder von weiblichen Schoßen kamen wenige Stunden, nachdem sie eine Anzahl von Frauen tatsächlich im Baderaum entblößt gesehen hatte." — „Es wurde ihr ‚alles klar', als die Schwägerin eine Äußerung tat" usw. (F r e u d, Weitere Bemerkungen über die Abwehr-Neuropsychosen, 1896. Ges. Schr., Bd. I, S. 378.)

2) Jahrbuch f. PsA., II. Bd., S. 237

aus einem Zimmer und der Küche bestehende Abteilung meiner Wohnung.[1] Der Mann arbeitete den ganzen Tag in seinem Amte (er war Bediener bei der königl. Post), kam abends pünktlich nach Hause und gab in der ersten Zeit keinen Anlaß zur Klage. Im Gegenteil, er fiel mir durch seinen außerordentlichen Fleiß und durch die große Höflichkeit mir gegenüber auf. Immer fand er etwas an meinen Zimmern zu reinigen und zu verschönern. Ich traf ihn manchmal spät in der Nacht dabei an, daß er die Türen oder den Fußboden frisch lackierte, die schwer zugänglichen oberen Fensterscheiben putzte oder im Badezimmer irgend eine geschickte Neuerung einrichtete. Er legte großes Gewicht darauf, mich zufriedenzustellen, gehorchte mit militärischer Strammheit und Pünktlichkeit allen meinen Anordnungen, nahm aber jede Kritik meinerseits mit großer Empfindlichkeit hin, wozu sich allerdings nur selten Anlaß bot.

Eines Tages erzählt mir die Bedienerin weinend, daß sie mit dem Manne sehr unglücklich lebe. Er trinke in letzter Zeit viel, komme spät nach Hause, schelte und beschimpfe sie fortwährend ohne Anlaß. Ich wollte mich in diese Eheangelegenheit anfangs nicht mischen, als ich aber zufällig erfuhr, daß er die Frau prügelte (was mir die Frau aus Angst, die Stellung zu verlieren, verheimlichte), machte ich ihm ernste Vorstellungen, forderte von ihm Alkoholabstinenz und gute Behandlung der Frau, was er mir unter Tränen versprach. Als ich ihm meine Rechte zum Handschlag bot, konnte ich es nicht verhindern, daß er mir die Hand stürmisch küßte. Ich schrieb dies aber damals seiner Rührung und meiner „väterlichen" Haltung zu (obzwar ich jünger war als er).

Nach dieser Szene herrschte eine Weile Ruhe im Hause. Aber schon nach wenigen Wochen wiederholten sich dieselben

---

1) Hier in Budapest ist es eine verbreitete Sitte, die Besorgung der Wohnung einem verläßlichen Ehepaare zu überlassen.

Szenen, und als ich mir nun den Mann genauer ansah, stellte ich bei ihm Anzeichen des chronischen Alkoholismus fest. Daraufhin fragte ich die Frau aus und erfuhr von ihr, daß sie von ihrem Manne fortwährend, und zwar vollkommen grundlos, der ehelichen Untreue verdächtigt wird. Natürlich stieg in mir sofort der Verdacht auf, daß es sich beim Manne um alkoholischen Eifersuchtswahn handelt, um so mehr, als ich die Bedienerin als eine sehr anständige und sehr schamhafte Person kannte. Wieder gelang es mir, den Mann vom Trinken abzubringen und den Hausfrieden für eine Weile herzustellen.

Bald stellte sich aber Verschlimmerung ein. Es wurde klar, daß es sich um Alkoholparanoia handelte. Der Mann vernachlässigte seine Frau und trank im Wirtshaus bis Mitternacht. Heimgekehrt, prügelte er die Frau, beschimpfte sie unablässig und verdächtigte sie mit jedem Patienten, der mich besuchte. Nachträglich erfuhr ich, daß er schon um diese Zeit auch auf mich eifersüchtig war, was aber seine Frau aus begreiflicher Angst vor mir verheimlichte. Ich konnte das Ehepaar natürlich nicht länger bei mir behalten, sagte aber der Frau auf ihre Bitte zu, sie bis zum Ablauf des Vierteljahres in ihrer Stelle zu belassen.

Nun erst erfuhr ich alle Einzelheiten jener häuslichen Szenen. Der Mann, den ich zur Rede stellte, leugnete entschieden, die Frau geprügelt zu haben, obzwar das auch durch Augenzeugen bestätigt wurde. Er behauptete, seine Frau sei eine „Frau mit weißer Leber", eine Art Vampir, „die die Männerkraft aussaugt". Er verkehre mit ihr fünf- bis sechsmal jede Nacht, das sei ihr aber immer noch nicht genug, sie lasse sich von jedem Manne begatten. Bei dieser Aussprache wiederholte sich die Rührszene, die ich oben beschrieb. Er bemächtigte sich wieder meiner Hand und küßte sie unter Tränen. Er behauptete, noch nie einen lieberen und freundlicheren Menschen als mich gekannt zu haben.

Als mich sein Fall auch psychiatrisch zu interessieren begann, erfuhr ich von der Frau, daß der Mann mit ihr seit der Trauung überhaupt nur zwei- bis dreimal den Beischlaf ausgeübt habe. Hie und da mache er dazu Veranstaltungen, — meist a tergo, — dann stoße er sie fort und erkläre unter Geschimpfe, sie sei eine Hure, sie könne es mit jedem, nur mit ihm nicht.

Ich fing an, eine immer größere Rolle in seinen Wahnideen zu spielen. Er wollte unter Androhung des Erstechens von seiner Frau das Geständnis erpressen, sie habe mit mir geschlechtlich verkehrt. Jeden Morgen, wenn ich fortging, drang er in mein Schlafzimmer ein, schnüffelte an meiner Bettwäsche und prügelte dann die Frau, indem er behauptete, am Bettzeug ihren Geruch erkannt zu haben. Ein Kopftuch, das ich der Frau von der Ferienreise mitbrachte, nahm er gewaltsam an sich, streichelte es täglich mehrere Male, dabei war er auch von einer Tabakspfeife, die ich ihm zum Geschenk machte, unzertrennlich. War ich am Abort, so lauschte er stets im Vorzimmer, erzählte dann seiner Frau mit obszönen Worten, was er gehört habe, und frug sie, „ob es ihr gefalle". Sofort nach mir eilte er dann in das Klosett nachzuschauen, ob ich alles „richtig weggespült" habe.

Bei alldem blieb er der eifrigste Bediente, den man sich denken kann, und war mir gegenüber von übertriebener Liebenswürdigkeit. Er benutzte meine Abwesenheit von Budapest und strich ohne Auftrag den Abort frisch mit Ölfarbe an, zierte die Wand sogar mit farbigen Strichen.

Eine Zeitlang wurde die erfolgte Kündigung vor ihm geheimgehalten. Als er aber davon erfuhr, wurde er schwermütig, ergab sich vollends dem Trunke, beschimpfte und schlug seine Frau, drohte ihr, daß er sie auf die Gasse werfen und mich, „ihren Liebling", erstechen werde. Auch jetzt noch blieb er

mir gegenüber artig und ergeben. Als ich aber erfuhr, daß er
bei Nacht mit einem scharfgeschliffenen Küchenmesser schlafe
und einmal ernstlich Miene machte, in mein Schlafzimmer zu
dringen, konnte ich auch die bis zum Ablaufe der Kündigungs-
frist noch übrigen zwei bis drei Tage nicht abwarten. Die Frau
verständigte die Behörde, die ihn auf Grund des gemeinde-
ärztlichen Untersuchungsergebnisses in die Landesirrenanstalt
einlieferte.

Zweifellos handelt es sich in diesem Falle um alkoholischen
Eifersuchtswahn. Die hervorstechenden Züge homosexueller Übertragung auf mich lassen aber die Deutung zu, daß diese Eifersucht auf die Männer nur die Projektion seines eigenen
erotischen Gefallens am männlichen Geschlecht bedeutete. Auch
die Abneigung gegen den Geschlechtsverkehr mit seiner Frau
dürfte nicht einfach Impotenz gewesen, sondern durch seine
unbewußte Homosexualität bestimmt gewesen sein. Offenbar
hat der Alkohol, den man wohl mit Recht ein Zensurgift
nennen könnte, seine zu Freundschaftlichkeit, Dienstfertigkeit
und Ergebenheit vergeistigte Homosexualität ihrer Sublimierungen
zum großen Teile (aber nicht ganz) beraubt und die so zutage
getretene rohe homosexuelle Erotik — als solche dem Bewußtsein des ethisch hochstehenden Menschen unerträglich — einfach seiner Frau angedichtet.

Der Alkohol spielt hier meines Erachtens nur die Rolle des
Sublimierungszerstörers, durch dessen Werk die wahre Sexual-
konstitution des Mannes, nämlich die gleichgeschlechtliche
Objektwahl, offenbar wurde.

Die sichere Bestätigung dafür erhielt ich erst nachträglich.
Ich erfuhr, daß er vor Jahren schon einmal verheiratet gewesen
ist. Auch mit dieser ersten Frau lebte er nur kurze Zeit in
Frieden, begann bald nach der Eheschließung zu trinken, dann
seine Frau mit Eifersuchtsszenen zu quälen, zu beschimpfen,

bis sie ihm davonging und bald auch die gerichtliche Scheidung durchsetzte.

In der Zeit zwischen beiden Eheschließungen soll er ein mäßiger, verläßlich-nüchterner Mensch gewesen sein und erst nach der zweiten Verehelichung wieder zu trinken angefangen haben.

Nicht der Alkoholismus war also die tiefere Ursache der Paranoia, sondern im unlösbaren Konflikt zwischen seiner bewußten heterosexuellen und seiner unbewußten homosexuellen Begierde griff er zum Alkohol, der dann durch Zerstörung der Sublimierungen die gleichgeschlechtliche Erotik zum Vorschein brachte, deren sich sein Bewußtsein auf dem Wege der Projektion, des Eifersuchtswahnes, entledigte.

Die Zerstörung der Sublimierung war aber keine vollständige. Er konnte einen Teil seiner homosexuellen Neigung noch in vergeistigter Form, als liebevoll ergebener Diener seines Herrn, als strammer Untergebener im Amt und als tüchtiger Arbeiter in beiden Stellungen betätigen. Wo aber die Verhältnisse erhöhte Anforderungen an die Sublimierungsfähigkeit stellten, — z. B. bei Beschäftigung mit dem Schlafzimmer und dem Klosett, — war er gezwungen, seine Begierde der Frau anzuhängen und sich durch die Eifersuchtsszenen zu versichern, daß er in seine Frau verliebt sei. Das Prahlen mit der ungeheueren Potenz der Frau gegenüber war gleichfalls eine der Selbstberuhigung dienende Entstellung der Tatsachen.[1]

---

1) Die einseitig agitatorische Tätigkeit der Antialkoholisten sucht die Tatsache, daß der Alkoholismus in den allermeisten Fällen eine, allerdings unheilvolle Folge und nicht die Ursache der Neurosen ist, zu verschleiern. Den individuellen wie den sozialen Alkoholismus kann nur die Analyse heilen, die die Ursachen der Flucht in die Narkose aufdeckt und neutralisiert. Oberstabsarzt Dr. Drenkhahn hat aus der Morbiditätsstatistik der deutschen Armee nachgewiesen, daß infolge der antialkoholistischen Propaganda der letzten Jahre die Zahl der „Alkohol-

II

Als zweiten Fall will ich den einer noch jugendlichen Dame
anführen, die, nachdem sie mit ihrem Manne jahrelang in
ziemlicher Eintracht lebte und ihm Töchter gebar, nicht lange
nach der Geburt eines Sohnes an Eifersuchtswahn erkrankte. In
ihrem Falle spielte der Alkohol keine Rolle.[1]

Sie begann beim Manne alles verdächtig zu finden. Eine
Köchin und ein Stubenmädchen nach der anderen wurde weg-
geschickt, schließlich setzte sie durch, daß im Hause nur noch
männliche Bedienung geduldet wurde. Aber auch das half nicht.
Der Mann, der allgemein für einen Mustergatten galt und der
mir heilig versicherte, noch nie die eheliche Treue gebrochen
zu haben, konnte keinen Schritt gehen, keine Zeile schreiben,
ohne von der Frau beobachtet, verdächtigt, ja, beschimpft zu
werden. Merkwürdigerweise verdächtigte sie den Mann immer
nur mit ganz jungen, zwölf- bis dreizehnjährigen — oder ganz
alten, häßlichen Frauenspersonen, während sie auf die Damen
aus der Gesellschaft, auf Freundinnen oder bessere Gouvernanten,
auch wenn sie anziehend oder schön waren, nicht eifersüchtig
war. Mit diesen konnte sie freundschaftlich verkehren.

---

erkrankungen" in der Armee von 4·19 : 10.000 rasch auf 0·7 : 10.000
gesunken ist, daß aber dafür die Zahl der Erkrankungen an sonstigen
Neurosen und Psychosen in demselben Maße gestiegen ist. (Deutsche
Militärärztliche Zeitschrift vom 20. Mai 1909.) Die Ausrottung des
Alkoholismus ist also nur scheinbar eine Verbesserung der Hygiene. Der
Psyche, wenn ihr der Alkohol entzogen wird, stehen zahlreiche andere
Wege der Flucht in die Krankheit zu Gebote. Und wenn dann die
Psychoneurotiker, statt an Alkoholismus, an Angsthysterie oder Dementia
praecox erkranken, bedauert man den riesigen Aufwand an Energie,
der gegen den Alkoholismus an der unrechten Stelle in Gang gesetzt
wurde.

1) Den Fall habe ich bereits in anderem Zusammenhange kurz
mitgeteilt. Siehe „Introjektion und Übertragung". (S. 9 ff. dieses
Bandes.)

Immerhin wurde ihr Betragen zu Hause immer auffälliger, ihre Drohungen gefährlicher, so daß sie in ein Sanatorium gebracht werden mußte. (Vor der Internierung ließ ich die Patientin auch Prof. F r e u d in Wien zu Rate ziehen, der meine Diagnose und den Versuch der Analyse guthieß.)

Bei dem ungeheueren Mißtrauen und dem Scharfsinn der Kranken war es nicht leicht, mit ihr in Fühlung zu treten. Ich mußte mich auf den Standpunkt stellen, als wäre ich von der Unschuld des Mannes nicht vollkommen überzeugt, und brachte auf diese Art die sonst unzugängliche Kranke dazu, mir auch die bisher verheimlichten Wahnideen preiszugeben.

Unter diesen fanden sich ausgesprochene Größen- und Beziehungswahnideen. Zwischen den Zeilen der Lokalzeitung wimmelt es von Anspielungen auf ihre angebliche moralische Verdorbenheit, auf ihre lächerliche Stellung als betrogene Gattin, die Artikel seien bei den Zeitungsschreibern von ihren Feindinnen bestellt. Aber auch allerhöchste Persönlichkeiten (z. B. der bischöfliche Hof) wüßten um diese Machenschaften und daß die Königsmanöver in jenem Jahre gerade in der Gegend ihres Wohnsitzes stattfanden, sei nicht ohne Beziehung zu gewissen geheimen Absichten jener Feindinnen. Als Feindinnen entpuppten sich im Laufe der weiteren Gespräche die entlassenen Dienstboten.

Ich erfuhr dann von ihr allmählich, daß sie seinerzeit nur widerwillig, auf Wunsch der Eltern, besonders des Vaters, die Werbung ihres Mannes angenommen hatte. Er kam ihr damals zu gewöhnlich, unfein vor. Aber nach der Eheschließung gewöhnte sie sich angeblich an ihn. Nach der Geburt der ersten Tochter kam es zu einer merkwürdigen Szene im Hause. Der Mann soll unzufrieden darüber gewesen sein, daß sie ihm nicht einen Sohn gebar, und auch sie empfand darüber förmliche Gewissensbisse; daraufhin traten in ihr Zweifel auf, ob

sie recht getan habe, diesen Mann zu heiraten. Zu gleicher
Zeit begann sie auf die dreizehnjährige, angeblich sehr hübsche
Aushilfsmagd eifersüchtig zu sein. Sie lag noch im Wochen-
bette, als sie die kleine Person einmal zu sich beschied, sie
niederknien und beim Leben ihres Vaters schwören ließ, daß
der Hausherr ihr nichts angetan hätte. Dieser Schwur beruhigte
sie damals. Sie dachte sich, sie könnte sich geirrt haben.

Nach der endlichen Geburt eines Sohnes fühlte sie sich, als
hätte sie ihre Pflicht dem Manne gegenüber erfüllt und sei
nunmehr frei. Es begann ein zwiespältiges Verhalten bei ihr.
Sie wurde auf ihren Mann wieder eifersüchtig, andererseits
benahm sie sich Männern gegenüber manchmal auffällig. „Allerdings nur mit den Augen," sagte sie. Folgte aber jemand ihrem
Winke, so wies sie ihn stets energisch ab.

Diese „harmlose Spielerei", die von ihren „Feindinnen"
gleichfalls falsch ausgelegt wurde, verschwand aber bald hinter
den immer ärger werdenden Eifersuchtsszenen.

Um ihren Mann anderen Frauen gegenüber impotent zu
machen, ließ sie ihn jede Nacht mehrmals den Beischlaf ausführen. Doch wenn sie sich auf einen Augenblick aus dem
Schlafzimmer (zur Verrichtung körperlicher Bedürfnisse) entfernte, sperrte sie das Zimmer hinter sich zu. Sie eilte sofort
zurück, wenn sie aber an der Bettdecke etwas nicht in Ordnung
fand, verdächtigte sie den Mann, daß die entlassene Köchin,
die sich einen Schlüssel hätte machen lassen, inzwischen bei
ihm gewesen sei.

Wie wir sehen, verwirklichte die Kranke die geschlechtliche
Unersättlichkeit, die der vorerwähnte Alkoholparanoiker nur
erdichtete, aber nicht ausführen konnte. (Allerdings kann die
Frau viel eher als der Mann den Geschlechtsverkehr auch ohne
wirkliche Lust nach Belieben steigern.) Auch die scharfe Über-
wachung des Zustandes der Bettwäsche wiederholte sich hier.

Das Benehmen der Kranken im Sanatorium war sehr widerspruchsvoll. Sie kokettierte mit allen Männern, ließ sich aber keinen nahekommen. Dafür ging sie innige Freundschaften und Feindschaften mit allen weiblichen Bewohnern des Hauses ein. Die Gespräche, die sie mit mir führte, drehten sich zum größten Teil um diese. Sie nahm sehr gerne die ihr vorgeschriebenen lauwarmen Bäder, benutzte aber die Gelegenheit des Badens dazu, um eingehende Beobachtungen über die Körperfülle und Körperformen der übrigen Patientinnen zu sammeln. Mit allen Zeichen des Ekels und Abscheus beschrieb sie mir die runzlige Bauchhaut einer schwerkranken, älteren Patientin. Bei der Erzählung der Beobachtungen an hübscheren Patientinnen war aber der lüsterne Ausdruck ihres Gesichtes nicht zu verkennen. Eines Tages, als sie mit diesen jüngeren allein war, veranstaltete sie eine „Wadenausstellung"; sie behauptete, bei der Konkurrenz den ersten Preis gewonnen zu haben. (Narzißmus.)

Mit großer Vorsicht versuchte ich etwas über die homosexuelle Komponente ihrer Sexualentwicklung zu erfahren, indem ich sie frug, ob sie, wie so viele junge Mädchen, ihre Freundinnen leidenschaftlich geliebt habe. Doch sie erkannte sofort meine Absicht, wies mich derb zurück, behauptete, ich wolle ihr Scheußlichkeiten einreden. Es gelang mir, sie zu beruhigen, worauf sie mir unter dem Siegel der Verschwiegenheit gestand, als ganz kleines Kind jahrelang mit einem kleinen Mädchen, das sie dazu verführte, gegenseitig masturbiert zu haben. (Die Kranke hat nur Schwestern, keinen Bruder.) Ferner ließen sich den — allerdings immer spärlicher werdenden — Mitteilungen der Kranken Anzeichen überstarker sexueller Fixierungen an die Mutter und an weibliche Wartepersonen entnehmen.

Die ziemliche Ruhe der Patientin wurde erst durch den

Besuch des Gatten ernstlich gestört. Der Eifersuchtswahn ent-
flammte von neuem. Sie verdächtigte den Gatten, ihre Abwesenheit zu allen möglichen Schandtaten benutzt zu haben. Namentlich richtete sich ihr Verdacht gegen die greise Hausbesorgerin,
die — wie sie erfuhr — beim Reinemachen geholfen haben
soll. Im geschlechtlichen Verkehr wurde sie immer unersätt-
licher. Verweigerte ihr der Mann den Beischlaf, so drohte sie,
ihn umzubringen. Sie warf ihm einmal tatsächlich ein
Messer nach.

Auch die anfänglich noch vorhandenen geringen Spuren der
Übertragung auf den Arzt wichen in diesen stürmischen Zeiten
einem immer heftigeren Widerstande, so daß die Aussichten der
Analyse auf den Nullpunkt sanken. So sahen wir uns genötigt,
die Kranke in einer entfernteren Anstalt unter strengerer Aufsicht
unterzubringen.

Auch dieser Fall von Eifersuchtswahn wird erst erklärlich,
wenn wir annehmen, daß es sich hier um die Projektion des
Gefallens am eigenen Geschlecht auf den Mann handelt. Ein
in fast ausschließlich weiblicher Umgebung aufgewachsenes
Mädchen, das als Kind zu stark an die weiblichen Wartepersonen fixiert war und dazu jahrelang mit einer Alters-
genossin sexuellen Umgang pflog, wird plötzlich in eine
Konvenienzehe mit einem „unfeinen Manne" gezwungen. Sie
fügt sich aber und empört sich nur einmal gegen eine besonders
krasse Unliebenswürdigkeit des Mannes, indem sie ihre Begierde
ihrem Kindheitsideal (einem kleinen Dienstmädchen) zuwendet.
Der Versuch mißlingt, sie kann die Homosexualität nicht mehr
ertragen und muß sie auf den Mann projizieren. Das war der
erste, kurz dauernde Eifersuchtsanfall. Endlich als sie ihre
„Pflicht" erfüllt und dem Manne den von ihm geforderten Sohn
geboren hat, fühlt sie sich frei. Die bis dahin gebändigte Homosexualität bemächtigt sich stürmisch aller Objekte, die zur

Sublimierung keine Möglichkeit bieten (ganz junge Mädchen, Greisinnen, Dienstboten), in roh-erotischer Form, doch diese ganze Erotik wird, mit Ausnahme jener Fälle, wo sie es unter der Maske des harmlosen Spieles verbergen kann, dem Mann angedichtet. Um sich in dieser Lüge zu bestärken, ist die Kranke gezwungen, dem ihr ziemlich gleichgültig gewordenen männlichen Geschlechte gegenüber gesteigerte Koketterie zur Schau zu tragen, ja, sich wie eine Nymphomanische zu gebärden.

III

Eines Tages wurde ich von einem Advokaten aufgefordert, einen seiner Klienten, den Syndikus der Stadt X., der von seinen Landsleuten ungerechterweise verfolgt werde, zu untersuchen und gesund zu erklären. Dieser meldete sich bald darauf bei mir. Schon daß er mir eine Menge Zeitungsausschnitte, Aktenkopien, Flugschriften, die er alle selbst verfaßt hatte, in so musterhafter Ordnung, numeriert, sortiert, überreichte, war mir verdächtig. Ein Blick in die Schriften überzeugte mich, daß er ein Paranoiker der Verfolgung sei. Ich berief ihn erst für den anderen Morgen zur Untersuchung, aber schon das Durchlesen seiner Schriften zeigte mir die homosexuelle Wurzel seiner Paranoia.

Seine Streitigkeiten begannen damit, daß er einem Hauptmann brieflich mitteilte, daß sein Vis-a-vis, ein Offizier des ....-Regiments, „sich am Fenster teils im Hemd, teils mit nacktem Oberkörper rasiert". „Zweitens läßt er an einer Schnur seine Handschuhe am Fenster trocknen, wie ich es in kleinen italienischen Dörfern gesehen habe." Der Kranke ersucht den Hauptmann, „die Abstellung dieser Mißstände zu bewerkstelligen". Die abweisende Antwort des Hauptmannes beantwortet er mit Angriffen auf diesen. Dann folgt eine Anzeige an den Obersten, worin er schon von den „Unterhosen" des Gegenüber spricht. Wieder beklagt er sich auch der Handschuhe wegen. Mit riesengroßen Buchstaben hebt er hervor, daß ihm ja die Sache gleichgültig wäre, wenn er die Gassenzimmer nicht mit seiner Schwester bewohnen würde. „Ich glaube eine ritterliche Pflicht der Dame gegenüber zu erfüllen." Zugleich macht sich eine furchtbare Empfindlichkeit und alle Zeichen des Größenwahns in den Schriften bemerkbar.

In den späteren Schriften wird die Erwähnung jener Unterhose immer häufiger. In fetten Lettern wird oft vom „Schutz der Damen" gesprochen.

Eine nachträgliche Eingabe bringt den Zusatz, er habe in der vorigen Eingabe zu erwähnen vergessen, daß sich der Herr Oberleutnant abends am hellbeleuchteten Fenster, ohne die Rouleaux herunterzulassen, anzuziehen pflege. „Mir wäre das gleichgültig [das in kleinem Schriftgrad]. Ich muß aber im Namen einer Dame um Schutz gegen einen derartigen Anblick bitten."

Dann kommen Eingaben an das Korpskommando, das Kriegsministerium, die Kabinettskanzlei usw., in allen sind die kleingedruckten Worte Hemd, Unterhose, nackter Oberkörper usw. — und diese allein — nachträglich rot unterstrichen. (Der Kranke ist Besitzer einer Zeitung und kann nach Herzenslust alles drucken lassen.)

Aus einem Aktenstück des Korpskommandos stellt sich heraus, daß Vater und Bruder des Kranken im Wahnsinn durch Selbstmord geendet haben. Der Vater war, wie der Kranke sich ausdrückt, „Landesadvokat und Orator" (auch Patient ist Advokat), der Bruder war Oberleutnant. Man erfährt dann, daß der Patient Kneippianer ist, ja, er erschien einmal beim Obergespan zur Audienz barfuß in Sandalen, wofür er einen Verweis erhielt. (Exhibition?)

Dann verschiebt er die Angelegenheit auf den ritterlichen

Weg, kneift aber im kritischen Augenblick immer aus, unter Berufung auf irgend einen Paragraphen des Duellkodexes, den er vollkommen beherrscht. Es unterläuft ihm dabei die halb absichtliche Übertreibung, daß er so spricht, als wäre sein Brief eine tätliche Beleidigung des Offiziers gewesen. An anderen Orten sagt er (mit Riesenbuchstaben), er habe dem Offizier in der schonendsten Form nur Tatsachen angeführt. Er unterschiebt den militärischen Behörden die Ansicht über sich selbst, er sei „eine alte Frau, die gar nichts anderes zu tun habe, als Objekte ihrer Neugierde zu entdecken". Er zitiert unzählige Beispiele, wie im Ausland Offiziere, die auf offener Straße ein Mädchen beleidigen, bestraft werden. Er verlangt überhaupt Schutz für wehrlose Frauen gegen rohe Angriffe usw. In einer seiner Eingaben beklagt er sich, der zu Anfang erwähnte Hauptmann habe „wütend, ostentativ sein Gesicht von ihm weggewendet".

Die Zahl der von ihm angehängten Prozesse häufen sich lawinenartig an. Am meisten ärgert ihn, daß die Militärbehörden seine Eingaben ignorieren. Die Zivilisten schleppt er vor das Zivilgericht; bald verschiebt er die Sache auf politisches Gebiet, hetzt in seiner Zeitung Soldaten und Stadtverordnete gegeneinander, den ungarischen Zivilbehörden gegenüber spielt er den „Pangermanen" aus und tatsächlich melden sich bald beinahe 100 „Genossen", die ihm öffentlich und schriftlich Beifall zollen.

Dann folgt eine merkwürdige Episode.

Eines Tages klagt er einen anderen Offizier beim neuen Obersten an, jener habe seiner Schwester auf der Straße „Pfui, schäbige Sächsin!" zugerufen. Die Schwester bestätigt das in einem Briefe, der sicher vom Patienten selbst verfaßt ist.

Er verlegt sich dann auf Zeitungsartikel, in denen er schwer auflösbare Rätsel durch das Punktieren „gefährlicher" Stellen

aufgibt. Er spricht z. B. von einem französischen Sprich-
wort, das zu deutsch „das L . . . . t . . . .“ heißt. Ich hatte
Mühe, das „Lächerliche tötet“ herauszufinden.

Eine neuerliche Anklage gegen den Hauptmann Nr. 1
erwähnt „Grimassen, Gebärden, Bewegungen, herausfordernde
Blicke“. Er würde sich nicht kümmern, aber es handelt sich
um eine Dame. Der Offizier sei bubenhaft. Er und seine
Schwester werden ihm rücksichtslos den Standpunkt klar
machen.

Neuerliche Ehrenangriffe mit Rückzug des Kranken, der
unter Advokatenkniffen den Duellkodex ins Treffen führt.

Dann folgen Drohbriefe, in denen er wie die Schwester viel
von „Selbsthilfe“ sprechen; lange Erklärungen; 100 Zitate über
Duell usw. Z. B. „Nicht Kugeln, Degenspitzen töten, sondern
die Sekundanten“. „Mann“, „Männer“, „mannhaft“, kehren
immer wieder. Er läßt sich von Mitbürgern Lobhymnen unter-
schreiben, die ihn selbst zum Verfasser haben. Einmal behauptet
er ironisch, man wolle vielleicht, daß er „jenen Herren Hände
und Füße küssen soll in Liebedienerei“.

Jetzt kommt der Kampf mit der Stadtbehörde, an die sich
das Militär gewendet hat. 42 Stadtverordnete verlangen seine
Bestrafung. Er greift von diesen einen heraus, der Dahinten
heißt, und verfolgt ihn öffentlich bis aufs Blut. Durch die
Zustimmungskundgebungen   und   die   „Wacker!“-Rufe eines
Wiener Hetzblattes ermutigt, bewirbt er sich um die Stelle des
Vizegespans und gibt aller Welt Schuld an seinem ungerechten
Durchfall. Natürlich arbeitet er auch in Antisemitismus.

Er will dann das gute Verhältnis zwischen Zivil und Militär
herstellen, diese Worte unterstreicht er immer.

Endlich gelangt die Sache vor eine höhere Zivilbehörde, die
den Geisteszustand des Kranken untersuchen ließ. Er kam mit
der Hoffnung zu mir, daß ich ihn für gesund erklären werde.

Vorhergegangene Erfahrungen bei Paranoischen machten es mir leicht, in diesem Falle die außerordentlich bedeutsame Rolle der Homosexualität schon aus diesen Tatsachen zu erschließen. Der Ausbruch des — bislang vielleicht versteckten — Verfolgungswahnes wird durch den Anblick eines halbnackten Offiziers ausgelöst, auch dessen Hemd, Unterhosen und Handschuhe scheinen auf den Kranken großen Eindruck gemacht zu haben. (Ich verweise auf die Rolle der Bettwäsche bei beiden vorerwähnten Eifersuchtswahnkranken.) Niemals werden Frauenspersonen angeklagt oder beschuldigt, immer nur rauft und zankt er mit Männern, zumeist Offizieren oder höheren Würdenträgern, Vorgesetzten. Ich deute das als Projizierung seines eigenen homosexuellen Gefallens mit negativem Vorzeichen auf jene Personen. Seine aus dem Ich ausgestoßene Begierde kehrt als Wahrnehmung der Verfolgungstendenz seitens der Objekte seines unbewußten Gefallens ins Bewußtsein wieder. Er sucht solange, bis er sich überzeugt hat, daß man ihn haßt. Nun kann er in Form des Hasses seine eigene Homosexualität ausleben und zugleich vor sich selbst verstecken. Die Bevorzugung des Verfolgtwerdens durch Offiziere und Beamte dürfte durch den Beamtenstand des Vaters und den Offiziersstand seines Bruders bestimmt gewesen sein; ich vermute, daß diese die ursprünglichen, infantilen Objekte seines homosexuellen Phantasierens waren.

Der erlogenen riesigen Potenz des Alkoholwahnsinnigen und der geheuchelten Nymphomanie der eifersüchtig Paranoischen entspricht hier die übertriebene Ritterlichkeit und das Zartgefühl, das er von den Männern Damen gegenüber fordert. Dasselbe fand ich bei den meisten manifest homosexuellen Männern. Diese Hochachtung hat einen Anteil daran, daß die Homosexuellen, wie viele psychisch Impotente, unfähig sind, das Weib zum Liebesobjekt zu nehmen. Die Homosexuellen

„achten das Weib hoch", lieben aber den Mann. So auch unser Paranoiker, nur ist sein Lieben durch Affektverkehrung in Verfolgungswahn und Haß verwandelt worden.

Daß er seine Schwester als beleidigte Person in den Vordergrund schiebt, dürfte aber auch durch passiv-homosexuelle Phantasien, in denen er sich mit dieser Schwester identifiziert, mitbegründet sein. Dafür spricht auch seine Klage, man halte ihn für eine alte Frau, die die Objekte ihrer Neugierde in nackten Offizieren und deren Unterwäsche suche. Wenn er also fortwährend über Beleidigungen seitens der ihn verfolgenden Männer klagt, meint er unbewußt sexuelle Angriffe, deren Gegenstand er selber sein möchte.

Es ist in diesem Falle schön zu sehen, wie die mühsam aufgebaute soziale Sublimierung der Homosexualität, wahrscheinlich unter dem Drucke der überwuchernden infantilen Phantasien, vielleicht auch infolge anderer, mir unbekannter Gelegenheitsursachen, zusammenbricht und in den Wahnideen die kindisch-perverse Grundlage dieser Vergeistigungen (z. B. Voyeurtum, Exhibition) durchbricht.

Zur Kontrolle meiner Auffassung über diesen Fall nahm ich beim Patienten die Reaktionen auf die 100 Reizworte des Jungschen Schemas auf und analysierte die Einfälle. Das Lehrreiche an dieser Analyse war, daß sie sehr mager ausgefallen ist. Der Paranoische entledigt sich der ihn belästigenden Affekte so gründlich, daß sie ihn, wie er glaubt, gar nichts angehen; darum erzählt er in seinen Handlungen und Reden alles, was die Hysterischen aus Gewissensangst tief verdrängen. Auffällig und für die echte Paranoia offenbar charakteristisch ist ferner, daß von den „Komplexmerkmalen" Jungs die gestörte Reproduktion fast ganz fehlt. Der Patient erinnert sich ausgezeichnet auch an die Reaktionen auf die den Komplexen naheliegenden „kritischen" Reizworte. Die Projektion schützt den Paranoischen vor Affekten so gut, daß er der hysterischen Amnesie nicht bedarf. Die Komplexnähe scheint sich hier eher durch Redseligkeit und Eigenbeziehung zu verraten. Überhaupt sind die Reaktionen durchweg egozentrisch. Klang- und Reimreaktionen sowie witzige Reaktionen sind sehr häufig. Soviel über das Formale. Ich will hier beispielsweise einzelne Reaktionen samt der anschließenden Analyse mitteilen.

Rw [1]: *Kochen.* Ra: *Köche, Köchinnen.* A: *Kochen macht das* Rw: *Weib* Ra: *zänkisch.* A: *Das Weib wird beim Herd inflammiert, erhitzt. Mutter war auch erhitzt. Heute würde ich ihr das Kochen nicht gestatten. Ein Mann kann viel mehr aushalten. Goethe sagte allerdings: Sieben Männer ertrügen es nicht, was eine Frau. Meine Mutter hatte sechs Kinder. Der Mann wäre zum Gebären besser geeignet.* (In dieser Reaktion finden wir die Schonung der Frau und die Überschätzung des Mannes wieder, dazu eine Phantasie: als Mann Kinder zu gebären.)

Rw: *Fluß.* Ra: *Im Flusse möcht' ich baden.* A: *Ich bade leidenschaftlich gerne; habe mit einem Cousin täglich bis Oktober in Flußwasser gebadet. Dieser hat sich erschossen, wegen Überanstrengung. Ich meide Überanstrengung, darum verkehre ich wenig mit Weibern.* (Versuch, die sexuelle Abkehr vom Weibe hygienisch zu begründen. Der Cousin ist ein Offizier.)

Rw: *Salz.* Ra: *Das Salz erinnert mich an das Salz der Ehe.* A: *Ich bin ehefeindlich. Da gibt's tägliche „Reibungen".* (Er meint vielleicht auch den Koituszwang in der Ehe.)

Rw: *Schrift.* Ra: *„... gefällt mir die von dem Künstler in Berlin, der gestorben ist, Begründer des Kunstgewerbes.... Eckmann heißt er ..."* A: *Eine solche monumentale, auffallende Schrift gefällt mir. Wie die meines Vaters. Meine ähnelt der meines Vaters, ist aber nicht so schön. Meine Buchstaben sind aber auch groß.* (Die Hochachtung für den Vater und seiner körperlichen

---

1) Rw = Reizwort, Ra = Reaktion, A = Analyse.

Überlegenheit äußert sich wie so oft in der Tendenz, seine Schrift zu kopieren. Das Gefallen an d e r G r ö ß e d e r B u c h - s t a b e n dürfte symbolisch zu nehmen sein.)

Rw: *Kork.* Ra: *„Bringt den Knalleffekt beim Champagner hervor."* A: *Die Natur hat es mit den Frauen auf einen Knall- effekt abgesehen. Dann aber kommt der Verfall. Der Vater war selbst in hohem Alter schön.*

Rw: *Schlagen.* Ra: *Schläge verdienen meine Gegner, gelinde gesagt.* A: *Am liebsten möchte ich sie pudelnaß angießen, mit einer Feuerspritze. Das wäre lustig! Die Feuerwehr hat mich schon als Kind interessiert.* (Feuerspritze ist eines der univer- sellsten Symbole für das männliche Glied.)

Rw: *Rein.* Ra: *Dem Reinen ist alles rein.* A: *Ich war immer ein reinliches Kind; bin dafür vom Onkel belobt worden. Mein älterer Bruder ist unordentlich gewesen.* (Übertriebene oder vor- zeitig auftretende Unduldsamkeit des Kindes gegenüber Schmutz und Unordnung ist ein Symptom der homosexuellen Fixierung.) (S a d g e r.)

IV

Der vierte Fall, den ich kurz mitteilen möchte, ist keine reine Paranoia, sondern eine Dementia praecox mit starkem paranoischen Einschlag.

Es handelt sich hier um einen noch jungen Gemeinde- schullehrer, der — wie mir seine etwas ältlich aussehende Frau erzählte, — seit etwa einem Jahre fortwährend von Selbstmord- gedanken gequält wird, sich von aller Welt verfolgt und ange- klagt glaubt und stundenlang vor sich hinbrütet.

Ich fand den zu Bette liegenden Kranken wach, aber den Kopf unter der Bettdecke versteckt. Kaum daß ich mit ihm einige Worte wechselte, fragte er mich, ob ich als Arzt die Geheimnisse der Kranken hüten muß. Nachdem ich dies bejahte, erzählte er mir unter Anzeichen heftiger Angst, er habe bei seiner Frau dreimal den Cunnilingus ausgeführt. Er wisse, daß er wegen dieser Untat von der Menschheit zu Tode verurteilt sei, seine Hände und Füße werden abgehauen werden, seine Nase wird verfaulen, seine Augen ausgestochen. Er zeigt mir eine defekte, aber vermauerte Stelle am Plafond, durch welche man seine Untat beobachtet haben muß. Sein größter Feind, der Schuldirektor, sei mit Hilfe von komplizierten Spiegeln und elektrisch-magnetischen Apparaten über alles unterrichtet. Durch seine perverse Tat wurde er eine die (d. h. eine Frau). Denn ein Mann koitiert ja mit dem Penis und nicht mit dem Mund. Man werde ihm den Penis und die Hoden abschneiden — oder aber den ganzen „Kürbiskopf" (Kürbiskopf = Dummkopf; Kürbis = ungarischer Volksausdruck für Testikel.)

Als ich zufällig meine Nase berührte, sagte er: „Ja, meine Nase verfault, wollen Sie sagen." Ich sagte beim Eintreten: „Sind Sie Herr Kugler?" Darauf zurückkommend, erklärt er: „In meinem Namen ist alles erzählt; ich bin: die Kugel + er (= Kugl-er), d. h. ein die + er, ein Mannweib." Im Vornamen S á n d o r bedeutet ihm d'o r d a s Gold, d. h. er wurde zum Neutrum gemacht. Er wollte einmal schon zum Fenster hinausspringen, da fiel ihm aber das Wort H u n y a d ein (huny = Auge schließen, ad = geben), d. h. er schließt das Auge (stirbt), damit s e i n e Frau einem anderen g i b t (den Koitus zuläßt). Damit man nicht so was über ihn denke, ist er am Leben geblieben. Man könnte sich übrigens auch zu seinen Lebzeiten denken, er wolle e i n A u g e z u m a c h e n, wenn seine Frau jemand anderem „gibt".

Er ist schrecklich schuldbewußt ob seiner perversen Tat. Es sei ihm solche Perversität stets fremd gewesen und auch jetzt verabscheut er sie. Sein Feind habe es veranlaßt, durch Suggestion vielleicht.

Auf eindringlicheres Befragen erfahre ich von ihm, daß er sich für seinen Direktor („ein schöner, stattlicher Mensch") geopfert hat; jener war aber auch mit ihm sehr zufrieden und sagte oft: „Ohne Sie könnte ich nichts anfangen, Sie sind meine rechte Hand." (Das erinnert an die „bessere Hälfte".) Seit fünf Jahren etwa quält ihn der Direktor, stört ihn mit Aktenstücken, wenn er beim Unterricht am tiefsten in die Erklärung eines Gedichtes vor der Klasse versunken ist, usw.

Bei der Frage: „Sprechen Sie deutsch?" (*tud németül*) zerlegt und übersetzt er das Wort *németül* (d. h. „deutsch") in die Silben:

$$ném = (nimm)$$
$$et = (und)$$
$$ül = (sitz), (ül = sitzen);$$

d. h.: ich meine mit meiner Frage, er soll seinen Penis in die Hand nehmen und dafür sitzen (ins Loch gesperrt werden). Er meint damit ausdrücklich seinen eigenen Penis, den er nach der Anklage seiner Feinde in ein „anderes Loch" stecken möchte. Ein anderes Loch: das seien andere, fremde Frauen.

Er beteuert heilig, daß er seine Frau anbetet.

Sein Vater sei ein armer Diener gewesen (das entspricht der Wahrheit) und ihm gegenüber streng. Er saß als Student stets zu Hause und las der Mutter Gedichte vor. Die Mutter sei immer sehr gütig gewesen.

Es handelt sich hier um einen Mann, der seine Homosexualität lange Zeit hindurch glücklich sublimierte, seit der Enttäuschung mit dem früher angebeteten Direktor aber alle Männer hassen und zur Begründung seines Hasses jede Äußerung, jede Gebärde, jedes Wort im Sinne des Verfolgenwollens auslegen muß. Auch mich haßte er schon: jedes meiner Worte und Gebärden legte er feindlich aus und zerlegte, übersetzte, entstellte jedes Wort solange, bis es zu einer feindlichen Anspielung wurde.

Die Mutter des Patienten erzählte mir, ihr Sohn sei stets ein braves Kind gewesen. Statt mit anderen Kindern zu spielen, las er der Mutter Bücher, besonders Gedichte, vor, deren Inhalt er ihr erklärte. Der Vater war einfacher Arbeiter, wohl manchmal etwas derb mit dem Jungen, den es oft ärgerte, wenn sie beim gemeinsamen Lesen durch den Vater gestört wurden.[1]

Kein Zweifel, der Patient schätzte seinen Vater — den er geistig überragte — gering und sehnte sich nach einem ansehnlicheren Vater. Diesen fand er später in der Person des ihm vorgesetzten Schuldirektors, dem er jahrelang mit unermüdlichem Fleiß diente, — der aber die (sicherlich zu hoch gespannten) Erwartungen des Kranken nicht erfüllte. Nun wollte er mit seiner Liebe wieder zur Frau zurück, — doch sie wurde für ihn inzwischen ein „Neutrum". Die heterosexuelle Übertreibung und der Cunnilingus konnten den Patienten über die mangelnde Begierde nach der Frau hinwegtäuschen, aber die Sehnsucht nach dem männlichen Geschlechte hörte nicht auf, sie wurde nur aus dem Ich-Bewußtsein ausgestoßen und kehrte als Projektion mit negativem Lustvorzeichen in dasselbe zurück; er wurde ein Verfolgter.

*

Ich habe außer den hier mitgeteilten noch bei drei Paranoischen[2] die „analytische Anamnese" aufgenommen. In allen dreien spielte die projizierte homosexuelle Begierde die bedeutsamste Rolle. Da ich aber aus diesen Fällen nichts wesentlich Neues lernte, machte ich keine genauen Aufzeichnungen über sie.

---

1) Daher die traumatische Kraft der späteren Störung seines Vortrages durch den Direktor.

2) Eine Eifersuchtswahnsinnige und zwei Querulanten. Einer der letzteren, ein Ingenieur, führte sich bei mir mit der Klage ein, „es werde ihm von gewissen Männern auf unbekannte Weise die Manneskraft aus den Genitalien gesogen".

Schon die hier veröffentlichten Krankengeschichten berechtigen aber zu der Vermutung, daß es sich bei der Paranoia
im wesentlichen um die Wiederbesetzung der gleichgeschlechtlichen Lustobjekte mit unsublimierter
Libido handelt, deren sich das Ich mit Hilfe des
Projektionsmechanismus erwehrt.

Die Feststellung dieses Vorganges würde uns natürlich vor
ein größeres Problem, vor das der „Neurosenwahl" (Freud),
stellen, vor die Frage nämlich: welche Bedingungen erfüllt
sein müssen, damit aus der infantilen Doppelgeschlechtlichkeit,
der Ambisexualität,[1] das normale Überwiegen der Heterosexualität, die homosexuelle Neurose oder die Paranoia hervorgehe.

---

1) Ich schlage vor, anstatt des Ausdrucks „bisexuelle Anlage" in der
Psychologie den Terminus Ambisexualität zu gebrauchen. Dadurch
wäre es angedeutet, daß wir unter dieser Disposition nicht das Vorhandensein männlicher und weiblicher Materie (Fließ) im Organismus,
oder männlicher und weiblicher Libido in der Psyche verstehen, sondern
die psychische Fähigkeit des Kindes, seine — ursprünglich objektlose —
Erotik dem männlichen oder dem weiblichen oder beiden Geschlechtern
zuzuwenden, sich an eines der Geschlechter oder an beide zu fixieren.

Alkohol und Neurosen

(Antwort auf eine Kritik des Herrn Professor E. Bleuler [1])

(*1911*)

Bei einer früheren Gelegenheit gab ich der Überzeugung
Ausdruck, daß die statistische Methode in der Psychologie nur
geringen Wert habe, erstens, weil hier die Höhe der Zahlen
für den Mangel an Tiefe der Einzelbeobachtungen nicht entschädigen kann, zweitens aber, weil bekanntlich Zahlen sich
allzu leicht den Intentionen der Autoren fügen und sich ten-
denziös gruppieren lassen. Es tut mir leid, daß ich in der von
Herrn Professor Bleuler kritisierten Arbeit [2] meinem Prinzipe
untreu wurde und mich zur Stütze einer Behauptung auch
auf eine statistische Arbeit des Oberstabsarztes Dr. Drenkhahn
berief. Ich hätte voraussehen sollen, daß die Schwäche jeder
statistischen Argumentation von antialkoholistischer Seite als
Angriffspunkt gegen die von mir vorgeschlagene Anschauungs-
weise der Alkoholpsychosen benutzt werden wird, was nun tatsächlich eintraf.

---

1) Jahrb. f. psa. Forschung, III. (1911), S. 848 ff.
2) Über die Rolle der Homosexualität in der Pathogenese der Paranoia. (S. 120 ff. dieses Bandes.)

Ich fühle mich aber nicht berufen, auf die kritische Sichtung des von D r e n k h a h n bearbeiteten statistischen Materials einzugehen und zu entscheiden, ob das, was er vorbrachte, wirklich nur ein „Bierwitz" und als Beweismoment wertlos ist oder nicht. Ich berief und berufe mich nur auf das Ergebnis, zu dem er gelangte und das mit meinen analytischen Erfahrungen übereinstimmt, ohne mich für die Genauigkeit seiner Angaben einzusetzen.

Wogegen ich aber mich mit derselben Energie, mit der Professor B l e u l e r meine Bemerkungen angreift, verwahren muß, ist die Erweckung des Anscheins, als ob meine Auffassung über die Rolle des Alkohols bei den Neurosen auf der statistischen Arbeit D r e n k h a h n s und nicht auf eigenen individualpsychologischen Untersuchungen beruhen würde.

Eine, vielleicht die entscheidenste dieser Beobachtungen, die Analyse eines Falles von Alkoholparanoia ist ja gerade in der kritisierten Arbeit mitgeteilt. Es wird dort gezeigt, wie der Latent-Homosexuelle nur dann zum Alkohol greift, wenn er in besonders schwierige, seiner Sexualkonstitution direkt widersprechende äußere Situationen gelangt (beide Verehelichungen), wie der Alkohol dann die Sublimierungen zerstört und die homosexuelle Erotik in der Gestalt paranoischer psychischer Gebilde (Eifersuchtswahn) zutage tritt, während in der zwischen beide Ehen eingeschobenen Junggesellenperiode sich weder die Trunksucht noch die Paranoia manifestierte.

Statt sich auf die Ablehnung der D r e n k h a h n schen Publikation zu beschränken, hätte sich Herr Professor B l e u l e r meiner Ansicht nach auch mit diesem, viel wichtigeren Teil meiner Arbeit auseinandersetzen sollen; bei seiner großen Erfahrung wäre es ihm ein leichtes gewesen, die von mir aufgestellten Behauptungen auf Grund eigener psychoanalytischer Untersuchungen zu überprüfen, sie zu erhärten oder zu modifizieren.

Ich muß hier übrigens hinzufügen, — was ich in der kurzen Notiz der Paranoiaarbeit nicht tun konnte, — daß sich meine Ansicht über die Bedeutsamkeit psychologischer (respektive komplex-pathologischer) Motive beim Entstehen des chronischen Alkoholismus aus dem Erfahrungsmaterial vieler Jahre allmählich herauskristallisierte.

Es fiel mir auf, daß die Intoleranz gegen Alkohol, die man bisher leichtfertig mit der gesteigerten physiologischen Giftempfindlichkeit einfach identifizierte, der psychogenen Elemente nicht entbehrt, ja in gewissen Fällen hauptsächlich psychogen ist. Solange ich nur Fälle beobachtete, in denen relativ kleine Alkoholmengen unverhältnismäßig stark gewirkt haben, stellte auch ich mich mit der Theorie einer „Idiosynkrasie" zufrieden. Es kamen aber dann Personen unter meine Beobachtung, die nach wenigen Tropfen eines nicht einmal stark konzentrierten alkoholischen Genußmittels einen regelrechten Rausch produzierten. In zwei Fällen schließlich bedurfte es gar nicht mehr der Einverleibung des Getränks; es genügte, daß der Patient das gefüllte Glas vor sich sah, und er agierte schon den Berauschten. Die Symptomatik des „Rausches" bestand in beiden Fällen darin, daß der Patient sich Phantasien bewußt machen, sich aggressive oder verpönte Reden und Handlungen gestatten konnte, die er im nüchternen Zustande tief zu verdrängen pflegte; mit diesem Lautwerden der Komplexe ging eine Erleichterung sonst bestehender psychoneurotischer Zustände Hand in Hand. Dem alkoholfreien Rausche folgt dann ein ähnlicher Katzenjammer, wie der nach wirklichem Alkoholgenuß.

Es war mir nach alledem nicht mehr zweifelhaft, daß man auch in anderen, nicht so extremen Fällen für die Symptome des Rausches nicht den Alkohol allein verantwortlich machen könne und daß dieser oft nur das auslösende Moment, der

Zerstörer von Sublimierungen, der Beseitiger von Verdrängungstendenzen ist, dem der innere Drang nach Lustbefriedigung
auf halbem Weg entgegenkommt.

Ist bei einem Teil dieser „Intoleranten" der Alkoholgenuß
ein unbewußter Versuch der palliativen Selbstbehandlung durch
Zensurvergiftung, so kannte ich andererseits auch Neurotiker, die
sich bewußt und mit Erfolg dieses Mittels bedienten, nicht ohne
sich dabei der Gefahr des chronischen Alkoholismus auszusetzen.
Einem Agoraphoben z. B., dem kein sonstiges Narkotikum
half, verhalf ein Schluck Kognak zu so viel M u t, daß er sogar
die halbkilometerlange Donaubrücke zu passieren wagte. Sein
Leben bestand in einem Hin- und Herschwanken zwischen
Rausch und Neurose, und es ist wirklich kein allzu gewagter
Schluß anzunehmen, daß, wenn ein solcher Mensch Alkoholiker
wird, sein Alkoholismus eine Folge und nicht die Ursache seiner
Neurose war.

Wie wir uns die auslösende Wirkung des Alkohols vorstellen
müssen, darüber brachte uns die geniale Arbeit von O. G r o ß
über den m a n i s c h e n M e c h a n i s m u s einige Aufklärung.
Wir haben von ihm gelernt, daß es Menschen gibt, die
Manischen, die imstande sind, auch ohne Einführung von Lust-
stoffen von außen, durch endogene Lustproduktion, deprimierende
Gedankenkomplexe und depressive Affekte zum Schweigen zu
bringen und zu überschreien.

Ich glaube nun, daß der Neurotiker, der zum Schnapsglase
greift, eigentlich dieser ihm mangelnden Fähigkeit zur endogenen Lustproduktion durch Alkoholgenuß nachhelfen will,
was eine gewisse Analogie der hypothetischen endogenen Libido-
stoffe mit dem Alkohol vermuten läßt, wie denn auch die
Symptomatologie des Rausches mit nachfolgendem Katzenjammer
große Ähnlichkeiten mit der zirkulären Psychose aufweist. Diese
Überlegungen stützen aber zugleich die von mir aufgestellte

Behauptung, daß der Alkohol in erster Linie für solche Persönlichkeiten gefährlich wird, die aus inneren Gründen ein gesteigertes Bedürfnis nach exogener Lustbefriedigung haben.

Einen interessanten Einblick in die Beziehung zwischen Alkohol und Neurose gewinnt man auch durch die Beobachtung und die Analyse von Antialkoholisten. In mehreren Fällen ließ sich der antialkoholistische Eifer auf sexuelle Freiheiten, die der Antialkoholiker sich unter Selbstvorwurf gestattet, für die er sich aber durch die Alkoholentziehung, also eine andere Art Askese, bestraft, zurückführen. Es stimmt dazu nicht schlecht, daß oft dieselben, die die absolute Alkoholabstinenz am lautesten fordern, mit der Gewährung von Sexualfreiheiten sehr freigebig sind. Diese Konstatierung sagt natürlich über den Wert der antialkoholistischen Bewegung nichts aus. Hat doch jeder Beruf (z. B. auch der psychoanalytische) seine disponierenden Momente in der Sexualkonstitution. Ich will auch nicht behaupten, daß der Antialkoholismus in jedem Falle auf solche Faktoren zurückzuführen ist. Ich wollte nur andeuten, daß auch die Flucht vor dem Alkohol oft eine neurotische (d. h. hauptsächlich vom Unbewußten konstellierte) Tendenz ist, eine Art Verschiebung des Widerstandes. Der Alkoholiker hat seine Libido verdrängt und kann sie nur im Rausche wieder besetzen; der neurotische Abstinenzler lebt seine Sexualität zwar aus, muß sich aber dafür einen anderen, ähnlichen Wunsch versagen. Ein solcher Antialkoholiker erinnert mich an jenen Mann, von dem mir Professor F r e u d einmal erzählte. Dieser machte sich als kleiner Junge schreckliche Gewissensbisse darüber, daß er, während er gerade Ribiselkipfel aß, unzüchtige Berührungen an einem kleinen Mädchen vornahm. Die nachträgliche Wirkung der Gewissensbisse war so stark, daß er seit dieser Zeit — keine Ribiselkipfel mehr ertragen konnte.[1]

---

1) Der Sexualbefriedigung frönte er aber auch weiterhin.

Herr Professor B l e u l e r kritisiert auch meine Behauptung, daß der Alkohol die Sublimierungen zerstöre. Dem widerspreche seiner Ansicht nach das oft zu beobachtende Lautwerden von patriotischen Sublimierungen unter Alkoholeinfluß.

Diese Entgegnung erinnert mich daran, daß ich es in meiner Arbeit unterließ, das quantitative Moment bei der Alkoholwirkung zu berühren. Kleine Mengen Alkohol können eben sehr wohl auch Sublimierungen manifest werden lassen, die im Individuum fertiggebildet sind, sich aber infolge von Hemmungen nicht äußern können. — Wenn aber ein Betrunkener sub titulo „Patriotismus" gerührt seinen Tischnachbar umarmt und küßt, so kann vielleicht von schlecht larvierter homosexueller Erotik, keinesfalls aber von Sublimierung gesprochen werden.

Auf Grund meiner Erfahrungen halte ich übrigens auch den Fall nicht für absolut ausgeschlossen, daß ein Neurotiker „infolge der Bosheit seiner Frau oder nach der plötzlichen Erkrankung seines Schweines" sich dem Trunke ergibt. Das logische Denken mag dann — wie mein Kritiker — diese Motive des Trinkens für „blödsinnig" erklären und den Trinker der „Schwäche" beschuldigen; die Psychoanalyse findet aber tiefere Erklärungen für diese Vulnerabilität und die ungenügende Motivierung der Handlungen. (Komplexempfindlichkeit, Verschiebung, Flucht in die Krankheit usw.)

Ich las unlängst den Sammelbericht des Dr. H. M ü l l e r über die Arbeiten auf dem Gebiete der Alkoholpsychosen aus dem Jahre 1906 bis 1910. Ich bekam aus der Lektüre des Berichts nicht den Eindruck besonderer Kompliziertheit, verstehe also nicht, warum Herr Professor Bleuler gleichsam einen Befähigungsnachweis von jedem fordert, der sich mit Alkoholfragen beschäftigen will. Nebenbei fand ich in dem Berichte eine ganze Reihe von Ansichten wiedergegeben, die die sekundäre, gleichsam nur auslösende Bedeutung des Alkohols bei den im Wesen endogenen alkoholischen Geistesstörungen vertreten. (B o n h o e f f e r, S o u c h a n o w, S t ö c k e r, R e i c h h a r d t, M a n d e l.) Auch ich stehe auf diesem Standpunkte, gehe aber einen Schritt weiter, indem ich an Stelle des unklaren Begriffs der Endogeneität die F r e u d schen und G r o ß schen Mechanismen setze.

Die Befürchtung des Herrn Professor B l e u l e r, daß das urteilslose Publikum meine Ansicht über die Alkoholpsychosen ebenso mißverstehen kann wie F r e u d s Sexuallehre, teile ich zwar, sehe aber darin keinen Grund zur Verheimlichung meiner Anschauung. Hätte F r e u d auf die Urteilslosen ängstlich Rücksicht genommen, so gäbe es heute keine Psychoanalyse.

Zur Nosologie der männlichen Homosexualität (Homoerotik)

(Vortrag, gehalten auf dem III. Kongreß der „Internationalen Psychoanalytischen Vereinigung" zu Weimar im Oktober 1911)

Was wir über die Homosexualität von der Psychoanalyse gelernt haben, ist in wenigen Sätzen zusammenzufassen. Der erste und bedeutendste Schritt zur tieferen Erkenntnis dieser Triebrichtung war die Annahme von F l i e ß und F r e u d,[1] daß eigentlich j e d e r M e n s c h in seiner Kindheit ein psychisch-bisexuelles Stadium durchmacht.[2] Die „homosexuelle Komponente" fällt später der Verdrängung zum Opfer; nur ein kleinerer Teil dieser Komponente wird auch in das Kulturleben des Erwachsenen in sublimierter Form hinübergerettet und spielt in der sozialen Hilfsbereitschaft, in Freundschaftsbünden, im Vereinsleben

---

1) F r e u d, Drei Abhandlungen zur Sexualtheorie. (Ges. Schr., Bd. V.)

2) Bei einer früheren Gelegenheit schlug ich vor, statt des Ausdruckes „bisexuell" eher den Terminus „a m b i s e x u e l l" zu gebrauchen, womit ausgedrückt werden soll, daß das Kind in einem gewissen Entwicklungsstadium a m p h i e r o t i s c h fühlt, d. h. seine Libido gleichzeitig auf Mann und Frau (Vater und Mutter) übertragen kann. Damit wäre der Gegensatz der F r e u d schen Auffassung zu der F l i e ß schen Theorie der b i o l o g i s c h e n Bisexualität genügend zum Ausdruck gebracht.

usw. eine nicht zu unterschätzende Rolle. Die ungenügend verdrängte Homosexualität kann später unter Umständen wieder manifest werden, sich in neurotischen Symptomen äußern; so besonders bei der Paranoia, von der neuere Untersuchungen feststellen konnten, daß sie eigentlich als eine entstellte Manifestation der Neigung zum eigenen Geschlecht aufzufassen ist.[1]

Einen neueren Gesichtspunkt, der uns das Verständnis der Homosexualität erleichtert, verdanken wir S a d g e r und F r e u d. S a d g e r entdeckte bei der Psychoanalyse mehrerer männlicher Homosexueller, daß sich bei ihnen in der ersten Kindheit intensive h e t e r o s e x u e l l e Neigungen äußerten; ja, daß ihr „Ödipuskomplex" (Liebe zur Mutter, Haßeinstellung dem Vater gegenüber) besonders intensiv zum Ausdruck kam. Er meinte, daß bei ihnen die später sich entwickelnde Homosexualität eigentlich nur ein Versuch ist, das ursprüngliche Verhältnis z u r M u t t e r wieder herzustellen. In den gleichgeschlechtlichen Lustobjekten seiner Begierde liebt der Homosexuelle unbewußt s i c h s e l b s t,. während er selber (gleichfalls unbewußt) die weibliche und weibische Rolle der Mutter darstellt.

Dieses Sichselbstlieben in der Person eines anderen Menschen nannte er N a r z i ß m u s. F r e u d zeigte uns dann, daß dem Narzißmus eine viel größere und allgemeinere Bedeutung zukommt und daß jeder Mensch ein narzißtisches Entwicklungsstadium durchmachen muß. Nach dem Stadium des „polymorphperversen" Autoerotismus, und bevor die eigentliche Wahl eines Liebesobjekts aus der Außenwelt stattfindet, nimmt jeder Mensch sich selbst zum Liebesobjekt, indem er die bisher autistischen Erotismen zu einer Einheit, zum „lieben Ich" zusammenfaßt.

---

1) **F r e u d**, Psychoanalytische Bemerkungen über einen autobiographisch beschriebenen Fall von Paranoia. (Ges. Schr., Bd. VIII.) S. auch: Die Rolle der Homosexualität in der Pathogenese der Paranoia. (S. 120 ff. dieses Bandes.)

Die Homosexuellen sind nur stärker als andere an dieses narzißtische Stadium fixiert; das dem ihrigen gleiche Genitale bleibt
für sie zeitlebens Liebesbedingung.

Alle diese an sich sehr bedeutsamen Erkenntnisse geben aber
immer noch keine Erklärung jener Besonderheiten der Sexualkonstitution und jener besonderen Erlebnisse, die der manifesten Homosexualität zugrunde liegen.

Ich nehme gleich vorweg, daß es trotz vielen Kopfzerbrechens
auch mir nicht gelang, diese Fragen zu lösen. Der Zweck dieser
Mitteilung ist auch nichts anderes, als einige Erfahrungs-
tatsachen und Gesichtspunkte mitzuteilen, die sich mir im
Laufe mehrjähriger psychoanalytischer Beobachtung Homosexueller wie von selbst aufdrängten und die geeignet sein
dürften, die richtige nosologische Einordnung homosexueller
Zustandsbilder zu erleichtern.

Mir schien von Anfang an, daß man die Bezeichnung
„Homosexualität" heutzutage auf allzu ungleichartige und im
Wesen nicht zusammengehörige psychische Abnormitäten
anwendet. Sexuelle Beziehungen zum eigenen Geschlecht sind
ja nur ein Symptom und dieses Symptom kann die Erscheinungsform der verschiedenartigsten Krankheiten und Ent-
wicklungsstörungen, wohl auch eine Äußerung des normalen
Seelenlebens sein. Es war also von vornherein unwahrscheinlich, daß alles, was heute mit dem Sammelnamen „Homosexualität" belegt wird, sich zwanglos als eine klinische Einheit
ergäbe. Jene zwei Typen der Homosexualität zum Beispiel, die
man als „aktive" und „passive" unterschied, faßte man bisher
wie selbstverständlich als zweierlei Erscheinungsformen desselben Zustandes auf; bei beiden sprach man nur von der
„Inversion" des Geschlechtstriebes, von „konträrer" Geschlechts-
empfindung, von „Perversion", und bedachte nicht, daß man
auf diese Art zwei im Wesen verschiedene Krankheitszustände,

nur weil ihnen ein auffälliges Symptom gemeinsam ist, vermengen könnte. Und doch zeigt schon die oberflächliche Beobachtung dieser zwei Arten der Homoerotik,[1] daß sie — wenigstens in den reinen Fällen — ganz verschiedenen Symptomkomplexen angehören und daß der „handelnde" und der „leidende" Homoerotiker grundverschiedene Menschentypen darstellen. Nur der passive Homoerotiker verdient, ein „Invertierter" genannt zu werden; nur bei ihm sieht man die wirkliche Umkehrung normaler psychischer, eventuell auch körperlicher Charaktere, nur er ist eine echte „Zwischenstufe". Ein Mann, der sich im Verkehr mit Männern als Weib fühlt, ist in bezug auf sein eigenes Ich invertiert (Homoerotik durch Subjektinversion oder kürzer „Subjekt-Homoerotik"), er fühlt sich als Weib, und zwar nicht nur beim Genitalverkehr, sondern in allen Beziehungen des Lebens.

Anders der echte „aktive Homosexuelle". Dieser fühlt sich in jeder Hinsicht ein Mann, ist meistens sehr energisch und aktiv, nichts Weibisches ist an seiner körperlichen oder seelischen Organisation zu entdecken. Einzig das Objekt seiner Neigung ist vertauscht, so daß man ihn als einen Homoerotiker durch Vertauschung des Liebesobjekts oder kürzer einen Objekt-Homoerotiker nennen könnte.

Ein weiterer auffälliger Unterschied zwischen dem „subjektiven" und dem „objektiven" Homoerotiker besteht darin, daß der Erstgenannte (der Invertierte) sich eher von reiferen, kräftigen Männern angezogen fühlt und mit Frauen freundschaftlich, man möchte fast sagen, kollegial verkehrt; der Objektive dagegen sich fast ausschließlich für junge, zarte

---

1) Das Wort stammt von F. Karsch-Haack (Das gleichgeschlechtliche Leben der Naturvölker, München 1911) und ist meiner Ansicht nach dem zu Mißverständnissen Anlaß bietenden Ausdruck Homosexualität vorzuziehen, da es im Gegensatz zum biologischen Terminus „Sexualität" die psychische Seite des Triebes hervorhebt.

Knaben von weibischem Äußeren interessiert, dem Weibe aber mit ausgesprochener Antipathie, nicht selten mit schlecht oder gar nicht verhehltem Haß begegnet. Der echte Invertierte wendet sich aus eigenem Antrieb fast nie an den Arzt, er fühlt sich in der passiven Rolle vollkommen wohl und hat keinen anderen Wunsch, als daß man sich mit seiner Eigenart abfinde und die ihm passende Art der Befriedigung nicht störe. Da er mit keinen inneren Konflikten zu kämpfen hat, kann er jahrelang glückliche Liebschaften unterhalten und fürchtet eigentlich nichts als die äußere Gefahr und die Beschämung. Dazu ist seine Liebe bis in die feinsten Züge weiblich. Die Sexualüberschätzung, die nach F r e u d die Liebe des Mannes charakterisiert, fehlt bei ihm; er ist nicht sehr leidenschaftlich und verlangt als echter Narzißt von seinem Geliebten hauptsächlich die Anerkennung der körperlichen uud sonstigen Vorzüge.

Den Objekthomoerotiker quält dagegen das Bewußtsein seiner Abnormität ungemein; der Geschlechtsverkehr befriedigt ihn nie vollständig, er ist von Gewissensbissen gefoltert und überschätzt sein Sexualobjekt aufs äußerste. Daß er, von Konflikten geplagt, sich mit seinem Zustand nie abfindet, beweisen seine wiederholten Versuche, dem Übel mit ärztlicher Hilfe beizukommen. Er wechselt zwar häufig seinen Liebesgenossen, jedoch nicht aus Oberflächlichkeit, wie der Invertierte, sondern zufolge schmerzlicher Enttäuschungen und der unstillbaren und erfolglosen Jagd nach dem Liebesideal. („Reihenbildung" nach F r e u d.)

Es kommt vor, daß sich zwei Homoerotiker von verschiedenem Typus zu einem Liebespaar vereinigen. Der Invertierte findet einen ganz entsprechenden Liebhaber im Objekthomoerotiker, der ihn anbetet, materiell unterstützt, imposant und energisch ist; dem Objektiven dagegen mag im Invertierten gerade die Mischung von männlichen und weiblichen

Zügen gefallen. (Übrigens kenne ich auch aktive Homoerotiker, die sich ausschließlich nichtinvertierte Jünglinge wünschen und sich nur in Ermangelung solcher mit Invertierten begnügen.[1]

So zwanglos sich auch diese zwei Charakterbilder der Homoerotik voneinander sondern lassen, bedeuten sie nicht mehr als eine oberflächliche Beschreibung von Symptomkomplexen, solange sie nicht dem auflösenden Verfahren der Psychoanalyse unterworfen werden, das uns ihr Entstehen erst psychologisch verständlich machen kann.

Ich war nun in der Lage, mehrere männliche Homoerotiker psychoanalytisch zu behandeln; manche nur kurze Zeit (einige Wochen), andere Monate, ja, ein ganzes Jahr lang und noch länger. Ich halte es für lehrreicher, in dieser Zusammenfassung keine Krankengeschichten zu erzählen, sondern meine Eindrücke und Erfahrungen über die Homoerotik zu zwei psychoanalytischen Galton-Photographien zu verdichten.[2]

Das Endergebnis meiner Untersuchungen kann ich gleich vorausschicken: die Psychoanalyse bewies mir, daß die Subjekt- und die Objekthomoerotik wirklich wesensverschiedene Zustände sind. Erstere ist eine wahre „sexuelle Zwischenstufe" (im Sinne von Magnus Hirschfeld und seiner Anhänger), also eine

---

1) Es ist mir bewußt, daß, wenn ich den Invertierten „weiblich", den Objekthomoerotiker aber „männlich" heiße, ich mit Begriffen operiere, deren Umfang nicht mit genügender Schärfe bestimmt ist. Es soll hier nur angedeutet werden, daß ich unter Männlichkeit die Aktivität (Aggressivität) der Libido, hochentwickelte Objektliebe mit Überschätzung des Objekts, eine damit nur scheinbar kontrastierende Polygamie und als entferntes Derivat der Aktivität die intellektuelle Schärfe verstehe, unter Weiblichkeit aber Passivität (Verdrängungsneigung), Narzißmus und Intuitivität. Natürlich sind die psychischen Geschlechtsmerkmale in jedem Individuum — wenn auch in ungleichem Mengenverhältnis — gemischt. (Ambisexualität.)

2) Ein weiteres Motiv zu diesem Verfahren erwächst aus der Rücksicht auf die zu wahrende Anonymität der Patienten.

reine Entwicklungsanomalie; die Objekt-Homoerotik
aber ist eine Neurose, und zwar eine Zwangsneurose.

Die tiefsten Schichten der Seele und die ältesten Erinnerungsspuren zeugen noch bei beiden Typen von Amphierotik,[1] von
der Besetzung beider Geschlechter, respektive der Beziehung zu
beiden Elternteilen mit Libido. In der weiteren Entwicklung
entfernen sich aber Inversion und Objekt-Homoerotik sehr weit
voneinander.

Wir können sehr tief in die Vorgeschichte des Subjekt-
Homoerotikers hinuntergraben und finden überall schon die
Anzeichen seiner Inversion, nämlich das abnorm weibische
Wesen. Schon als ganz kleines Kind phantasiert er sich in die
Situation der Mutter und nicht in die des Vaters hinein; er
bringt sogar einen invertierten Ödipuskomplex zustande;
er wünscht den Tod der Mutter herbei, um ihre Stellung neben
dem Vater einzunehmen und alle ihre Rechte genießen zu
können; er sehnt sich nach ihren Kleidern, ihrem Geschmeide
natürlich auch nach ihrer Schönheit und den Zärtlichkeiten,
die ihr zuteil werden; er träumt vom Kinderkriegen, spielt mit
Puppen, kleidet sich gern weibisch. Er ist eifersüchtig auf die
Mutter, beansprucht die ganze Zärtlichkeit des Vaters für sich,
während er die Mutter eher als etwas beneidenswert Schönes
bewundert. In manchen Fällen zeigt sich deutlich, daß die
wahrscheinlich stets konstitutionell bedingte Inversionsneigung
auch von äußeren Einflüssen verstärkt wird. Verzärtelte „einzige
Kinder", kleine Günstlinge, die in ausschließlich weiblicher
Umgebung aufwachsen, Knaben, die, weil sie an Stelle eines
ersehnten Mädchens zur Welt kamen, nach Mädchenart erzogen

---

1) Dieses Wort gibt, wie ich glaube, den psychologischen Charakter
des damit Gemeinten besser als der von mir bei Gelegenheit vorgeschlagene Terminus „Ambisexualität" wieder.

werden, können bei entsprechender Veranlagung in ihrem Geschlechtscharakter eher invertiert werden.[1]

Andererseits kann gerade das narzißtische Wesen des Knaben die übermäßige Verzärtelung der Eltern provozieren und so einen *circulus vitiosus* in Gang bringen. Auch körperliche Eigenschaften, die mädchenhafte Körpergestalt und Gesichtsbildung, reiche Kopfbehaarung usw. können dazu beitragen, daß man einen Knaben nach Mädchenart behandelt. So mag sich an das narzißtische Wesen des Kindes überhaupt erst sekundär die Bevorzugung seitens des Vaters und deren Erwiderung anlehnen; ich kenne Fälle, in denen der narzißtische Knabe die latente Homoerotik des Vaters in Form von Überzärtlichkeit provozierte, was dann zur Fixierung seiner eigenen Inversion nicht wenig beitrug.

Über das weitere Schicksal solcher Knaben kann auch die Psychoanalyse nichts Neues erzählen; sie bleiben in diesem frühen Stadium der Entwicklung stecken und werden schließlich zu Persönlichkeiten, wie wir sie aus den Selbstbiographien der Urninge zur Genüge kennen. Ich kann hier nur weniges hervorheben. Die Koprophilie und die Riechlust ist bei ihnen tief verdrängt, oft zu Ästhetentum, Vorliebe für Parfüms, Kunstenthusiasmus sublimiert. Charakteristisch ist weiters ihre

---

1) Unter Knaben, die ohne Vater aufwachsen, finden sich verhältnismäßig häufig Homoerotiker. Ich vermute, daß die Fixierung an die Imago des früh verlorenen oder gar nicht gekannten Vaters, zum Teil wenigstens, daraus folgt, daß unter solchen Verhältnissen der sonst unvermeidliche Konflikt zwischen Vater und Sohn unterbleibt. („Der Mensch rechnet immer das, was ihm fehlt, dem Schicksal doppelt so hoch an, als das, was er wirklich besitzt; so haben mich auch die langen Erzählungen der Mutter immer mehr mit Sehnsucht nach meinem Vater erfüllt, welchen ich nicht mehr gekannt habe." Gottfried K e l l e r, „Der grüne Heinrich", II. Kap.) Auch in Familien, wo der Vater lebt, aber minderwertig oder bedeutungslos ist, sehnt sich der Sohn übermäßig nach einem „starken" Mann und bleibt inversionsgeneigt.

Idiosynkrasie gegen Blut und alles Blutige. Sie sind meist sehr suggestibel und leicht hypnotisierbar; die Schuld ihrer ersten Verführung schieben sie mit Vorliebe auf die „Suggestion" eines sie starr anblickenden oder sonstwie verfolgenden Mannes. Natürlich versteckt sich hinter dieser Suggestion die eigene Traumatophilie.

Da die Analyse des Invertierten eigentlich keine Affekte zutage fördert, die geeignet wären, seine bisherige Einstellung dem männlichen Geschlecht gegenüber wesentlich zu verändern, ist die Inversion (Subjekt-Homoerotik) als ein durch die Analyse (oder überhaupt durch irgendeine Art von Psychotherapie) nicht heilbarer Zustand anzusehen. Ohne Einfluß auf das Verhalten des Patienten bleibt aber die Psychoanalyse nicht; sie behebt die die Inversion eventuell begleitenden neurotischen Symptome, besonders die oft nicht geringe Angst. Der Invertierte bekennt sich nach der Analyse freimütiger zu seiner Homoerotik als vor derselben. Es muß übrigens bemerkt werden, daß viele Invertierte gegen Zärtlichkeiten seitens Personen weiblichen Geschlechts durchaus nicht ganz unempfänglich sind. Sie leben eben im Verkehr mit Frauen (also ihresgleichen) gleichsam die homosexuelle Komponente ihrer Geschlechtlichkeit aus.

Wieder anders stellt sich das Bild der Objekt-Homoerotik schon nach oberflächlicher Analyse dar. Nach der allerkürzesten Untersuchung erweisen sich die daran leidenden als typische Zwangsneurotiker. Es wimmeln in ihnen Zwangsideen, davor schützende Zwangsmaßregeln und Zeremonien. Die tiefer reichende Zergliederung findet dann hinter dem Zwang den quälenden Zweifel sowie jene Unausgeglichenheit des Liebens und Hassens, die Freud als die Grundlage der Zwangsmechanismen entdeckte. Die Psychoanalyse solcher nur in bezug auf ihr Liebesobjekt abnorm fühlender Homoerotiker von sonst rein

männlichem Typus zeigte mir deutlich, daß diese Art H o m o -
e r o t i k in allen ihren Erscheinungsweisen selbst nichts anderes ist
als e i n e R e i h e v o n Z w a n g s g e f ü h l e n u n d Z w a n g s h a n d -
l u n g e n. Zwanghaft ist ja die Sexualität überhaupt; die Objekt-
Homoerotik ist aber — nach meiner Erfahrung — ein echt n e u -
r o t i s c h e r Zwang mit logisch nicht reversibler S u b s t i t u t i o n
normaler Sexualziele und Sexualhandlungen durch abnorme.

Die durchschnittliche (analytisch erforschte) Vorgeschichte
der Homoerotiker vom männlichen Typus ist etwa die folgende:
Sie waren alle schon sehr frühzeitig sexuell, und zwar
h e t e r o s e x u e l l aggressiv (was die S a d g e r schen Funde
bekräftigt). Ihre Ödipusphantasien waren immer „normal" und
gipfelten in sexuell-sadistischen Angriffsplänen gegen die Mutter
(oder deren Stellvertreterin) und grausamen Todeswünschen
gegen den störenden Vater. Sie waren alle auch intellektuell
frühreif und schufen in ihrem Wissensdrang eine Menge
infantiler Sexualtheorien; dies bildet auch die Grundlage ihres
späteren Denkzwanges. Nebst Aggressivität und Intellektualität
ist ihre Konstitution durch ungewöhnlich starke Analerotik und
Koprophilie charakterisiert.[1] Sie wurden in der frühesten Kindheit von einem der Eltern[2] wegen eines h e t e r o e r o t i s c h e n

1) Die in diesem Vortrag vertretene Ansicht, daß die Objekt-Homoerotik eine Zwangsneurose ist, befestigte sich in mir noch mehr, als
F r e u d in seiner Arbeit über „Die Disposition zur Zwangsneurose"
1913. (Ges. Schr., Bd. V) als konstitutionelle Grundlage dieser Neurose
die Fixierung an ein p r ä g e n i t a l e s, und zwar s a d i s t i s c h - a n a l -
e r o t i s c h e s Entwicklungsstadium der Libido angab. Gerade den
Sadismus und die Analerotik fand ich auch der Objekt-Homoerotik
zugrunde liegend, was entschieden für die Zusammengehörigkeit dieser
Krankheitszustände spricht. (Siehe auch: E. J o n e s, Haß und Analerotik
in der Zwangsneurose. Int. Zeitschr. f. PsA., I, 1913.)

2) Es fiel mir auf, wie häufig die M u t t e r es war, die den späteren
Homoerotikern diese Rüge erteilte, ich legte aber diesem Umstande keine
besondere Bedeutung bei, bis mich Prof. F r e u d auf die B e d e u t -
s a m k e i t g e r a d e d i e s e s M o m e n t s a u f m e r k s a m m a c h t e.

Vergehens (unzüchtige Berührung eines Mädchens, infantiler Koitusversuch) hart bestraft und mußten bei dieser Gelegenheit (die sich öfter wiederholte) einen heftigen Wutanfall unterdrücken. Sie wurden daraufhin in der — früh einsetzenden — Latenzzeit besonders folgsam, mieden die Gesellschaft von Mädchen und Frauen halb trotzig, halb ängstlich und verkehrten ausschließlich mit ihren Freunden. Bei einem meiner Patienten ereigneten sich manchmal „Durchbrüche" der Latenzperiode in Form homoerotischer Zärtlichkeit; bei einem anderen wurde die Latenz durch das Belauschen des Geschlechtsverkehrs der Eltern gestört, wonach die bisherige „Artigkeit" durch eine vorübergehende Periode des Schlimmseins (Rachephantasien) unterbrochen wurde. Beim Libidoschub der Pubertät wendet sich die Neigung des Homoerotikers zunächst wieder dem anderen Geschlechte zu; es genügt aber die leiseste Rüge oder Mahnung seitens einer Respektsperson, um die Angst vor den Weibern wieder zu erwecken, worauf dann unmittelbar oder nach kurzer Latenz die endgültige Flucht vom weiblichen zum eigenen Geschlecht stattfindet. Ein Patient verliebte sich als Fünfzehnjähriger in eine Schauspielerin, über deren Moralität die Mutter einige nicht ganz schmeichelhafte Äußerungen tat; seitdem näherte er sich nie einem Weibe und fühlt sich von jungen Männern zwanghaft angezogen. Bei einem anderen Patienten setzte die Pubertät mit einer förmlichen heterosexuellen Raserei ein; er mußte ein Jahr lang täglich koitieren und verschaffte sich das Geld dazu, wenn nötig, auf unredliche Weise. Als er aber die Dienstmagd des Hauses schwängerte und deswegen vom Vater gescholten und von der Mutter beschimpft wurde, verlegte er sich mit ebensolchem Eifer auf den Kultus des männlichen Geschlechts, von dem er seitdem trotz aller Anstrengung nicht abzubringen war.

Im Übertragungsverhältnis zum Arzte wiederholen die Objekt-

Homoerotiker die Genese ihres Leidens. Ist die Übertragung auf den Arzt von Anfang an eine positive, so kommen schon nach kurzer Behandlung unerwartete „Heilungen" zustande; doch beim leisesten Konflikt fällt der Patient in die Homoerotik zurück und erst jetzt, beim Einsetzen des Widerstandes, fängt die eigentliche Analyse· an. Ist die Übertragung von Anfang an negativ, wie besonders bei Kranken, die nicht aus eigenem Antrieb, sondern auf Geheiß der Eltern in die Kur kommen, so kommt es sehr lange Zeit gar nicht zur wirklichen Analysenarbeit; der Patient vergeudet die Stunde mit der prahlerischen und höhnischen Erzählung seiner homoerotischen Abenteuer.

In der unbewußten Phantasie des Objekt-Homoerotikers kann der Arzt — „im übertragenen Wirkungskreise" — die Stelle von Mann und Weib, Vater und Mutter vertreten, wobei Umkehrungen verschiedenster Art[1] eine sehr bedeutende Rolle spielen. Es stellt sich heraus, daß ein Objekt-Homoerotiker im Manne unbewußt das Weib zu lieben versteht; die hintere Körperhälfte des Mannes kann ihm die vordere des Weibes bedeuten, wobei die Schulterblätter oder die Nates die Bedeutung weiblicher Brüste einnehmen. Dies waren die Fälle, die mir besonders kraß zeigten, daß diese Art Homoerotik nur ein Substitutionsprodukt der heteroerotischen Libido ist. Dabei befriedigt der aktive Homoerotiker gleichzeitig auch seine sadistischen und analerotischen Triebe; dies gilt nicht nur von den wirklichen Päderasten, sondern auch von den überfeinerten,

---

1) Sehr reich an Umkehrungen sind die T r ä u m e der Homoerotiker. Ganze Traumreihen müssen oft umgekehrt gelesen werden. Die Symptomhandlung des Versprechens und Verschreibens beim Gebrauch des G e s c h l e c h t s a r t i k e l s ist häufig. Der eine Patient brachte sogar eine bisexuelle Zahl zusammen: die Zahl 101 bedeutete dort, wie sich aus dem Zusammenhange ergab, u. a., daß es ihm von „vorn und hinten gleich" sei.

sich vor jeder unzüchtigen Berührung der Knaben ängstlich
scheuenden Knabenliebhabern, nur sind bei letzteren Sadismus
und Analerotik durch ihre Reaktionsbildungen ersetzt.

Im Lichte der Psychoanalyse erscheint also der aktiv-homo-
erotische Akt einerseits als nachträglicher (falscher) Gehorsam,
der, das elterliche Verbot wörtlich nehmend, den Verkehr mit
Weibern wirklich meidet, in unbewußten Phantasien aber den
verbotenen heteroerotischen Gelüsten frönt; andererseits steht
der päderastische Akt im Dienste der ursprünglichen Ödipusphantasie und bedeutet die Verletzung und Beschmutzung des
Mannes.[1]

Von der intellektuellen Seite betrachtet, erweist sich die
zwanghafte Homoerotik zunächst als die Überkorrektur des
Zweifels an der Liebe zum eigenen Geschlecht. Der homoerotische Zwang vereinigt in glücklichem Kompromiß die
Flucht vor dem Weibe und ihren symbolischen Ersatz sowie
den Haß gegenüber dem Manne und dessen Kompensation.
Indem das Weib aus dem Liebesleben scheinbar ausgeschaltet
ist, gibt es bewußterweise kein Streitobjekt mehr zwischen
Vater und Sohn.

Erwähnenswert ist, daß die meisten von mir analysierten
Z w a n g s - H o m o e r o t i k e r (wie man diesen Typus auch
bezeichnen könnte) die jetzt so verbreitete Zwischenstufen-
theorie der gleichgeschlechtlichen Neigung dazu benützen, um
ihren Zustand als angeboren, daher unabänderlich, unbeeinfluß-
bar, oder um mit S c h r e b e r s „Denkwürdigkeiten" zu reden,
w e l t o r d n u n g s m ä ß i g hinzustellen. Sie halten sich alle für
I n v e r t i e r t e und sind froh, für die Berechtigung ihrer

---

1) Ein Patient mußte, wenn er sich von einem Manne, besonders
von einem Vorgesetzten verletzt fühlte, sofort einen männlichen Prosti-
tuierten aufsuchen; nur so war er imstande, sich des Wutausbruches zu
erwehren. Die angebliche „Liebe" zum Mann war hier wesentlich ein
Gewalt- und Racheakt.

Zwangsvorstellungen und Handlungen eine wissenschaftliche Stütze gefunden zu haben.

Ich muß mich hier natürlich auch über meine Erfahrungen bezüglich der Heilbarkeit dieser Form der Homoerotik äußern. Zunächst konstatiere ich, daß es (mir wenigstens) noch nicht gelungen ist, einen schweren Fall von Zwangs-Homoerotik vollständig zu heilen; sehr weitgehende Besserungen konnte ich aber in mehreren Fällen verzeichnen, so besonders: Nachlaß der feindseligen Einstellung und des Ekels Frauen gegenüber, bessere Beherrschung des früher unaufschiebbaren homoerotischen Befriedigungszwanges bei sonstigem Erhaltenbleiben der Triebrichtung; Erwachen der Potenz auch Frauen gegenüber, also eine Art Amphierotik, die die Stelle der früher ausschließlichen Homoerotik, oft in periodischen Schwankungen mit letzterer alternierend, einnahm. Die Erfahrungen ermutigen mich aber zu der Erwartung, daß die Zwangs-Homoerotik mittels der psychoanalytischen Methode ebenso heilbar sein wird wie die anderen Formen von Zwangsneurose. Allerdings vermute ich, daß die gründliche Reversion einer seit langer Zeit festgewurzelten Zwangs-Homoerotik ganze Jahre analytischer Arbeit in Anspruch nehmen muß. (In einem von mir behandelten sehr hoffnungsvollen Falle wurde die Kur nach fast zwei Jahren aus äußeren Gründen abgebrochen.) Erst wenn wir auch über geheilte, d. h. zu Ende analysierte Fälle verfügen werden, wird über die Entstehungsbedingungen dieser Neurose, über die Eigenart ihrer dispositionellen und akzidentellen Faktoren ein abschließendes Urteil gefällt werden können.

*

Es ist möglich, ja, wahrscheinlich, daß die Homoerotik nicht nur in den hier beschriebenen, sondern auch in anderen Symptomkonstellationen vorkommt; mit der Isolierung dieser zwei

Typen will ich durchaus nicht alle Möglichkeiten erschöpft haben. Durch die nosologische Sonderung der Subjekt- und der Objekt-Homoerotik wollte ich zunächst nur auf die Begriffsverwirrung die Aufmerksamkeit lenken, die auch in der wissenschaftlichen Literatur des Homosexualitätsproblems herrscht. Die psychoanalytische Untersuchung zeigt, daß man heutzutage sub titulo „Homosexualität" die heterogensten psychischen Zustände in einen Topf wirft, einerseits wahre Konstitutionsanomalien (Inversion, Subjekt-Homoerotik), andererseits psychoneurotische Zwangszustände (Objekt- oder Zwangs-Homoerotik). Das Fühlen der Individuen von der ersteren Art ist im wesentlichen ein Sich-Weib-Fühlen, mit dem Wunsch, vom Mann geliebt zu werden, das der zweiten Art ist eher neurotische Flucht vor dem Weibe als Sympathie zum Mann.

Indem ich die Objekt-Homoerotik als ein neurotisches Symptom bezeichne, komme ich in Gegensatz zu F r e u d, der in seiner „Sexualtheorie" die Homosexualität als eine Perversion, die Neurose dagegen als Negativ der Perversion beschreibt. Der Widerspruch ist aber nur scheinbar. „Perversionen", d. h. Verweilungen bei primitiven oder vorläufigen Sexualzielen, können sehr gut auch in den Dienst neurotischer Verdrängungstendenzen gestellt werden, wobei ein Stück echte (positive) Perversion, neurotisch übertrieben, gleichzeitig das Negativ einer anderen Perversion darstellt. Das ist nun bei der „Objekt-Homoerotik" der Fall. Die auch normalerweise nie fehlende homoerotische Komponente wird hier durch Affektmengen übersetzt, die im Unbewußten einer anderen, verdrängten Perversion, nämlich einer Heteroerotik von bewußtseinsunfähiger Stärke, gelten.

Ich glaube, daß von den hier beschriebenen zwei Arten der Homoerotik die „objektive" die häufigere und sozial bedeutsamere ist; sie macht eben eine große Anzahl sonst voll-

wertiger (allerdings psychoneurotisch disponierter) Männer gesell-
schaftsunfähig und schließt sie aus der Fortpflanzung aus.
Auch die immer wachsende Zahl der Objekt-
Homoerotiker ist eine soziale Erscheinung von nicht zu
unterschätzender Bedeutung, die nach Erklärung verlangt. Als
vorläufige Erklärung dient mir die Annahme, daß das Umsich-
greifen der Objekt-Homoerotik eine abnorme Reaktion auf die
verhältnismäßig zu stark übertriebene Verdrängung der homoerotischen Triebkomponente durch die Kulturmenschheit, d. h.
ein Mißlingen dieser Verdrängung ist.

Im Seelenleben primitiver Völker spielt (wie in dem der
Kinder) die Amphierotik eine viel größere Rolle als in dem
der kultivierten. Aber selbst bei hochkultivierten Völkern
(z. B. bei den Griechen) war sie eine nicht nur geduldete,
sondern anerkannte Art der Lustbefriedigung; sie ist es heute
noch im Orient. In den europäischen und daran sich angliedernden
modernen Kulturgebieten fehlt aber nicht nur die eigentliche
Homoerotik, sondern auch deren in der Antike noch so selbstverständliche Sublimation, die schwärmerisch hingebungsvolle
Freundschaft unter Männern. Es ist in der Tat erstaunlich
wie sehr bei den heutigen Männern die Neigung und die
Fähigkeit zur gegenseitigen Zärtlichkeit und Liebenswürdigkeit
abhanden gekommen ist. Statt dessen herrscht unter Männern
ausgesprochene Schroffheit, Widerstand und Streitsucht. Da es
nicht denkbar ist, daß jene in der Kindheit noch so stark ausgesprochenen zärtlichen Affekte spurlos verschwunden sein
könnten, muß man diese Zeichen des Widerstandes als Reaktionsbildungen, als Abwehrsymptome gegen die gleichgeschlechtliche
Zärtlichkeit auffassen. Ich stehe nicht an, sogar die barbarischen
Schlägereien der deutschen Studenten als solcherweise entstellte
Zärtlichkeitsbeweise gegen das eigene Geschlecht aufzufassen.
(Nur geringe Spuren zeigen sich davon auch heute noch in

positiver Richtung, so im Vereins- und Parteileben, in der „Heldenverehrung", in der Vorliebe so vieler Männer für Mannweiber und für Schauspielerinnen in Hosenrollen sowie — in mehr roh-erotischen Anwandlungen — in der Trunkenheit, wo der Alkohol die Sublimierungen rückgängig macht.)

Es hat aber den Anschein, als ob diese Rudimente der Liebe zum eigenen Geschlecht die heutigen Männer für den Entgang an Freundesliebe nicht voll entschädigen würden. Ein Teil der unbefriedigten Homoerotik bleibt „freiflottierend", verlangt nach Sättigung und, da dies bei den heutigen Kulturverhältnissen unmöglich ist, muß sich diese Libidoquantität eine Verschiebung gefallen lassen, und zwar d i e V e r s c h i e b u n g a u f d i e G e f ü h l s b e z i e h u n g e n z u m a n d e r e n G e s c h l e c h t. Ich glaube allen Ernstes, daß die heutigen Männer infolge dieser Affektverschiebung samt und sonders z w a n g s h e t e r o s e x u e l l sind; um sich vom Manne loszumachen, werden sie Weiberknechte. Dies könnte uns die übertriebene, oft sichtlich affektierte Frauenanbetung und „Ritterlichkeit" erklären, die die Männerwelt seit dem Mittelalter beherrscht; dies wäre auch die mögliche Erklärung des D o n - J u a n i s m u s, der zwanghaften und doch nie voll befriedigten Jagd nach immer neuen heterosexuellen Abenteuern. Auch wenn D o n J u a n selbst diese Theorie lächerlich fände, müßte ich ihn für einen Zwangskranken erklären, der in der endlosen R e i h e von Frauen (die der Knecht L e p o r e l l o in seinem Buche so gewissenhaft aufzeichnete) die Befriedigung niemals finden kann, da diese Frauen eigentlich nur Substitutionen verdrängter Liebesobjekte sind.[1]

Ich möchte nicht mißverstanden werden; ich finde es natürlich und in der psychophysischen Organisation der Geschlechter begründet, daß der Mann das Weib ungleich lieber hat als

---

[1] Es gibt übrigens auch einen Don-Juanismus der unbefriedigten Heteroerotik.

seinesgleichen; unnatürlich ist aber, daß der Mann die Männer abstoßen und die Weiber mit zwanghafter Übertreibung anbeten muß. Was Wunder, wenn es so wenigen Frauen gelingt, diesen übertriebenen Anforderungen gerecht zu werden und nebst allen anderen auch noch die homoerotischen Bedürfnisse des Mannes als dessen „Gefährtin" zu befriedigen, wohl eine der häufigsten Ursachen des ehelichen Unglückes.

Unwillkürlich erinnert einen die Übertreibung der Heteroerotik zur Verdrängung der gleichgeschlechtlichen Liebe an ein Sinngedicht L e s s i n g s (Sinngedichte, II. Buch, Nr. 6):

„Die Knabenliebe log dem redlichen Turan
Der ungerechte Pöbel an.
Die Lügen zu bestrafen,
Was konnt' er andres tun, als — bei der Schwester schlafen."

Die Ursache der Ächtung j e d e r A r t Zärtlichkeit unter Männern ist unaufgeklärt. Es ist denkbar, daß der in den letzten Jahrhunderten so besonders erstarkte Reinlichkeitssinn d. h. die V e r d r ä n g u n g d e r A n a l e r o t i k, die stärksten Motive dazu geliefert hat; steht doch die Homoerotik, und zwar auch die sublimierteste, mit der Päderastie, d. h. einer analerotischen Betätigung in mehr minder unbewußter assoziativer Verbindung.

Die wachsende Zahl der Zwangshomoerotiker in der modernen Gesellschaft wäre aber dann das Symptom des teilweisen Mißlingens und der „Wiederkehr" des Verdrängten.

In kurzer Zusammenfassung lautet also der Erklärungsversuch für das Überhandnehmen der Objekt-Homoerotik etwa so: Die übertriebene Verdrängung der homoerotischen Triebkomponente in der heutigen Gesellschaft hat im allgemeinen eine etwas zwanghafte Verstärkung der Heteroerotik der Männer zur Folge gehabt. Wird nun auch die Heteroerotik gehemmt oder stark eingeschränkt, wie es bei der Jugenderziehung notwendigerweise

der Fall ist, so kommt es — zunächst bei den dazu individuell
Disponierten — leicht zur Rückverschiebung des Zwanges von
der Hetero- auf die Homoerotik, d. h. zur Entwicklung einer
homoerotischen Zwangsneurose.

———————

Über obszöne Worte
Beitrag zur Psychologie der Latenzzeit
(1911)

Bei allen Analysen wird man früher oder später vor die
Frage gestellt, ob man die geschlechtlichen oder exkrementellen
Organe, Tätigkeiten und Stoffe mit ihren volkstümlichen
(obszönen) Bezeichnungen vor dem Kranken erwähnen (aussprechen) und ihn zum ungeschminkten, unveränderten Aussprechen der obszönen Worte, Redensarten, Flüche usw., die ihm
einfallen, verhalten soll, oder sich mit Anspielungen darauf
oder den wissenschaftlichen Benennungen dieser Dinge begnügen kann.

In einer seiner frühen Arbeiten macht uns F r e u d
darauf aufmerksam, daß man Mittel und Wege findet, auch
die verpöntesten geschlechtlichen Betätigungen (die Perversionen) mit den Kranken durchzusprechen, ohne ihr Scham-
gefühl zu verletzen, und rät dabei zur Benützung der ärztlichen
Fachausdrücke.

Nun vermeidet man es am Anfang der psychoanalytischen
Behandlung, den Widerstand der Kranken unnötig zu reizen
und hierdurch der Fortsetzung der Analyse vielleicht unüberwindliche Hindernisse zu bereiten. Man begnügt sich daher

zunächst mit den erwähnten „Anspielungen durch ein Kleinstes"
oder mit ernsten wissenschaftlichen Kunstausdrücken und kann
sich recht bald mit seinem Kranken über die „heikelsten" Dinge
und Vorkommnisse des geschlechtlichen, wie überhaupt des
Trieblebens, aussprechen, ohne eine Spur von Schamreaktion
zu erregen. In einer Reihe von Fällen kommt man aber
damit nicht aus. Die Analyse gerät ins Stocken, die Einfälle
werden selten, das Benehmen des Kranken gehemmt, Zeichen
gesteigerten Widerstandes machen sich bemerkbar und dieser
Widerstand hört nicht eher auf, als bis es dem Arzte gelingt,
dessen Grund darin zu entdecken, daß dem Patienten verpönte Worte und Redensarten eingefallen sind, die er ohne
besondere „Erlaubnis" des analysierenden Arztes nicht auszusprechen wagte.

Eine 23jährige Hysterische zum Beispiel, die sich bewußt
der größten Ehrlichkeit befleißigte und meine in wissenschaftliche Ausdrücke gefaßten Erklärungen über ihre Geschlechtlichkeit ohne viele Ziererei anhörte, behauptete steif und fest,
über geschlechtliche Dinge nie etwas gehört oder bemerkt zu
haben; sie huldigte noch immer der übrigens stets sekundären
„Kußtheorie" der Propagation. Um ihren Fleiß zu zeigen,
kaufte sie ein großes Werk über Embryologie und erzählte
mir mit naiver Anteilnahme und ganz ohne Hemmung ihre
neugewonnenen Kenntnisse über Samenfäden und Eizellen, über
männliche und weibliche Geschlechtsorgane und deren Vereinigung. Einmal erzählte sie mir so nebenbei, daß sie, wenn
sie den Stuhl absetzt, seit der Kindheit die Gewohnheit hat,
die Augen zu schließen. Den Grund dieser Sonderbarkeit
konnte sie nicht angeben. Endlich kam ich ihrer Erinnerung
zu Hilfe und fragte sie, ob sie nicht den in Aborten so
häufigen obszönen Inschriften und Zeichnungen durch Augen-
schluß entgehen wollte. Ich sah mich dann veranlaßt, auf die

bekannten obszönen Inschriften hinzuweisen, was bei der bis dahin so überlegen ruhigen Person eine starke Schamreaktion hervorrief, die mir den Zugang zu den tiefsten Schichten ihres bis dahin latenten Erinnerungsschatzes eröffnete. Die Verdrängung haftete also offenbar am W o r t l a u t der geschlechtlichen Gedankenkomplexe und ließ sich nur durch Aussprechen jener „Bannworte" rückgängig machen.

Ein junger Homosexueller, der sogar die volkstümlichen Bezeichnungen der Geschlechtsteile und ihrer Funktionen ohne viele Umstände gebrauchte, hat sich zwei Stunden lang geweigert, den ihm eingefallenen gemeineren Ausdruck für das Wort „Flatus" laut auszusprechen. Er versuchte, dem durch alle möglichen Umschreibungen, Fremdwörter, Abschwächungen usw. auszuweichen. Und doch vermochte er, nachdem der Widerstand gegen das Wort überwunden war, viel tiefer in die vordem wenig ergiebige Analyse seiner Analerotik einzudringen.

Oft agiert der Patient beim Hören eines obszönen Wortes vor dem Arzte die erschütternde Wirkung, die früher einmal ein zufällig den Eltern abgelauschtes Gespräch auf ihn machte, in dem irgend ein unfeiner, meist geschlechtlicher Ausdruck mit unterlaufen ist. Diese „Erschütterung", die die Achtung des Kindes vor den Eltern für einen Augenblick ernstlich bedrohen und bei dem Neurotiker — wenn auch unbewußt — fürs Leben fixiert bleiben kann, fällt gewöhnlich in die Pubertätsjahre und ist auch schon eine „Neuauflage" der Eindrücke der infantilen Belauschung wirklicher geschlechtlicher Handlungen.

Doch gehört die beabsichtigte und aus Ehrfurcht unterbliebene Konfidenz Eltern und Höhergestellten gegenüber zu den bedeutsamsten Komplexen des unterdrückten psychischen Materials und man gelangt, wenn man sich davor nicht scheut, ja darauf besteht, den Wortlaut jener Einfälle vom

Kranken unverändert hersagen zu lassen und nötigenfalls diese selber auszusprechen, oft zu unerwarteten Aufschlüssen und erfreulichem Fortschreiten der bislang vielleicht stockenden Seelenzergliederung.

Neben dieser übrigens nicht zu unterschätzenden praktischen Bedeutung ist aber dieses Verhalten der Behandelten auch von allgemeinerem Interesse. Es verhilft uns zu einem psychologischen Problem.

Wie kommt es, daß es einem um soviel mehr Schwierigkeiten macht, dasselbe Ding mit der einen oder der anderen Bezeichnung zu benennen? Und daß dem so ist, das kann man nicht nur an den Behandelten, sondern auch an sich selbst beobachten. Ja, gerade die nicht geringe Hemmung, die ich zu Anfang beim Aussprechen solcher Worte verspürte, und mit der ich manchmal auch jetzt zu kämpfen habe, veranlaßte mich, dieser Frage eine größere Aufmerksamkeit zu schenken und ihr durch eingehende Prüfung meiner selbst sowie meiner Kranken nachzuforschen.

Ich kam auf beiden Wegen zu dem Ergebnis, daß die dem Kinde einzig bekannt gewesenen volkstümlichen (obszönen) Benennungen der Geschlechtlichkeit und der Entleerung mit dem tiefverdrängten Kernkomplex des nervenkranken wie des gesunden Menschen aufs innigste zusammenhängen. („Kernkomplex" nenne ich nach F r e u d den Ödipuskomplex.)

Die Gedanken des Kindes über die geschlechtlichen Beziehungen der Eltern, über die Geburtsvorgänge und die animalen Funktionen, mit einem Worte die infantilen Sexualtheorien, werden bei ihrem Entstehen in die dem Kinde einzig zugänglichen volkstümlichen Ausdrücke gekleidet; die moralische Zensur und die Inzestschranke, die diese Theorien später überlagert, trifft also gerade diese Fassung der Theorien am strengsten.

Dies würde uns genügen, um uns den Widerstand, der sich

gegen das Aussprechen und Anhören solcher Worte äußert, teilweise verständlich zu machen.

Da mich aber diese Erklärung nicht voll befriedigte, suchte ich nach weiteren Ursachen der besonderen Art dieser Wortvorstellungen und kam zu einem Gesichtspunkte, den ich nicht für unzweifelhaft halte, aber schon um andere zu einer besseren Erklärung anzuregen, hier mitteilen möchte.

Dem obszönen Wort wohnt eine eigentümliche Macht inne, die den Hörer gleichsam dazu zwingt, sich den darin benannten Gegenstand, das geschlechtliche Organ oder die geschlechtliche Tätigkeit in dinglicher Wirklichkeit vorzustellen. Und daß dem so ist, hat F r e u d in seinen Betrachtungen über die Beweggründe und die Bedingungen der „Zote" klar erkannt und ausgesprochen. „Durch das Aussprechen der obszönen Worte", sagt F r e u d,[1] „zwingt sie (die Zote) die angegriffene Person zur Vorstellung des betreffenden Körperteils oder der Verrichtung." Ich möchte dies nur insoferne ergänzen, als ich besonders hervorhebe, daß die feinen Anspielungen auf sexuelle Vorgänge oder die wissenschaftlichen Bezeichnungen derselben und die fremdsprachigen Ausdrücke diese Wirkung nicht, oder nicht in dem Maße haben, wie die Worte aus dem ursprünglichen, volkstümlichen erotischen Lexikon der Muttersprache.

Man könnte also annehmen, daß diesen Worten als solchen die Fähigkeit innewohnt, den Hörer zur regressiv-halluzinatorischen Belebung der Erinnerungsbilder zu zwingen. Die Angaben einer größeren Zahl von normalen wie neurotischen Individuen bestätigen diese auf Selbstbeobachtung gestützte Annahme. Die Ursachen dieser Erscheinung müßten im Hörer selbst gesucht werden und wir müßten annehmen, daß er in seinem Erinnerungsschatze eine Anzahl Wortklangbilder

---

1) **F r e u d,** Der Witz und seine Beziehung zum Unbewußten. (Ges. Schr., Bd. IX, S. 106.)

und Schriftbilder erotischen Inhalts beherbergt, die von anderen Wortbildern durch gesteigerte Regressionsneigung unterschieden sind. Beim Hören oder Sehen eines obszönen Wortes käme dann diese Fähigkeit jener Erinnerungsspuren zur Wirkung.

Schließen wir uns aber der Freudschen Auffassung von der ontogenen Entwicklung des psychischen Apparates aus einem motorisch - halluzinatorischen Reaktionszentrum zum Denkorgan an (und seine Auffassung ist die einzige, die den Ergebnissen der Psychoanalyse und unserer Ansicht vom Unbewußten gerecht wird), so kommen wir zu dem Schluß, daß den obszönen Worten Eigenschaften anhaften, die in einem gewissen früheren Stadium der psychischen Entwicklung a l l e W o r t e besessen haben müssen.

Als Grundursache jedes Vorstellens betrachten wir seit F r e u d[1] den Wunsch, einer durch die Entbehrung geschaffenen Unlust durch Wiederholung des einmal genossenen Befriedigungserlebnisses ein Ende zu machen. Wird dieses Bedürfnis in Wirklichkeit nicht befriedigt, so wird — im ersten primitiven Entwicklungsstadium der Seele — beim Auftauchen des Wunsches die Wahrnehmung der einmal erlebten Befriedigung regressiv besetzt und halluzinatorisch festgehalten. Die Vorstellung wird also mit der Wirklichkeit gleichgestellt; „Wahrnehmungsidentität" nach F r e u d. Erst allmählich, durch die bittere Lebenserfahrung gewitzigt, lernt das Kind die Wunschvorstellung von der wirklichen Befriedigung unterscheiden und seine Motilität erst dann zu gebrauchen, wenn es sich überzeugt hat, daß es nicht Trugbilder seiner Phantasie, sondern wirkliche Dinge vor sich sieht.

Den Höhepunkt dieser Entwicklung stellt das abstrakte

1) F r e u d, Traumdeutung 1900. (Ges. Schr., Bd. II und III).

Denken, das Denken in Worten dar. Hier werden, wie F r e u d
weiter ausführt, zur Ermöglichung feinerer Leistungen die
Erinnerungsbilder nur noch durch gewisse Qualitätsreste dieser
Bilder, die Sprachzeichen, vertreten.

Man könnte dem hinzufügen, daß die Fähigkeit, die Wünsche
durch die qualitätsschwachen Sprachzeichen darzustellen, nicht
auf einmal gewonnen wird. Abgesehen davon, daß die Erlernung
des Sprechens längere Zeit in Anspruch nimmt, scheint es,
daß den die Vorstellungen ersetzenden Sprachzeichen, den
Worten, lange Zeit hindurch eine gewisse Regressionsneigung
innewohnt, die wir uns allmählich oder schubweise abnehmend
vorstellen können, bis die Fähigkeit des von halluzinatorischen
Wahrnehmungselementen fast ganz freien „abstrakten" Vorstellens und Denkens erreicht ist.

Auf dieser Entwicklungslinie mag es psychische Stufen
geben, die dadurch gekennzeichnet sind, daß die schon aus-
gebildete Fähigkeit zum wirtschaftlicheren Denken mittels
Sprachzeichen sich mit der noch vorhandenen starken Neigung
zur rückschreitenden Wiederbelebung des Vorgestellten vergesellschaftet.

Die Annahme solcher Stadien findet eine Stütze in dem
Verhalten der Kinder zur Zeit der geistigen Entwicklung. Es
ist wieder F r e u d, der beim Suchen nach der Psychogenese
der Witzeslust die Bedeutsamkeit des kindischen S p i e l e s m i t
W o r t e n erkannte. „Die Kinder", sagt er dort, „behandeln
Worte wie Gegenstände."

Die noch nicht durchgeführte strenge Unterscheidung des nur
Vorgestellten vom Realen, also die Neigung der Psyche zum
Rückfall in die primäre halluzinatorische Arbeitsweise, könnte auch
den besonderen Charakter der obszönen Worte verständlich
machen und zur Vermutung berechtigen, daß auf einer gewissen
Entwicklungsstufe diese Dinglichkeit und damit wahrscheinlich

eine starke Regressionstendenz noch a l l e n W o r t e n zukommt.
Darauf beruht ja auch die F r e u d sche Erklärung der Traum-
bilder; im Schlaf fallen wir auf die ursprüngliche Arbeitsweise
der Seele zurück und beleben wieder, wie ehedem, regressiv
das Wahrnehmungssystem des Bewußtseins. Im Traum denken
wir nicht mehr in Worten, sondern halluzinieren.

Nehmen wir nun an, daß diese Entwicklung von den noch
mit vielen konkreten Bestandteilen gemengten Sprachzeichen in
der Richtung zum Abstrakten bei gewissen Worten eine
Störung, eine Unterbrechung, und dies ein Zurückbleiben der
Wortvorstellung auf einer niedrigeren Stufe zur Folge haben
kann, so haben wir Aussicht, uns über die so starke Regressionsneigung der gehörten obszönen Worte eine Vorstellung machen
zu können.

Doch nicht nur das H ö r e n, sondern auch d a s A u s -
s p r e c h e n der obszönen Worte ist mit Qualitäten ausgestattet,
die anderen Worten, wenigstens in diesem Maße, nicht eigen sind.

F r e u d hebt mit Recht hervor, daß derjenige, der eine Zote
sagt, damit e i n e n A n g r i f f, eine sexuelle H a n d l u n g auf
den Gegenstand der Aggression begeht und da die nämlichen
Reaktionserscheinungen, die die Handlung zur Folge hätte,
hervorruft. Innerlich hat man beim Aussprechen der obszönen
Worte die Empfindung, daß dies einer sexuellen Aggression:
„d e r E n t b l ö ß u n g der sexuell differenten Person“,[1] fast
gleichkommt. Das Aussprechen der Zote zeigt also in erhöhtem
Maße, was bei den meisten Worten kaum angedeutet wird,
nämlich die ursprüngliche Herkunft j e d e r R e d e aus einer
unterlassenen Handlung. Während aber die sonstigen Worte
das motorische Element der Wortvorstellung nur in Form ab-
geschwächter Innervationsimpulse, der sogenannten „Vorstellungs-

---

1) S. F r e u d, Der Witz (Ges. Schr. IX, S., 106).

mimik" enthalten,[1] haben wir beim Aussprechen einer Zote noch die deutliche Empfindung, als begingen wir eine Handlung.

Diese starke Mengung der Sprachvorstellung obszöner Worte mit motorischen Elementen könnte gleichwie der sensorisch-halluzinatorische Charakter der gehörten Zote die Folge einer Entwicklungsstörung sein. Jene Sprachvorstellungen könnten auf einer Stufe der Sprachentwicklung, wo die Worte noch viel stärker mit motorischen Elementen vermengt sind, zurückgeblieben sein.

Man muß sich da fragen, ob diese Spekulation, die ja nur eine der vielen Möglichkeiten darstellt, durch die Erfahrung irgendwie gestützt wird, und wenn ja: was die Ursache dieser unter den Kulturmenschen allgemein verbreiteten, eine kleine Gruppe von Worten betreffenden Entwicklungsstörung sein könnte.

Die Psychoanalyse Geistesgesunder und Neurotiker und die Beobachtung der Kinder, wenn sie sich nicht davor scheut nachzuforschen, welche Schicksale die Bezeichnungen für geschlechtliche und Entleerungsorgane und Tätigkeiten im Laufe der psychischen Entwicklung erfahren, bringt manche Bestätigung der hier dargelegten Annahme. Zunächst bestätigt sich überall die fast selbstverständliche Voraussetzung, daß die besonders starke Abneigung zur Wiedergabe gewisser obszöner Worte starken Unlustgefühlen zuzuschreiben ist, die sich g e r a d e j e n e n W o r t e n im Laufe der kindlichen Entwicklung durch A f f e k t v e r k e h r u n g angeheftet haben.

Ein im großen und ganzen normaler junger Mann z. B., der sich allerdings durch eine etwas übertriebene Sittenstrenge auszeichnet und obszönen Worten gegenüber ungemein unduldsam ist, erinnerte sich im Laufe einer Traumanalyse,

---

[1] S. F r e u d. Der Witz (ebenda S. 106).

daß ihn die Mutter im Alter von sechseinhalb Jahren dabei ertappte, daß er sich auf einem Blatt Papier gleichsam ein Wörterbuch aller ihm bekannten obszönen Ausdrücke zusammenschrieb. Diese beschämende Entlarvung gerade durch die Mutter sowie die darauffolgende harte Strafe hatten zur Folge, daß er sich von da an für Erotisches viele Jahre hindurch nicht interessierte und dem Inventar des erotischen Lexikons auch später feindselig gegenüberstand.

Der junge Homosexuelle, der dem Aussprechen des obszönen Wortes für „Flatus" so starken Widerstand entgegenstellte, entwickelte in der ersten Kindheit eine außerordentliche Riechlust und Koprophilie und der überzärtliche Vater verwehrte es ihm nicht, diesen seinen Neigungen auch an seinem Körper (am Körper des Vaters) zu frönen. Die nunmehr unzertrennliche Verknüpfung der Idee der Beschmutzung mit der der Eltern hatte eine ungemein starke Verdrängung der Schmutz- und Riechlust und damit auch die große Unlust beim Sprechen über diese Dinge zur Folge. Daß er aber die obszöne Bezeichnung gerade der Darmgase um soviel weniger duldete als eine der Umschreibungen, hatte in ähnlichen kindlichen Erlebnissen seinen Grund wie beim eben erwähnten „Wörterbuchschreiber". Die innige Verknüpfung des Obszönen mit den Elternkomplexen war also bei beiden die stärkste verdrängende Macht.[1]

Bei der Hysterischen, die auf dem Abort die Augen schließt, konnte diese Gewohnheit bis zur Zeit einer Beichte zurückverfolgt werden, bei der sie wegen des naiven Aussprechens der obszönen Bezeichnung der Vagina vom Geistlichen hart zurechtgewiesen wurde.

---

1) Das infantile Interesse für die die Darmgasentleerung begleitenden Töne war nicht ohne Einfluß auf seine Berufswahl. Er wurde Musiker.

Solche oder ähnliche Zurechtweisungen bleiben aber fast keinem Kinde, die untersten Gesellschaftsschichten vielleicht ausgenommen, erspart. Im vierten bis fünften Lebensjahr, bei Frühreifen schon erheblich früher, zur Zeit also, wo die Kinder ihre „polymorph-perversen" Triebe einschränken, schiebt sich zwischen das Aufgeben der infantilen Befriedigungsarten und den Beginn der eigentlichen Latenzzeit eine Periode, die durch den Drang zum Aussprechen, Aufschreiben und Anhören obszöner Worte gekennzeichnet ist.

Diese Tatsache würde durch eine Rundfrage an die Familienmütter und Lehrer, noch sicherer aber durch eine solche an die Dienstleute, die eigentlichen Vertrauten der Kinder, zweifellos bestätigt werden. Und daß es die Kinder nicht nur in Europa, sondern auch in dem so prüden Amerika nicht anders tun, habe ich mit Prof. F r e u d bei einem Spaziergange im New Yorker „Central-Park" aus einer Kreidezeichnung und einer Inschrift auf einer schönen Marmortreppe ersehen.

Diesen Drang zum Aussprechen, Aufzeichnen, Aufschreiben, Hören und Lesen von Obszönitäten können wir als eine Vorstufe der Hemmung der infantilen Entblößung und sexuellen Sehbegierde auffassen. Erst die Unterdrückung auch dieser zur Rede abgeschwächten geschlechtlichen Phantasien und Handlungen bezeichnet den Beginn der eigentlichen Latenzzeit, jenes Zeitabschnittes, in dem „die seelischen Gegenkräfte gegen die infantile Sexualität: Ekel, Scham und Moral, aufgebaut werden"[1] und das Interesse des Kindes sich kulturellen Leistungen zuwendet (Wißbegierde).

Man dürfte kaum mit der Annahme fehlgehen, daß diese Unterdrückung der obszönen Wortbilder zu einer Zeit stattfindet, wo die Sprache, besonders aber der so stark affekt-

---

1) F r e u d, Infantile Sexualtheorien. (Ges. Schr., Bd. V.)

betonte sexuelle Sprachschatz noch durch einen hohen Grad von Regressionstendenz und durch lebhafte Vorstellungsmimik ausgezeichnet ist. Es ist also nicht mehr so unwahrscheinlich, daß das unterdrückte Wortmaterial infolge der Latenzzeit, das heißt der Abwendung der Aufmerksamkeit, auf dieser ursprünglicheren Entwicklungsstufe stehen bleiben muß, während der übrige Teil des Sprachschatzes durch die fortwährende Übung und Schulung allmählich seines halluzinatorischen und motorischen Charakters zum größeren Teile entkleidet und hiedurch zu höheren Denkleistungen ökonomisch geeigneter gemacht wird.

Daß aber das unterdrückte oder verdrängte psychische Material durch die Assoziationssperre tatsächlich zu einem „Fremdkörper" im Seelenleben wird, welcher keines organischen Wachstums und keiner Entwicklung fähig ist und daß der Inhalt dieser „Komplexe" die sonstige Entwicklung und Bildung des Individuums nicht mitmacht, weiß ich schon aus der Psychoanalyse der Neurosen.

Einige überraschende Beispiele möchte ich hier anführen.

Die Angst vor der Kleinheit und hierdurch bedingten Untauglichkeit des Begattungsorganes, oder wie es wir Psychoanalytiker zu bezeichnen pflegen: „der Komplex des kleinen Penis", ist unter den Neurotikern besonders häufig aber auch bei sonst Gesunden nicht selten. In allen Fällen, in denen ich dieses Symptom analysierte, ergab sich dafür folgende Erklärung: In der ersten Kindheit befaßten sich alle, die später darunter leiden, überaus lebhaft mit der Phantasie des *coitus cum matre* (oder mit einer adäquaten älteren Person); natürlich ängstigte sie dabei die Idee der Unzulänglichkeit ihres Penis zu diesem Vorhaben.[1] Die Latenzzeit unterbrach und unterdrückte diese

---

[1] Die Unkenntnis der Dehnbarkeit der Vagina ist die Bedingung dieser ängstlichen Phantasie; die Kinder wissen nur, daß der Koitus durch eine Öffnung erfolgt, die sie einmal bei der Geburt in toto passiert haben.

Gedankengruppen; als aber der Sexualtrieb in der Pubertät neuerlich durchbrach und das Interesse sich wieder dem Kopulationsorgan zuwendete, tauchte die alte Sorge wieder auf, auch wenn die tatsächlichen Größenverhältnisse jenes Organes normal waren oder sogar über das Mittelmaß hinausgingen. Während sich also der Penis normal entwickelte, ist die I d e e des Penis auf der infantilen Stufe stehen geblieben. Die Abwendung der Aufmerksamkeit vom Genitale bewirkte es, daß das Individuum von seinen Veränderungen keine Notiz nahm.

Ähnlich konnte ich bei weiblichen Patientinnen einen „Komplex der zu kleinen Vagina" (Angst vor Zerreißung des Organs beim Geschlechtsverkehr) feststellen und durch die als Kind erworbene und während der Latenzzeit unterdrückte Idee von der relativen Größe des väterlichen Kopulationsorgans erklären. Solche Frauen sind dann infolge der objektiv gar nicht vorhandenen Kleinheit des Penis bei ihren Männern im geschlechtlichen Verkehre anästhetisch.

Als drittes Beispiel für die isoliert entwicklungshemmende Wirkung der Latenzzeit führe ich den in manchen Fällen pathologisch werdenden „Komplex der großen Mamma" an: die Unzufriedenheit vieler Männer mit den Dimensionen der meisten weiblichen Brüste. Bei einem Patienten, dessen Libido nur ganz kolossal entwickelte weibliche Brüste reizen konnten, stellte die Analyse fest, daß er sich in der ersten Kindheit außerordentlich für das Säugen der Brustkinder interessierte und den heimlichen Wunsch hegte, selber mitsaugen zu dürfen. In der Latenzzeit verschwanden diese Phantasien des Bewußtseins, aber als er sich wieder für das Weibliche zu interessieren begann, waren seine Wünsche vom Komplex der großen Mamma konstelliert. Die Idee von der Mamma hat sich bei ihm in der Zwischenzeit nicht entwickelt, sondern es fixierte sich jener Eindruck von ihren Dimensionen, den sie auf das damals noch so kleine Kind machen mußte. Darum wünscht er sich nur Frauen, deren Brüste der alten Relation seiner eigenen Kleinheit zur Größe des Weibes entsprechen. Die Frauenbrüste sind eben in der Zwischenzeit relativ kleiner geworden, die fixierte Idee von der Frauenbrust behielt aber die alte Größe bei.

Diese Beispiele, die man leicht vermehren könnte, stützen die Annahme, daß die Latenzzeit tatsächlich eine isolierte Entwicklungshemmung einzelner verdrängter Komplexe verursacht, und dies läßt den gleichen Vorgang in der Entwicklung von latent werdenden Wortvorstellungen einigermaßen wahrscheinlich erscheinen. Ich möchte aber nebst diesem Analogieschluß auch die von experimentell-psychologischer Seite schon oft erwiesene Tatsache erwähnen, daß kleine Kinder von ausgesprochen „visuellem" und von „motorischem" Reaktionstypus sind. Ich vermute nun, daß der Verlust dieses visuellen und motorischen Charakters nicht allmählich, sondern schubweise vor sich geht, und daß der Eintritt der Latenzzeit einen, vielleicht den wichtigsten dieser Schübe bedeutet.[1]

1) Für die Richtigkeit meiner Vermutung über den Einfluß der Latenzzeit kann ich zwei weitere Beobachtungsreihen anführen. In mehreren Fällen war ich in der Lage, die Ursache der Unfähigkeit zur visuellen Repräsentation und der dadurch bedingten Untauglichkeit zu gewissen Schulgegenständen, die räumliche Darstellungsfähigkeit erfordern (Geometrie, Naturgeschichte), analytisch zu erforschen. Es stellte sich heraus, daß diese, der sonstigen Auffassungskraft nicht entsprechende Unfähigkeit nicht etwa durch eine angeborene partielle Schwäche bedingt war, sondern erst seit der Verdrängung der seinerzeit allzu üppig wuchernden, meist inzestuösen Phantasien bestand. Zur Sicherung (Adler) der Verdrängung gewisser Phantasiebilder wurde das bewußte Phantasieren überhaupt, ja sogar das bildliche Vorstellen von ganz indifferenten Gegenständen instinktiv gemieden. (Vorstellungsangst.)

Ein anderes, bei Neurotikern noch viel häufiger zu beobachtendes Symptom ist die übertriebene Ruhe und Gemessenheit bei der Aus-

Über das Schicksal der verdrängten obszönen Wortvorstellungen während der Latenzzeit läßt sich einstweilen wenig sagen. Nach dem, was ich bei der Selbstanalyse und aus der Analyse von Nichtneurotischen darüber erfuhr, glaube ich annehmen zu können, daß die Latenz dieser Vorstellungen, namentlich beim Manne, normalerweise keine absolute ist. Die vor sich gegangene Affektverkehrung sorgt zwar dafür, daß die Aufmerksamkeit von diesen unlustbetonten Wortbildern möglichst abgelenkt ist, aber ein totales V e r g e s s e n, ein Unbewußtwerden derselben kommt beim Gesunden kaum vor. Das Alltagsleben, der Verkehr mit dem niederen Volke und mit Dienstboten, obszöne Inschriften auf Bänken und in Aborten sorgen dafür, daß diese Latenz recht häufig „durchbrochen" und die Erinnerung an das Abseitsgedrängte, wenn auch mit verändertem Vorzeichen, erneuert werde. Immerhin bleiben diese Erinnerungen einige Jahre hindurch ziemlich unbeachtet, und wenn sie dann mit der Pubertät wieder erscheinen, sind sie schon mit dem Charakter des Schamvollen, vielleicht auch des ob ihrer Plastizität und Naturfrische Fremdartigen behaftet, der ihnen zeitlebens erhalten bleibt.

---

führung jeder Handlung, jeder Bewegung, sowie der ganzen Haltung und die Furcht vor jeder Übereilung, Überhastung. Sie ist meist mit ausgesprochener Antipathie gegen solche Individuen vergesellschaftet, die sich leicht „geh'n lassen", die übertrieben, hastig, lebhaft, unbedacht und leichtfertig sind. Man könnte da von B e w e g u n g s a n g s t sprechen. Dieses Symptom ist die Reaktionsbildung auf eine starke, aber unterdrückte motorische Aggressionsneigung.

Sowohl die Vorstellungs- als auch die Bewegungsangst scheinen mir Übertreibungen der Phantasieunterdrückung und Motilitätshemmung zu sein, die die Latenzzeit für jeden Menschen mit sich bringt, und die auch die bewußtseinsfähigen Vorstellungen von motorischen und halluzinatorischen Elementen zu reinigen hilft. Die bewußtseins u n fähigen, verdrängten oder unterdrückten Vorstellungen aber, darunter in erster Linie die obszönen Wortvorstellungen, dürften, wie das Verdrängte überhaupt, mit den Charakteren einer primitiveren Vorstellungsart ausgestattet bleiben.

Anders ist die Entwicklungsgeschichte dieser Wortvorstellungen beim Perversen und beim Neurotiker.

Der durch Sexualkonstitution und Erlebnisse pervers Gewordene wird sich, wie wir es nach der Sexuallehre F r e u d s nicht anders erwarten konnten, auch dieser Lustquelle bemächtigen und auch in seinen Reden zynisch werden, oder sich etwa mit der Lektüre von rüden Obszönitäten begnügen. Ja, es gibt eine eigene Perversität, die im lauten Aussprechen von obszönen Worten besteht; ich weiß es aus der Analyse von mehreren Frauen, daß sie auf der Straße von gutangezogenen Männern belästigt werden, die ihnen im Vorbeigehen obszöne Worte zuflüstern, ohne daß sie sonstige Anstalten zum sexuellen Angriff (Begleitenwollen usw.) träfen. Es sind das offenbar g e - m i l d e r t e E x h i b i t i o n i s t e n u n d V o y e u r s, die statt wirklicher Entblößung sich mit der zur Rede gemilderten Aktion begnügen, dabei aber jene Worte vorziehen, die durch ihr Verbotensein wie durch ihre motorische und plastische Eigenart zur Hervorrufung der Schamreaktion besonders geeignet sind. „Koprophemie"[1] könnte der Name dieser Perversität sein.

Der echte Neurotiker wendet seine Aufmerksamkeit von den obszönen Worten vollständig oder fast vollständig ab. Er geht an ihnen womöglich achtlos vorüber, und wenn er ihnen nicht ausweichen kann, antwortet er auf sie mit übertriebener Scham- und Ekelreaktion. Selten ist der Fall, wie der obenerwähnte, wo die Worte total vergessen werden. Nur Frauen bringen eine solche Verdrängungsleistung zustande.

Eine sehr starke Gemütserschütterung kann aber diese halb- verschütteten Worte bei Normalen sowohl als beim Neurotiker zum Vorschein bringen. Doch wie die olympischen Götter und

---

1) „K o p r o l a l i e" dagegen ist das unwillkürliche, z w a n g s - m ä ß i g e Ausstoßen obszöner Worte, wie es z. B. bei hochgradigem Tic convulsif vorkommen kann.

Göttinnen nach dem großen Verdrängungsschube des Christentums zu Hexen und Teufeln erniedrigt wurden, so kehren die Worte, die einst die höchstgeschätzten Objekte infantiler Lust bezeichneten, als Flüche und Verwünschungen wieder, charakteristischerweise sehr oft mit der Idee der Eltern oder der ihnen adäquaten Heiligen und Gottes assoziiert (Blasphemien). Diese bei heftigem Ärger lautwerdenden, aber oft auch zu Scherzen gemilderten Interjektionen gehören — wie Kleinpaul mit Recht hervorhebt — gar nicht zur „Begriffssprache", sie dienen nicht der bewußten Mitteilung, sondern stellen den Gebärden nahestehende Reaktionen auf Reize dar. Bemerkenswert bleibt aber auf alle Fälle, daß, wo ein heftiger Affekt sich nur mit Mühe der motorischen Entladung erwehrt und zum Fluche wird: dieser sich unwillkürlich der obszönen Worte bedient, die ob ihrer Affektfülle und motorischen Kraft dazu am besten taugen.

Recht tragisch sind die Fälle, in denen obszöne Worte urplötzlich im tugendreinen Bewußtsein eines Neurotikers auftauchen. Natürlich kann er es nur in Form von Zwangsvorstellungen, denn sie sind dem bewußten Gemütsleben des Psychoneurotikers so vollkommen fremd, daß er sie nur als absurde, unsinnige, krankhafte Ideen, als „Fremdkörper" empfinden, keinesfalls aber als gleichberechtigten Inhalt seines Wortschatzes anerkennen kann. Wäre man durch das hier Mitgeteilte nicht darauf vorbereitet, so stünde man wie vor einem unlösbaren Rätsel vor der Tatsache, daß häufig Zwangsvorstellungen von obszönen Worten, besonders aber von solchen, die die meistverachteten Exkremente und Exkretionsorgane in „gemeiner" Weise bezeichnen, bei Männern nach dem Tode des Vaters auftreten. Und zwar bei Männern, die ihren Vater abgöttisch liebten und verehrten. Die Analyse ergibt dann, daß beim Todesfall nebst dem schrecklichen Schmerz

über den Verlust auch der unbewußte Triumph über die end-
liche Befreiung von allem Zwang laut wird und die Verachtung
des nunmehr unschädlichen „Tyrannen" sich in Worte kleidet,
die seinerzeit dem Kinde am strengsten verboten wurden.[1] Einen
ähnlichen Fall erlebte ich bei einem Mädchen, dessen älteste
Schwester gefährlich erkrankte.

Eine kräftige Stütze meiner Annahme, daß die obszönen
Worte infolge gehemmter Entwicklung „infantil" geblieben
und darum abnorm motorischen und regressiven Charakters
sind, wäre die ethnographische Bestätigung. Leider fehlt mir
die diesbezügliche Erfahrung. Was mir vom Leben des niederen
Volkes und besonders der Zigeuner hierüber bekannt ist, spricht
dafür, daß die obszönen Worte bei den Unkultivierten vielleicht
stärker lustbetont, aber vom sonstigen Sprachschatz nicht so
wesentlich verschieden sind, wie ich es bei den Kulturmenschen
annehmen mußte.

Mag nun die weitere Beobachtung die Annahme vom spe-
zifisch infantilen Charakter und von den infolge einer Entwicklungsstörung „primitiven" Eigenschaften der obszönen
Wortvorstellungen unterstützen oder als irrig erweisen, soviel
glaube ich nach dem Gesagten jedenfalls behaupten zu können,
daß diesen affekterfüllten Vorstellungen eine bislang nicht entsprechend gewürdigte Bedeutung im Seelenleben zukommt.

---

1) Als assoziative Mittelglieder zwischen den Vorstellungen des Todes
und der Exkremente findet man oft die Ideen über die Verwesung der
Leiche.

Denken und Muskelinnervation

(1919)

Es gibt Menschen, die dazu neigen, jedesmal, wenn sie etwas durchdenken wollen, in der Bewegung, die sie gerade ausführen (z. B. im Gehen), innezuhalten und sie erst nach beendigtem Denkakt fortzusetzen. Andere wiederum sind außerstande, einen irgendwie komplizierten Denkakt in Ruhe auszuführen, sondern müssen dabei eine rege Muskeltätigkeit entfalten (vom Sitze aufstehen, herumgehen usw.). Die Personen der ersten Kategorie erweisen sich oft als stark gehemmte Menschen, bei denen jede selbständige Denkleistung die Überwindung innerer (intellektueller und affektiver) Widerstände erfordert. Die Individuen der zweiten Gruppe (welche man als „motorischen Typus" zu bezeichnen pflegt) sind im Gegenteil Leute mit zu raschem Vorstellungsablauf und sehr reger Phantasie. Für den innigen Zusammenhang zwischen dem Denkakt und der Motilität spricht nun die Tatsache, daß der Gehemmte die durch Einstellung der Muskelinnervationen ersparte Energie zum Überwinden von Widerständen beim Denkakt zu verwerten scheint, während der „motorische Typus" allem Anscheine nach Muskelenergie verschwenden muß, wenn er im Denkvorgang das sonst allzu „leichte Überfließen der Intensitäten" (Freud) mäßigen,

d. h. seine Phantasie hemmen und logisch denken will. Die
Größe der zum Denken erforderlichen „Anstrengung" hängt —
wie erwähnt — nicht immer von der begrifflichen Schwierigkeit der zu bewältigenden Aufgabe ab, sondern ist — wie uns
Analysen zeigen — sehr oft affektiv bedingt; unlustbetonte
Denkprozesse erfordern ceteris paribus größere Anstrengung,
gehemmtes Denken erweist sich bei der Analyse sehr oft zensur-
bedingt, d. h. neurotisch. Bei Personen mit leichter Zyklothymie
sieht man den Zuständen gehemmter und erleichterter Phan-
tasietätigkeit Schwankungen der Lebhaftigkeit der Bewegungen
parallellaufen. Aber auch beim „Normalen" kommen zeitweise
diese motorischen Symptome der Denkhemmung oder Erregung vor.[1]

Bei näherer Untersuchung findet man allerdings, daß der
Anschein, als ob in diesen Fällen ganz einfach Muskelenergie
in „psychische Energie" umgewandelt würde, trügerisch ist.
Es handelt sich um komplizierte Vorgänge, um die Spaltung
der Aufmerksamkeit, bzw. um die Konzentration.
Der Gehemmte muß seine Aufmerksamkeit ganz dem Denk-
organe zuwenden, kann also nicht gleichzeitig eine (gleichfalls
Aufmerksamkeit erfordernde) koordinierte Bewegung ausführen.
Der Gedankenflüchtige hingegen muß seine Aufmerksamkeit
zum Teil vom Denkakte ablenken, um die sich überstürzenden
Gedankengänge einigermaßen zu verlangsamen.

Der im Denken Gehemmte muß also beim Nachdenken nur
die koordinierten Bewegungen einstellen, nicht aber den Aufwand an Muskelinnervation; bei näherem Zusehen findet man

---

1) Eine Patientin, die ihre Füße fast kontinuierlich zittern läßt (eine
ticartige Gewohnheit bei ihr), verriet mir während der Analyse durch
plötzliches Innehalten im Zittern stets den Moment, in dem ihr etwas
einfiel, so daß ich sie immer mahnen konnte, wenn sie mir einen Ein-
fall bewußt vorenthielt. Während der oft minutenlangen Assoziations-
leere bewegte sie ihre Füße unaufhörlich.

sogar, daß beim Nachdenken der Tonus der (ruhiggestellten) Muskulatur regelmäßig ansteigt.[1] Und beim „*type moteur*" handelt es sich nicht einfach um eine Erhöhung des Muskeltonus (des Innervationsaufwandes), sondern um die Einschaltung von Widerständen für die Aufmerksamkeit.

Auch darf man nicht denken, daß die Unfähigkeit zum gleichzeitigen Denken und Handeln eine für die Neurose besonders charakteristische Erscheinung ist. Gibt es doch zahlreiche Fälle, in denen der Neurotiker eine umschriebene komplexbedingte Denksperre gerade durch übertriebene Rührigkeit und Lebhaftigkeit der nichtgesperrten Seelenbezirke maskiert.

Die Psychoanalyse könnte viel zur Aufklärung dieser komplizierten Beziehungen zwischen psychischer Tätigkeit und Muskelinnervation beitragen. Ich verweise auf die von F r e u d wahrscheinlich gemachte Erklärung der T r a u m h a l l u z i n a - t i o n e n, wonach diese einer rückläufigen Erregung des Wahrnehmungssystems (Regression) ihre Entstehung verdanken, die eine Folge der Schlafsperrung (Lähmung) am motorischen Ende des psychischen Apparates ist. Der zweite bedeutsame Beitrag, den die Psychoanalyse zur Kenntnis der Beziehungen zwischen Denkanstrengung und Muskelinnervation geleistet hat, ist F r e u d s Erklärung des L a c h e n s beim witzigen oder komischen Eindruck; dieses ist nach seiner uns sehr plausiblen Erklärung die m o t o r i s c h e Entladung überschüssig gewordener p s y - c h i s c h e r Anspannung. Schließlich sei noch auf die B r e u e r - F r e u d sche Ansicht über die K o n v e r s i o n psychischer Erregung in motorische bei der Hysterie und auf die Erklärung F r e u d s hingewiesen, wonach der an Z w a n g s v o r s t e l l u n g e n Leidende eigentlich das Handeln durch Denken ersetzt.

Das regelmäßige Parallellaufen motorischer Innervationen

---

1) **Das Ansteigen** des Muskeltonus beim Denkakt ist physiologisch erwiesen.

mit den psychischen Akten des Denkens und Aufmerkens, ihre gegenseitige Bedingtheit und vielfach nachzuweisende quantitative Reziprozität sprechen jedenfalls für eine Wesensgleichheit dieser Prozesse. F r e u d dürfte also recht behalten, wenn er das D e n k e n für ein „P r o b e h a n d e l n mit Verschiebung kleinerer Besetzungsquantitäten" hält und auch die Funktion der A u f - m e r k s a m k e i t, die die Außenwelt periodisch „absucht" und den Sinneseindrücken „entgegengeht" an das motorische Ende des psychischen Apparates verlegt.

Psychoanalytische Betrachtungen
über den Tic

(1921)

I

Mit dem sehr verbreiteten neurotischen Symptom, das man,
dem französischen Sprachgebrauch folgend, allgemein als „Tic"
oder „Tic convulsif" bezeichnet hat, hat sich die Psychoanalyse
bisher wenig beschäftigt.[1] Im Anschlusse an die Beschreibung
der „technischen Schwierigkeiten einer Hysterieanalyse", die ich
in einem Falle zu bewältigen hatte,[2] machte auch ich einen
kurzen Exkurs auf dieses Gebiet und gab der Vermutung
Ausdruck, daß sich viele Tics als stereotypisierte O n a n i e -
ä q u i v a l e n t e entpuppen dürften und daß die merkwürdige
Verknüpfung des Tics mit der K o p r o l a l i e bei Unterdrückung
der motorischen Äußerungen vielleicht nichts anderes ist als
die s p r a c h l i c h e Äußerung derselben erotischen Regungen,
die die Tic-Kranken gewöhnlich als s y m b o l i s c h e B e w e -
g u n g e n abführen. Ich machte bei dieser Gelegenheit auch
auf die nahen Beziehungen zwischen den B e w e g u n g s -

---

1) Siehe I. S a d g e r, Ein Beitrag zum Verständnis des Tic. Int.
Zsch. f. PsA. II. (1914), S. 354.

2) S. „Hysterie und Pathoneurosen", Int. PsA. Bibl. Nr. 2, S. 48.

stereotypien und den Symptomhandlungen (bei
Gesunden und Kranken) einerseits, den Tics resp. der Onanie
andererseits aufmerksam. In dem mitgeteilten Falle z. B. vermochten gedankenlos ausgeführte und für bedeutungslos
gehaltene Muskelaktionen und Hautreizungen die ganze Genital-
libido an sich zu reißen; sie waren zeitweise von förmlichem
Orgasmus begleitet.

Prof. F r e u d, den ich gelegentlich über den Sinn und
die Bedeutung der Tics interpellierte, sagte mir, es dürfte
sich da um etwas Organisches handeln. Im Laufe dieser
Besprechung werde ich vielleicht zeigen können, in welchem
Sinne diese Annahme zu Recht besteht.

Das ist so ziemlich alle Auskunft, die ich mir über die Tics
aus den psychoanalytischen Quellen holen konnte; ich kann
auch nicht sagen, daß ich seither aus der direkten Beobachtung
oder der Analyse von „passagère" auftretenden Tics, die doch
bei unseren Neurotikern so häufig sind, Neues gelernt hätte.
In den meisten Fällen kann man eine Neurosenanalyse zu Ende
führen, eine Psychoneurose auch heilen, ohne daß man sich
viel mit diesem Symptom hätte befassen müssen. Gelegentlich
kommt man darauf zu sprechen, welche psychischen Situationen
das Auftreten eines solchen Tic (einer Grimasse, einer Zuckung
der Schultern oder des Kopfes usw.) begünstigen. Hie und da
kann man auch auf den S i n n, auf die B e d e u t u n g eines
solchen Symptoms zu sprechen. So trat bei einer Kranken das
heftig „verneinende" Kopfschütteln auffälligerweise immer
auf, wenn sie eine rein konventionelle Geste ausführen
(Abschied nehmen, jemanden begrüßen) mußte. Ich sah die
Bewegung auch dann häufiger und heftiger werden, wenn die
Patientin mehr Affekt, z. B. mehr Freundlichkeit zu zeigen versuchte, als sie innerlich fühlte, und mußte ihr sagen, daß ihr Kopfschütteln eigentlich die freundliche Miene oder Geste Lügen strafte.

Einen Patienten, der eigens zur Heilung seiner Tics in die Analyse gekommen wäre, hatte ich noch nicht; die von mir in der analytischen Praxis beobachteten kleinen Tics störten ihre Besitzer so wenig, daß sie sich darüber selbst nie beklagten; ich war es, der sie darauf aufmerksam machen mußte. Natürlich fehlte unter diesen Umständen jedes Motiv zur tieferen Erforschung des Symptoms, das sich die Patienten — wie gesagt — unverändert aus der Analyse retteten.

Nun wissen wir, daß das sonst bei den uns geläufigen Neurosenanalysen der Hysterie oder Zwangsneurose nie der Fall ist. Da gibt es nicht das geringfügigste Symptom, das am Ende der Analyse sich nicht als in das Gefüge des komplizierten Neurosengebäudes gehörig, sogar durch mehrfache Determinanten gestützt, erwiese. Schon diese Sonderstellung der Tics legte einem die Vermutung nahe, es handle sich hier um eine Störung, die ganz anders orientiert ist, als die übrigen Zeichen einer Übertragungsneurose, so daß ihr die sonst gewöhnliche „Wechselwirkung der Symptome" nichts anhaben kann. Der Annahme F r e u d s von der heterogenen (organischen) Natur dieses Symptoms verlieh diese Sonderstellung des Tic unter den neurotischen Erscheinungen eine starke Stütze.

Ganz andersartige Beobachtungen halfen mir dann hier um einen Schritt weiter. Ein Patient (hartnäckiger Onanist) hörte während der Analyse überhaupt nicht auf, gewisse stereotype Bewegungen auszuführen. Gewöhnlich mußte er, oft mehrmals in der Minute, seinen Rock an der Taille glätten; zwischendurch überzeugte er sich durch Streicheln des Kinnes von der Glätte der Gesichtshaut oder betrachtete mit Wohlgefallen seine immer glänzend lackierten oder gewichsten Schuhe. Auch sein psychisches Verhalten: seine Süffisance, seine gezierte, immer in Perioden gesetzte Rede, deren entzücktester Zuhörer

er selber war, kennzeichnete ihn als einen in sich selbst
glücklich verliebten Narzißten, der — den Frauen gegenüber
impotent — in der Onanie die ihm entsprechendste Befrie-
digungsart fand. Er kam auch nur auf die Bitte einer Verwandten in die Kur und entzog sich ihr fluchtartig, sobald sich
die ersten Schwierigkeiten ergaben.

Mag aber unsere Bekanntschaft noch so kurz gewesen sein,
sie machte einen gewissen Eindruck auf mich. Ich fing an,
mich mit der Idee zu beschäftigen, ob die eben erwähnte
„Andersorientierung" der Tics nicht davon herrührt, daß sie
eigentlich n a r z i ß t i s c h e Krankheitszeichen sind, die an die
Symptome einer Übertragungsneurose höchstens angelötet sein,
sich aber mit ihnen nicht verschmelzen können. Ich sah
dabei von dem Unterschiede zwischen Stereotypie und Tic,
der von vielen Autoren stark betont wird, ab. Ich sah und
sehe im Tic nichts als eine mit blitzartiger Raschheit
ablaufende, gleichsam komprimierte, oft nur symbolisch
angedeutete Stereotypie. Die weiteren Betrachtungen werden
uns die Tics als A b k ö m m l i n g e stereotyper Handlungen zeigen.

Jedenfalls begann ich Tiqueurs, die ich im Leben, in der
Ordination oder in der Kur zu sehen bekam, in bezug auf
ihren Narzißmus zu beobachten, erinnerte mich auch einiger
schwerer Fälle von Tic, die ich in meiner voranalytischen
Praxis kennen gelernt hatte, und mußte staunen über die Fülle
von Bestätigung, die mir von allen diesen Seiten zuströmte.
Einer der ersten, den ich kurz nach obiger Beobachtung zu
Gesichte bekam, war ein junger Mann mit sehr häufiger
Zuckung der Gesichts- und Halsmuskeln. Ich sah vom Nachbar-
tische zu, wie er sich in einem Restaurant gebärdete. Jeden
Moment hüstelte er, richtete seine Manschetten, bis sie vollkommen korrekt, mit den Knöpfen nach abwärts standen, korri-
gierte mit der Hand oder mittels einer Kopfbewegung die

Stellung des steifen Hemdkragens oder machte die bei so vielen Tic-Kranken zu beobachtende Bewegung, als wollte er seinen Körper von beengenden Kleidungsstücken befreien. Tatsache ist, daß er nicht aufhörte, wenn auch unbewußt, einen großen Teil der Aufmerksamkeit s e i n e m e i g e n e n K ö r p e r, bzw. der Kleidung zuzuwenden, auch wenn er bewußt ganz andersartig beschäftigt war, z. B. aß oder die Zeitung las. Ich mußte bei ihm eine ausgesprochene H y p e r s e n s i b i l i t ä t, e i n e U n f ä h i g k e i t, K ö r p e r r e i z e o h n e A b w e h r - r e a k t i o n z u e r t r a g e n, annehmen. Diese Vermutung wurde mir zur Gewißheit, als ich zu meiner Verwunderung zusah, wie der sonst so wohlerzogene und den besten Gesellschaftskreisen angehörende junge Mann unmittelbar nach dem Essen einen kleinen Taschenspiegel zur Hand nahm und vor allen Anwesenden anfing, die zwischen den Zähnen steckengebliebenen Speisereste mit einem Zahnstocher, und zwar immer unter der Leitung des Spiegelchens, gewissenhaft zu entfernen; er ruhte nicht, bis er alle — wie ich bestätigen kann, wohlgepflegten — Zähne gereinigt hatte, was ihn sichtlich beruhigte.

Nun, wir wissen alle, daß zwischen den Zähnen steckengebliebene Speisereste unter Umständen besonders störend sein können; ein solch gründliches, unaufschiebbares Reinigen aller 32 Zähne erforderte aber eine nähere Erklärung. Ich erinnerte mich einer eigenen, bei einer früheren Gelegenheit geäußerten Ansicht über die Entstehungsbedingungen der P a t h o n e u - r o s e n,[1] resp. des „K r a n k h e i t s n a r z i ß m u s". Die drei dort angeführten Bedingungen, unter denen es zur Fixierung der Libido an einzelne Organe kommen kann, sind: 1) Lebensgefährlichkeit oder Bedrohlichkeit eines Traumas, 2) Verletzung eines schon von vornherein stark libidobesetzten Körperteiles

1) S. „Hysterie und Pathoneurosen", Int. PsA. Bibl., Nr. 2, S. 9.

(einer erogenen Zone), und 3) konstitutioneller Narzißmus, bei dem die kleinste Verletzung eines
Körperteiles das ganze Ich trifft. Diese letztere Eventualität paßte nun sehr gut zur Annahme, daß die Überempfindlichkeit der Tic-Kranken, ihre Unfähigkeit, einen sensiblen Reiz ohne Abwehr zu ertragen, auch das Motiv ihrer
motorischen Äußerungen, eben der Tics und der Stereotypien
selbst, sein dürfte, die Hyperästhesie selbst aber, die lokalisiert
oder generalisiert sein kann, nur die Äußerung des Narzißmus,
der starken Bindung der Libido an die eigene Person, an den
eigenen Körper oder einen Körperteil, das heißt der „Organ-
libidostauung". In diesem Sinne käme dann auch Freuds
Ansicht von der „organischen" Natur der Tics zu ihrem Rechte,
wenn es auch vorerst offen gelassen werden mußte, ob die
Libido an die Organe selbst oder an ihre psychische Repräsentanz gebunden ist.

Nachdem einmal die Aufmerksamkeit auf die organisch-
narzißtische Natur der Tics gelenkt war, erinnerte ich mich
auch einiger schwerer Fälle von Tic, die man nach dem Vor-
schlage von Gilles de la Tourette als *maladie des tics*
zu bezeichnen pflegt.[1]

Es sind das progressive, allmählich fast den ganzen Körper
befallende Muskelzuckungen, die sich später mit Echolalie und
Koprolalie kombinieren und in Demenz übergehen
können. Diese häufige Komplikation der Tics mit einer
κατ' ἐξοχήν narzißtischen Psychose sprach sicherlich nicht gegen
die Annahme, daß auch die motorischen Erscheinungen der
minder schweren, nicht in Demenz ausartenden Fälle von
Zuckungskrankheit der narzißtischen Fixierung ihr Entstehen

---

1) Gilles de la Tourette, „Études sur une affection nerveuse,
caractérisée par l'incoordination motrice, et accompagnée d'écholalie et
coprolalie", 1885, Arch. de Neurologie.

verdanken. Der letzte schwere Fall von Tic, den ich kannte, betraf einen jungen Mann, der infolge seiner psychischen Überempfindlichkeit vollkommen leistungsunfähig blieb und nach einer vermeintlichen Verletzung seiner Ehre sich erschoß.

Der Tic wird in den meisten psychiatrischen Lehrbüchern als „Degenerationssymptom", als ein — oft familiär auftretendes — Anzeichen der psychopathischen Konstitution beschrieben. Wir wissen, eine verhältnismäßig wie große Zahl der Paranoiker und der Schizophrenen auch an Tics leidet. All das schien mir die Vermutung von der gemeinsamen Wurzel dieser Psychosen und der Tic-Krankheit zu unterstützen. Doch eine festere Unterlage erhielt diese Theorie, als ich die psychiatrischen und besonders die psychoanalytischen Erfahrungen über K a t a t o n i e zum Vergleich mit den Hauptsymptomen der Tic-Krankheit heranzog.

Die Neigung zur Echolalie und Echopraxie, zu Stereotypien und grimassierenden Bewegungen, zur Manieriertheit, ist beiden Zuständen gemeinsam. Psychoanalytische Erfahrungen bei Katatonikern ließen mich vor längerer Zeit in den absonderlichen Handlungen und Stellungen den Abwehrkampf gegen lokale (organische) Libidostauungen vermuten. Ein sehr intelligenter Katatoniker mit scharfer Selbstbeobachtungsfähigkeit sagte mir selber, daß er eine bestimmte Turnbewegung immer wieder ausführen muß, „um die Erektion des Darmes zu knicken".[1] Auch bei einem anderen Kranken mußte ich die zeitweise auftretende Steifheit der einen oder der anderen Extremität, die mit der Empfindung ihrer enormen Verlängerung verbunden war, als verschobene Erektion, das heißt als Äußerung der abnorm lokalisierten Organlibido deuten. F e d e r n faßte die Symptome der Katatonie überhaupt als „narzißtischen Rausch"

---

[1] „Einige klinische Beobachtungen bei der Paranoia und Paraphrenie." (S. Band II dieser Sammlung.)

auf.[1] All das paßt aber sehr gut zur Hypothese der gemeinsamen konstitutionellen Grundlage der Tics und der Katatonie
und läßt die weitgehende Gemeinsamkeit ihrer Symptomatik
verstehen. Jedenfalls ist man versucht, das Hauptsymptom der
Katatonie, den Negativismus und die Steifheit, mit der unaufschiebbaren Abwehr jedes Außenreizes mittels einer zuckenden
Bewegung beim Tic in Analogie zu bringen und anzunehmen,
daß, wenn sich bei der *maladie de Gilles de la Tourette*
die Tics in Katatonie umwandeln, es sich nur um. eine Perpe-
tuierung und Generalisierung einer beim Tic nur paroxysmatisch
auftretenden und noch partiellen Abwehrinnervation handelt.
Die tonische Starre würde sich hier also aus der Summation
unzähliger klonischer Abwehrzuckungen ergeben, die Katatonie
wäre nur die Steigerung der K a t a k l o n i e (des Tic).

Nicht unberücksichtigt durfte ich in diesem Zusammenhange
die Tatsache lassen, daß die Tics, wie allgemein bekannt, sehr
oft im Anschlusse an körperliche Erkrankungen oder Traumen
in loco morbi auftreten, z. B. Lidkrämpfe nach Abheilung
einer Blepharitis oder Konjunktivitis, Nasentics nach Katarrhen,
spezielle Bewegungen der Extremitäten nach schmerzhaften Ent-
zündungen. Ich mußte diesen Umstand mit der Theorie in
Zusammenhang bringen, daß sich an die Stelle einer pathologischen Körperveränderung (oder an ihre psychische Repräsentanz) eine p a t h o n e u r o t i s c h e L i b i d o s t e i g e r u n g anzu-
heften pflegt.[2] Es lag nahe, die oft nur lokale Hyperästhesie der
Tic-Kranken in diesen Fällen auf eine „traumatische" Libidoverschiebung zurückzuführen, die motorischen Äußerungen des
Tic aber — wie schon gesagt — auf Abwehrreaktionen gegen
die Reizung solcher Körperstellen.

---

1) Zitat nach N u n b e r g s Arbeit „Über den katatonischen Anfall",
Int. Zschr. f. Ps.A. VI (1920).

2) „Hysterie und Pathoneurosen", Int. Ps.A. Bibl. II, S. 7.

Als weitere Stütze der Annahme, daß die Tics etwas mit dem Narzißmus zu tun haben, führe ich die therapeutischen Erfolge an, die man mit einer besonderen Übungsbehandlung der Tics erzielen kann. Es sind dies systematische Innervations- übungen, mit forcierter Ruhigstellung der zuckenden Körper- partien, deren Erfolg viel bedeutender ist, wenn sich der Patient während der Übungen im Spiegel kon- trolliert. Die Autoren erklärten das damit, daß die Kontrolle des Gesichtssinnes die zu den Übungen erforderliche Abstufung der Hemmungsinnervationen erleichtert; mir aber schien es nach dem oben Gesagten, daß hier außerdem (oder hauptsächlich) die für den Narzißten abschreckende Wirkung der im Spiegel beobach- teten Gesichts- und Körperverzerrungen als mächtige Förderin der Heilungstendenz fungiert.

II

Ich bin mir der Schwächen meiner bisherigen Beweisführung vollkommen bewußt. Die Hypothese, die ich mir auf Grund von recht spärlichen Beobachtungen, mehr spekulativ, sozusagen nur zum eigenen Gebrauche zurechtbraute, hätte ich auch nicht veröffentlicht, wäre ihr nicht von unerwarteter Seite eine Unter- stützung zuteil geworden, die ihre Plausibilität wesentlich erhöhte. Diese Hilfe verdanke ich der Lektüre eines besonders aufschluß- und inhaltsreichen Buches über den Tic, in dem auch die ganze Literatur des Gegenstandes aufgearbeitet ist: „Der Tic, sein Wesen und seine Behandlung" von Dr. Henry Meige und Dr. E. Feindel (aus dem Französi- schen übersetzt von Dr. O. Giese, Leipzig und Wien 1903); an den Inhalt dieses Buches möchte ich meine weiteren Betrachtungen anknüpfen.

Die besondere Art der psychoanalytischen Praxis bringt es mit sich, daß der Arzt, der sich ihr widmet, gewisse Arten von

nervösen Störungen selten zu beobachten Gelegenheit hat, so
z. B. die „organischen" Neurosen (wie den M. Basedowii), die in
erster Linie physikalischer Behandlung bedürfen, sodann die
Psychosen, deren Behandlung nur in Anstalten möglich ist, und
die vielen Arten der „gemeinen Nervosität", die wir ob ihrer
Geringfügigkeit nicht zum Gegenstande einer so umständlichen
Psychotherapie zu machen pflegen.

In solchen Fällen ist man auf die Beobachtungen und
literarischen Mitteilungen anderer angewiesen, was an die eigene
Beobachtung sicher nicht heranreicht, aber wenigstens den
Vorteil hat, daß einem dabei der so beliebte Vorwurf der
parteiischen voreingenommenen Krankenbeobachtung, des Sug-
gerierens und Suggeriertwerdens erspart bleibt. M e i g e und
F e i n d e l wußten kaum von der B r e u e r - F r e u d schen
Katharsis etwas; wenigstens fehlen diese Namen in dem
Autorenregister ihres Buches. Zwar werden die „Studien über
Hysterie" an einer Stelle erwähnt, dies scheint aber nur eine
Einfügung des Übersetzers zu sein, der „einiger deutscher
Autoren, die von den französischen Autoren nicht berücksichtigt wurden . . . Erwähnung tun zu sollen" glaubte. Auch
stammt die Übersetzung aus einer so frühen Entwicklungszeit
der Psychoanalyse (aus dem Jahre 1903), daß die weitgehende
Übereinstimmung ihres Inhaltes mit den neuesten Erkenntnissen
der Psychoanalyse das Kriterium eines objektiven Arguments für
sich beanspruchen darf.

Die kurze, aber klassische Beschreibung der Tics durch
T r o u s s e a u lasse ich vorangehen. „Der schmerzlose Tic besteht
in momentanen, blitzartigen Zuckungen, die sich meist auf
eine kleine Anzahl von Muskeln, gewöhnlich die Gesichtsmuskeln,
beschränken, aber auch den Hals, den Rumpf, die Glieder
befallen können . . . Bei dem einen ist er ein Blinzeln der
Lider, ein Zucken in den Wangen, den Nasenflügeln, den

Lippen, die an Gesichterschneiden erinnern; bei einem anderen ist er ein Nicken mit dem Kopfe, eine plötzliche, oft sich wiederholende Drehung des Halses, bei einem dritten ein Zucken der Schultern, eine krampfhafte Bewegung der Bauchmuskeln oder des Zwerchfells, kurz, es ist ein unendlicher Wechsel bizarrer Bewegungen, die jeder Beschreibung spotten. In einigen Fällen sind diese Tics von einem Schrei, einem mehr oder weniger lauten Stimmgeräusch begleitet. Diese sehr charakteristische Kehlkopf- oder Zwerchfellchorea kann den ganzen Tic ausmachen. Auch kommt eigentümlicher Hang, stets dasselbe Wort, denselben Ausruf zu wiederholen, vor; und der Kranke stößt sogar mit lauter Stimme Worte aus, die er lieber zurückhalten möchte."[1]

Von der Art, wie sich der Tic von einem Körperteil auf den anderen verschiebt, gibt folgende Krankengeschichte Grassets ein charakteristisches Bild: „Ein junges Mädchen hatte als Kind Mund- und Augentics gehabt; mit 15 Jahren streckte sie einige Monate lang das rechte Bein nach vorn, später war das Bein gelähmt; dann trat ein Pfeifen für einige Monate an Stelle der Bewegungsstörungen. Ein Jahr lang stieß sie zeitweise den heftigen Schrei ‚ah' aus. Mit 18 Jahren endlich ... bestanden Grußbewegungen, Bewegungen des Kopfes nach hinten, Hochziehen der rechten Schulter usw."[2]

Diese Verschiebungen der Tics erfolgen oft ganz nach der Art, wie sich die Zwangshandlungen vom Ursprünglichen und Eigentlichen auf Entfernteres zu verschieben pflegen, um schließlich auf Umwegen zu dem Verdrängten zurückzukehren. Ein Patient von M. u. F.[3] nannte diese sekundären Tics „Paratics" und erkannte gut ihren Charakter als

---

1) Meige und Feindel (M. u. F.), op. cit., S. 29/30.

2) M. u. F., op. cit., S. 145.

3) M. u. F., op. cit., S. 8.

Schutzmaßregeln gegen die primären Tics, bis sie dann selber
zu Tics werden.

Der Ausgangspunkt eines Tics kann eine hypochondrische
Selbstbeobachtung sein. „Eines Tages spürte ich . . . . ein
Krachen im Nacken" — erzählte ein Patient von M. u. F. —
„zunächst glaubte ich, es sei etwas gebrochen. Um mich zu ver-
gewissern, wiederholte ich die Bewegung ein-, zwei-, dreimal.
ohne das Krachen zu bemerken. Ich variierte sie auf tausen-
derlei Art, wiederholte sie immer stärker. Schließlich hatte ich
mein Krachen wieder und dies war mir ein wirkliches Vergnügen . . . doch das Vergnügen wurde bald durch die Furcht,
irgend eine Verletzung erzeugt zu haben, beeinträchtigt." „Noch
heute . . . kann ich der Lust nicht widerstehen, das Krachen
hervorzubringen, und ich vermag ein Gefühl der Unruhe nicht
zu überwinden, sobald es mir schließlich gelungen ist."[1] Den
bald lüsternen, bald ängstlichen Charakter dieser Sensationen
können wir getrost als pathologische Äußerung der Sexualität
des Patienten, speziell des hypochondrischen Narzißmus auffassen; auch haben wir es hier mit dem relativ seltenen Fall
zu tun, wo der Patient die sensiblen Motive seiner stereotypen
Bewegungen fortwährend fühlt. In den meisten Fällen sind
diese Motive, wie wir sehen werden, keine aktuellen Sensationen, sondern unbewußt gewordene Reminiszenzen an solche. — Charcot, Brissaud, Meige und
Feindel gehören zu den wenigen Nervenärzten, die sich
nicht scheuten, hinzuhorchen, wenn der Patient von der
Entstehungsgeschichte seines Leidens erzählte. „Nur der Tic-
Kranke kann" — heißt es bei M. u. F. — „die Frage über
die Genese seiner Krankheit beantworten, wenn er auf oft
längst vergangene Ereignisse zurückgreift, die
seine motorische Reaktion zuerst ausgelöst

1) M. u. F., op. cit.

haben." Dieser Einsicht entsprechend, ließen sich unsere Autoren von ihren Patienten (allerdings nur mit Hilfe der bewußten Erinnerung) die Anlässe reproduzieren, die am ersten Auftreten ihrer Zuckungen usw. schuld waren. Wir sehen: der Weg zur Entdeckung des Unbewußten und seiner Erforschung durch die Psychoanalyse wäre auch von diesem Punkte aus möglich gewesen. — Sie fanden oft körperliche Traumata als letzte Erklärung, einen Zahnfleischabszeß als Ursache einer inveterierten Grimasse, eine Nasenoperation als Motiv des späteren Nasenrümpfens usw. Die Autoren erwähnen auch die Charcotsche Ansicht, derzufolge der Tic „nur scheinbar eine körperliche Erkrankung ist, sie ist in Wirklichkeit eine seelische" . . . „das direkte Produkt einer Psychose — einer Art hereditärer Psychose".[1]

Meige und Feindel wissen auch sehr viel von Charakterzügen der Tic-Kranken, die wir narzißtische nennen würden, zu erzählen. Sie zitieren z. B. das Geständnis eines Patienten: „Ich muß gestehen, daß ich von Eigenliebe erfüllt und gegen Lob und Tadel äußerst empfindlich bin. Ich suche Lobreden auf, ich leide grausam unter Gleichgültigkeit und Spöttereien . . ., das Unerträglichste ist der Gedanke, daß ich sehr lächerlich wirke und daß sich jedermann über mich mokiert."[2] „An Leuten, denen ich auf der Straße begegne oder die ich in einem Omnibus treffe, meine ich immer einen sonderbaren Blick zu erkennen, spöttisch oder mitleidig, was mich beschämt oder reizt." Oder: „Zwei Menschen wohnen in mir: der eine mit, der andere ohne Tic. Der erstere ist der Sohn des zweiten, ein ungeratenes Kind, das

---

1) Einigen Abbruch tut der Genialität dieser Erkenntnis nur die Tatsache, daß Meister Charcot und seine Schüler Tics und Zwangszustände oft in einen Topf warfen.

2) Op. cit., S. 20.

seinem Vater große Sorgen macht. Dieser sollte es strafen,
aber meist vermag er es nicht. So bleibt er der Sklave der
Launen seines Geschöpfes."

Solche Geständnisse zeigen im Tic-Kranken das seelisch im
Infantilen steckengebliebene narzißtische Wesen, gegen das der
gesund entwickelte Teil der Persönlichkeit schwer aufkommen
kann. Das — dem Narzißmus entsprechende — Beherrschtsein
vom Lustprinzip ersehen wir aus folgendem Ausspruche: „Gut
mache ich nur, was mir gefällt; was mich langweilt, mache
ich schlecht oder gar nicht." Wenn er einen Gedanken hat,
muß er ihn absolut von sich geben. Auch hört er nicht gerne
zu. — Weitere Äußerungen von Meige und Feindel über
die Infantilität der Tic-Kranken: „Bei allen Tic-Kranken steht
der Geisteszustand auf einer jüngeren Altersstufe, als es der
Wirklichkeit entspricht" (S. 88). „Jeder Tic-Kranke hat die
Seele eines Kindes" (ibid.). „Tic ist geistiger Infantilismus."
„Tic-Kranke sind große, schlecht erzogene Kinder, die gewohnt
sind, ihren Launen nachzugeben und nie gelernt haben, ihre
Willensakte zu zügeln" (S. 89). „Ein 19 Jahre alter Tiqueur
mußte von Mama zu Bett gebracht und wie ein Baby angezogen
werden.[1] Er zeigte auch körperliche Zeichen des Infantilismus."
— Die Unfähigkeit, einen Gedanken zurückzuhalten, ist das
rein psychische Pendant der Unerträglichkeit eines sensiblen
Reizes ohne sofortige Abwehraktion; das Reden ist eben die
motorische Reaktion, mit der die vorbewußte (gedankliche)
psychische Spannung abgeführt wird. In diesem Sinne können
wir der Ansicht Charcots, daß es auch rein „psychische

---

1) Idioten (die ja in der Infantilität und damit im Narzißmus
stecken bleiben) haben bekanntlich sehr oft Tics und Stereotypien.
Das Balancieren und Rotieren des Kopfes (bei Idioten) vergleicht
Noir mit „einer Art Wiegen, das den Kranken beruhigt und ein-
schläfert, das ihm überhaupt gefällt", . . . „es hat die gleiche Wirkung,
wie das wirkliche Wiegen des kleinen Kindes." (M. u. F., l. cit., S. 273.)

Tics" gibt, zustimmen. Es mehren sich also die Anzeichen, die dafür sprechen, daß es beim Tiqueur die narzißtische Überempfindlichkeit ist, die die mangelhafte Fähigkeit zur motorischen und psychischen Selbstbeherrschung verursacht. Nebenbei ermöglicht diese Auffassung die Erklärung der Tatsache, daß im Tic die scheinbar so heterogenen Symptome der motorischen Zuckung und der Koprolalie zu einem Krankheitsbilde verlötet sind. Weitere, von diesem Standpunkte verständliche Charakterzüge der Tic-Kranken, die von unseren Autoren beschrieben werden, sind: leichte Anregbarkeit, leichte Ermüdbarkeit, Aprosexie, Ablenkbarkeit und Ideenflucht, Neigung zu Süchtigkeiten (Alkoholismus), Unfähigkeit, körperliche Schmerzen oder Anstrengungen zu ertragen. Alle diese Züge lassen sich unserer Ansicht nach zwanglos erklären, wenn wir — entsprechend der Breuerschen Zweiteilung der seelischen Funktionen in die Tätigkeiten der Abfuhr und der Bindung — bei den Tic-Kranken, eben infolge des gesteigerten oder fixiert gebliebenen Narzißmus, die Neigung zur Abfuhr erhöht, die Fähigkeit zur psychischen Bindung aber herabgesetzt denken. Die Abfuhr ist eine archaischere Erledigungsart des Reizzuwachses, sie steht dem physiologischen Reflex viel näher als die, wenn auch noch so primitive Form der Beherrschung (z. B. die Verdrängung); sie charakterisiert Tiere und Kinder. Kein Zufall, daß die Autoren — ohne die tieferen Zusammenhänge zu ahnen — einfach aus den Mitteilungen ihrer Kranken und den eigenen Beobachtungen feststellen, daß die Tic-Kranken oft „wie Kinder sind", daß sie sich „innerlich jung" fühlen, ihre Affekte nicht beherrschen können, daß Charakterzüge, „die bei schlecht erzogenen Kindern so häufig sind, über die aber bei normalen Menschen in späteren Jahren Vernunft und Reflexion triumphieren, ... beim Tic-Kranken trotz zunehmenden Alters bestehen bleiben, und das oft so sehr,

daß sie in manchen Charakterzügen nichts als große Kinder
zu sein scheinen".[1]

Besondere Beachtung verdient ihr „Bedürfnis nach Widerspruch und Widerstand", nicht nur, weil es als
psychisches Analogon der motorischen Abwehrbewegungen der
Tic-Kranken aufgefaßt werden kann, sondern weil es ein Licht
auf den Sinn des Negativismus der Schizophrenen
zu werfen geeignet ist. Wir wissen aus der Psychoanalyse, daß
der Paraphreniker seine Libido von der Außenwelt aufs eigene
Ich abgezogen hat; jeder Außenreiz — mag er physiologisch
oder psychisch sein — stört seine neue Einstellung, er ist also
nur zu bereit, sich jeder solchen Störung durch motorische
Flucht zu entziehen oder sie durch Verneinung und motorische
Abwehr abzulehnen. Die motorischen Äußerungen wollen wir
aber noch einer eingehenderen Behandlung unterziehen.

Von einer Reihe der Tics, resp. Stereotypien kann man
getrost annehmen, daß sie zumindest die Neben-, wenn nicht
die Hauptfunktionen haben, von Zeit zu Zeit einzelne Körperpartien fühlen und beachten zu lassen, so das schon
erwähnte Streicheln der Taille, das Zerren und Richten an den
Kleidern, das Strecken des Halses, das Recken der Brüste (bei
Frauen), das Lecken und Beißen der Lippen, aber zum Teil
auch das grimassierende Verzerren des Gesichtes, das Saugen an
den Zähnen usw. Dies dürften Fälle sein, in denen der Tic
vom konstitutionellen Narzißmus herrührt, bei dem
schon unvermeidliche, banale äußere Reize das motorische
Symptom hervorrufen. Im Gegensatz dazu stehen Fälle, in
denen man von pathoneurotischen Tics reden könnte,
von abnormer Libidobesetzung pathologisch oder traumatisch
veränderter Organe. Einige gute Beispiele liefert dazu unsere
Quelle:

---

1) M. u. F., l. cit., S. 15.

„Ein Mädchen beugt den Kopf auf die Schulter, um die Schmerzen bei einem Zahnabszeß zu beruhigen, eine Bewegung, die durch eine wirkliche Ursache hervorgerufen ist, eine völlig beabsichtigte, überlegte Muskelreaktion, die zweifellos durch Beteiligung der Hirnrinde zustande kommt. Die Kranke w i l l den Schmerz beruhigen, dadurch, daß sie die Wange drückt und erwärmt. Der Abszeß dauert fort, die Geste wiederholt sich immer weniger mit Absicht, immer mehr gewohnheitsgemäß, schließlich automatisch. Aber sie hat noch Ursache und Zweck. Bis jetzt ist nichts Abnormes daran. Nun ist der Abszeß geheilt, der Schmerz ist fort. Doch das Mädchen fährt fort, ihren Kopf auf Augenblicke auf die Schulter zu beugen. Was ist jetzt der Grund dieser Bewegung? Was ist ihr Zweck? Beide sind verschwunden. Was ist also dieser ursprünglich beabsichtigte, koordinierte, systematische Vorgang, der sich heute nur noch automatisch, grund- und zwecklos wiederholt? Das ist der Tic."[1] Natürlich ist an der Erklärung der Autoren einiges auszusetzen. Da sie vom Unbewußt-Psychischen nichts wissen, meinen sie, daß die Tics — im Gegensatz zur bewußten Willenshandlung — ohne Beteiligung der Seele entstehen, und da ihnen die Möglichkeit der Fixierung der Erinnerung an ein Trauma und die Reproduktionstendenz aus dem Unbewußten entgeht, halten sie die Bewegungen des Tiqueurs für sin- und zwecklos.

Dem Psychoanalytiker fällt selbstverständlich sofort die Analogie der Entstehung dieses Tic mit der Entstehung eines k o n v e r s i o n s h y s t e r i s c h e n Symptoms im Sinne B r e u e r s F r e u d s in die Augen. Beiden gemeinsam ist die Rückführbarkeit auf ein vielleicht schon vergessenes Trauma, dessen Affekt beim traumatischen Anlaß selbst unvollkommen abge-

---

1) M. u. F., l. cit., S. 55. S. auch die Bezeichnung für Tics: Erinnerungskrämpfe".

führt wurde; doch gibt es auch nicht unwesentliche Unterschiede zwischen beiden. Beim Hysterischen ist das körperliche
Symptom nur das Symbol einer seelischen Erschütterung,
deren Affekt unterdrückt und deren Erinnerung verdrängt
wurde. Beim wirklichen Tic ist die organische Verletzung das
einzige Trauma, das aber — wie es scheint — nicht minder
geeignet ist, pathogene Erinnerungen zurückzulassen, als der
Seelenkonflikt der Hysterischen. (Jedenfalls spricht die relative
Unabhängigkeit der Tics von aktuellen pathologischen Veränderungen und ihre Abhängigkeit von Erinnerungen an
solche dafür, daß die „Dauerveränderung", die nach einem
solchen Trauma zurückbleibt, nicht in die Peripherie, in das
Organ selbst, sondern in die psychische Repräsentanz
dieses Organs verlegt werden muß.) Die Hysterie ist eine
Übertragungsneurose, bei der die libidinöse Relation zum Objekt
(Person) verdrängt wurde und im Konversionssymptom gleichsam in autoerotischer Symbolisierung am eigenen
Körper wiederkehrt.[1] Beim Tic dagegen scheint sich hinter
dem Symptom überhaupt keine Objektrelation zu verstecken;
hier wirkt die Erinnerung an das organische
Trauma selbst pathogen.

Diese Differenz zwingt uns nebstbei, eine Komplikation in
das von Freud aufgestellte Schema über den Aufbau „der
psychischen Systeme" einzufügen. Das Psychische ist in den
einfachen Reflexbogen in der Form unbewußter, vorbewußter
und bewußter Erinnerungssysteme (Er.-Systeme)
zwischen die afferenten (sensiblen) und efferenten (motorischen)
Apparate eingeschaltet. Nun nimmt schon Freud eine
Vielheit solcher Er.-Systeme an, die nach den verschiedenen Prinzipien der zeitlichen, inhaltlichen, formalen

---

1) Vgl. damit „Hysterische Materialisationsphänomene". (In „Hysterie
und Pathoneurosen; vom Verf.)

oder affektiven Gemeinsamkeit orientiert sind. Was ich hier
hinzufügen möchte, ist die Annahme eines besonderen Er.-
Systems, das man „I c h e r i n n e r u n g s s y s t e m" nennen
müßte, und dem die Aufgabe zufiele, die eigenen körperlichen,
resp. seelischen Vorgänge fortwährend zu registrieren. Selbstverständlich wird dieses System beim konstitutionellen Narzißten
stärker entwickelt sein als beim Menschen mit vollentwickelter
Objektliebe, aber ein unerwartet starkes Trauma kann beim
Tic wie bei der t r a u m a t i s c h e n N e u r o s e eine überstarke Erinnerungsfixierung an die beim Trauma gerade ein-
genommene Haltung des eigenen Körpers zur Folge haben,
die so stark sein kann, daß sie die dauernde oder paroxysma-
tische R e p r o d u k t i o n jener Haltung provoziert. Die
gesteigerte Neigung der Tic-Kranken zur Selbstbeobachtung, zur
Achtung auf ihre endosomatischen und endopsychischen Sensationen, wird auch von M e i g e und F e i n d e l hervorgehoben.[1] Das „Icherinnerungssystem" gehört ebenso wie die
Systeme der Sacherinnerungen zum Teil dem Unbewußten an,
zum Teil ragt es ins V b w oder ins B w über. Zur Erklärung
der Symptombildung beim Tic müßte man einen Konflikt

---

1) L. cit. S. 5/6. Vgl. zu diesem Thema auch „Die Psychoanalyse
der Kriegsneurosen", Diskussion, gehalten auf dem V. Intern. PsA.
Kongreß in Budapest, Sept. 1918 (Int. PsA. Bibl., Nr. 1), siehe auch:
„Über zwei Typen der Kriegshysterie" (in „Hysterie und Pathoneurosen",
Int. PsA. Bibl., Nr. 2). Den seelischen Unterschied zwischen der Art,
wie die Hysteriker und wie die Narzißten die Erinnerung an denselben
Vorgang registrieren, mag die Anekdote von den zwei Kranken-
wärterinnen illustrieren, die beim selben Kranken abwechselnd Nacht-
wache hielten. Die eine meldete frühmorgens dem Arzte, der Kranke
habe schlecht geschlafen, wäre unruhig gewesen, hätte soundso viel mal
Wasser verlangt usw. Die andere empfing den Arzt mit den Worten:
„Herr Doktor, was i c h heute für eine schlechte Nacht hatte!" — Die
Neigung zum Autosymbolismus (S i l b e r e r) hat auch im Narzißmus
ihre Ursache.

innerhalb des Ich (zwischen Ichkern und Narzißmus) und einen der Verdrängung analogen Vorgang annehmen.[1]

Die traumatischen Neurosen, deren Symptome wir als ein Gemenge von narzißtischen und konversionshysterischen Erscheinungen auffassen mußten und deren Wesen wir mit F r e u d im unvollkommen bewältigten, unterdrückten und nachträglich, allmählich „abreagierten" Schreckaffekt finden, zeigen nach alledem eine weitgehende Ähnlichkeit zu den „pathoneurotischen" Tics; ein merkwürdiges Zusammentreffen beider möchte ich aber noch besonders hervorheben. Fast alle Beobachter der Kriegsneurosen erwähnen, daß Neurosen fast nur nach Erschütterungen o h n e stärkere Körperverletzungen (Verwundungen) vorkommen. Die diese Erschütterung komplizierende Verwundung schafft für den Schreckaffekt eine entsprechende Abfuhr und einen günstigeren Fall der Libidoverteilung im Organismus. Dies führte nun F r e u d zu der Hypothese, daß eine nachträgliche, schwere Körperverletzung (z. B. ein Knochenbruch) die Besserung der traumatisch-neurotischen Symptome nach sich ziehen müßte. Man vergleiche nun damit die folgende Krankengeschichte.[2] „Bei dem jungen M . . ., der an Tics des Gesichtes und des Kopfes litt, hörten die Tics, als er sich den Unterschenkel gebrochen hatte, für die ganze Zeit der Fixation seines Beines auf." Die Autoren denken sich, daß dies der Ablenkung der Aufmerksamkeit zuzuschreiben ist; nach unserer Vermutung auch der Ablenkung der Libido. Auch daß die Tics bei „wichtigen Geschäften", bei „Beschäftigung mit Dingen, die stark interessieren", nachlassen können,[3] läßt beide Erklärungen zu.

---

1) Wir kennen also bereits Fälle von Konflikten zwischen Ich und Libido, von Konflikten innerhalb des Ichs und innerhalb der Libido.

2) M. u. F., l. cit., S. 111.

3) L. cit., S. 12.

Daß die Tics im Schlafe vollkommen aufhören, ist beim vollen Sieg des narzißtischen Schlafwunsches und der vollen Entleerung aller Systeme von der Besetzung verständlich, aber für die Entscheidung der Frage, ob die Tics rein psychogen oder somatogen sind, unwesentlich. Interkurrente organische Krankheiten, Schwangerschaft und Wochenbett, steigern die Tics; dies spricht sicherlich nicht gegen ihre narzißtische Genese.

III

Nun möchte ich die Haupterscheinungen der Tics: das **motorische Symptom** und die **Dyspraxien** (Echolalie, Koprolalie, Imitationssucht), gestützt auf die wenigen eigenen Beobachtungen und auf die vielen Angaben von **Meige** und **Feindel**, einer etwas eingehenderen Betrachtung unterziehen.

Diese Autoren wollen die Bezeichnung „Tic" nur auf Zustände anwenden, die zwei wesentliche Elemente erkennen lassen: das psychische und das motorische (das heißt das psychomotorische). Es läßt sich gegen diese Einschränkung des Begriffes „Tic" nichts einwenden, doch glauben wir, daß es für das Verständnis des Zustandsbildes förderlich ist, wenn man sich nicht nur auf die typischen Zustände beschränkt, sondern auch **rein psychische**, ja auch **sensible** Störungen, wenn sie ihrem Wesen nach mit den typischen Fällen übereinstimmen, zu dieser Krankheit rechnet. Daß sensible Störungen als Motive ticartiger Zuckungen und Handlungen von Bedeutung sind, erwähnten wir bereits; über die Art dieser Wirkung müssen wir uns aber noch Klarheit verschaffen. Ich verweise hier auf eine bedeutsame Arbeit **Freuds**, über „Die Verdrängung" (Ges. Schr., Bd. V), wo er folgendes ausführt: „Wenn sich ein äußerer Reiz, z. B. dadurch, daß er ein Organ anätzt und zerstört, verinnerlicht und so eine neue Quelle beständiger Erregung und Spannungsvermehrung ergibt . . ., so erwirbt sie . . . eine weitgehende Ähnlichkeit mit einem Trieb. Wir wissen, daß wir diesen Fall als Schmerz empfinden."

Was hier vom aktuellen Schmerz gesagt wird, muß im Falle der Tics auf die S c h m e r z e r i n n e r u n g e n ausgedehnt werden. Das heißt: bei überempfindlichen Personen (mit narzißtischer Konstitution), bei der Verletzung stark libido-besetzter Körperteile (erogener Zonen) oder unter anderen, noch unbekannten Verhältnissen bildet sich im „Icherinnerungs-system" (oder in einem speziellen Organerinnerungssystem) ein T r i e b r e i z d e p o t, aus dem auch nach Verschwinden aller Folgen der äußeren Schädigung unlustvolle Erregung der inneren Wahrnehmung zuströmen will. Eine besondere Art der Erledigung dieser Erregung ist nun die, daß ihr ein direktes Abströmen in die Motilität gestattet wird. Welche Muskeln dabei in Bewegung gesetzt und welche Hand-lungen ausgeführt werden, ist natürlich nicht zufällig. Wenn man die besonders instruktiven Fälle von „pathoneurotischen" Tics zum Vorbild aller anderen Arten nimmt, so kann man behaupten, daß der Tiqueur immer solche Bewegungen (oder deren symbolische Rudimente) ausführt, die seinerzeit, zur Zeit, wo die äußere Störung aktuell war, das Leiden abzuwehren oder zu lindern geeignet waren. Wir sehen also bei dieser Art Tics e i n e n n e u e n T r i e b g l e i c h s a m i n s t a t u n a s c e n d i, der die volle Bestätigung dessen liefert, was uns F r e u d von der Entstehung der Triebe überhaupt lehrte. Jeder Trieb ist nach F r e u d die durch Vererbung überlieferte „organisierte" Anpassungsreaktion an eine äußere Störung, die dann auch ohne äußeren Anlaß, von innen heraus, oder auf geringfügige Signale der Außenwelt hin in Gang gesetzt wird.

Der Arten, wie sich der Mensch eines Leidens erwehren kann, gibt es verschiedene. Die einfachste ist wohl die, sich dem Reize zu entziehen; diesem entspricht eine Reihe von

Tics, die als Fluchtreflexe gedeutet zu werden verdienen; als Steigerung dieser Reaktionsart kann man den generellen Negativismus der Katatoniker ansehen. Kompliziertere Tics wiederholen die aktive Abwehr eines störenden Außenreizes; eine dritte Form wendet sich gegen die eigene Person. Als Beispiel dieser letzteren Art erwähne ich die so verbreiteten Kratz-Tics und den Tic, sich selber Schmerzen zuzufügen, deren schizophrene Steigerung die Neigung zur Selbstverstümmlung ist.

Einen instruktiveren Fall berichtet uns die Monographie von Meige und Feindel. „Der Patient hatte einen Bleistift, einen hölzernen Federhalter nie länger als 24 Stunden; dann war er von Anfang bis zum Ende zernagt. Ebenso war es mit den Griffen der Stöcke und Schirme; er verbrauchte außerordentlich viel davon. Um diesem Übelstande abzuhelfen, verfiel er auf die Idee, Federhalter von Metall und Stockknöpfe von Silber zu benützen. Das Resultat war ein klägliches; er biß nur noch mehr hinein, und da er dem Eisen und Silber nichts anhaben konnte, brach er sich bald alle Zähne aus. Ein kleiner Abszeß kam hinzu und der Reiz, den der Schmerz mit sich brachte, wurde zur Quelle neuen Unheils. . . . Er nahm die Gewohnheit an, seine Zähne mit den Fingern, den Federhaltern oder dem Stocke zu lockern; er mußte sich nach und nach alle Schneidezähne ausziehen lassen, dann die Eckzähne, schließlich die vorderen Mahlzähne. Nun ließ er sich ein Gebiß machen; ein neuer Vorwand zum Tic! Mit seiner Zunge, seinen Lippen verschiebt er fortwährend das Instrument, rückt es nach vorn und hinten, nach rechts und links, dreht es im Munde um, auf die Gefahr hin, es zu verschlucken."

Er erzählt selber: „Zuweilen kommt mich die Lust an, das Gebiß herauszunehmen . . ., ich suche mir die nichtigsten Vorwände, um allein zu sein, nur für einen Augenblick, dann nehme ich die Prothese heraus, schiebe sie aber gleich wieder hinein, mein Wunsch ist befriedigt."

„Er hat auch einen quälenden Kratz-Tic. Bei jeder Gelegenheit fährt er mit der Hand übers Gesicht oder kratzt mit seinen Fingern an der Nase, dem Augenwinkel, dem Ohr, der Backe usw. Bald streicht er hastig mit der Hand über die Haare, bald dreht, zupft, reißt er am Schnurrbart, der manchmal wie mit der Schere abgeschnitten aussieht."

Oder in einem Falle von D u b o i s : „Ein 20jähriges Mädchen stößt mit dem Ellbogen nach ihrer Brust, den Vorderarm gegen den Oberarm gebeugt; sie stößt 15- bis 20mal in der Minute und sie tut es so lange, bis der Ellbogen sehr stark das Fischbein des Mieders berührt hat. Dieser heftigste Stoß ist von einem kleinen Schrei begleitet. Die Kranke scheint erst dann Befriedigung von ihrem Tic zu haben, wenn sie diesen letzten Stoß ausgeführt hat."

Über den Zusammenhang ähnlicher Symptome mit der Onanie will ich mich später äußern. Hier möchte ich nur auf die Analogie der dritten Art der motorischen Abfuhr (der „Wendung gegen die eigene Person", F r e u d) mit einer bei gewissen niederen Tieren vorkommenden Reaktionsart hinweisen. Diese haben die Fähigkeit zur „A u t o t o m i e". Werden bei ihnen Körperteile schmerzhaft gereizt, so lassen sie die betroffene Partie im wahren Sinne des Wortes „fallen", indem sie sie vom übrigen Körper mit Hilfe spezieller Muskelaktionen abschnüren; andere (wie gewisse Würmer) zerfallen sogar in mehrere kleinere Partien (sie „zerspringen" gleichsam vor Wut). Auch das Abbeißen schmerzender Gliedmaßen soll vorkommen. Eine ähnliche Tendenz zur Loslösung unlustspendender Körperteile äußert sich wohl im normalen „Kratzreflex", der das Wegkratzenwollen der gereizten Hautpartie sichtlich andeutet, in den Selbstverstümmlungstendenzen der Katatoniker und in den solche Tendenzen symbolisierenden automatischen Handlungen mancher Tic-Kranken; nur daß letztere nicht gegen aktuell störende Reize ankämpfen, sondern gegen einen ins „Ich-Er.-System" (Organ-Er.-System) detachierten Triebreiz. Wie ich nun eingangs auseinandersetzte und bereits bei früheren Anlässen betonte,[1] glaube ich, daß zumindest ein Teil dieses Reizzuwachses auf die, die Verletzung begleitende lokale (oder an die entsprechenden Fühlsphären gebundene) Libidosteigerung zurückzuführen ist. (Der Psychoanalytiker wird die aktive Abwehrreaktion unweigerlich mit S a d i s m u s , die Selbstbeschädigung mit M a s o c h i s m u s in Zusammenhang bringen; in der „Autotomie" hätten wir so ein archaisches Vorbild der masochistischen Triebkomponente.) Bekanntlich entbindet eine die Fassungskraft des Ichkerns übersteigende Libidosteigerung Unlust; unerträgliche Libido wird in Angst umgewandelt. M e i g e und F e i n d e l beschreiben nun als ein K a r d i n a l - s y m p t o m der ticartigen Zuckung, daß ihre aktive oder passive Unterdrückung A n g s t r e a k t i o n hervorruft und daß n a c h A u f h ö r e n d e r H e m m u n g oder des H i n d e r n i s s e s die Bewegungen m i t a l l e n A n z e i c h e n d e r L u s t k r a m p f - h a f t vollführt werden.

Rein deskriptiv kann man die Neigung zur Reizabschüttlung mittels einer Muskelzuckung oder die Unfähigkeit zur Hemmung der motorischen (oder affektiven) Abfuhr mit gewissen T e m p e r a m e n t e n in Vergleich setzen, die man in wissenschaftlichen Kreisen mit dem Namen „motorischer Typus" belegt.[2]

---

1) „Hysterie und Pathoneurosen", l. cit., S. 7.

2) Der unhemmbare Drang zum T a n z e n beim Klange rhythmischer Musik (Zauberflöte!) gibt ein anschauliches Bild von der Art, wie ein sensorischer, hier akustischer Reizzuwachs durch sofortige motorische Abfuhr erledigt wird.

Der Tic-Kranke reagiert darum überstark, weil er durch innere Triebreize bereits belastet ist; es ist nicht unmöglich, daß ähnliches auch bei den genannten „Temperamenten" in irgend einem Sinne der Fall ist. Jedenfalls müssen wir die Tics zu jenen Fällen rechnen, in denen die normalerweise vom Vbw beherrschte Motilität und Affektivität ungewollten und zum Teil unbewußten, wie wir vermuten „organerotischen" Triebkräften in hohem Grade unterworfen sind, was sonst bekanntlich nur bei den Psychosen vorzukommen pflegt. Ein Grund mehr, um die gemeinsame (narzißtische) Grundlage der Tics und der meisten Psychosen glaubwürdig erscheinen zu lassen.

Die Tic-Krankheit befällt die Kinder zumeist in der sexuellen Latenz, wo diese übrigens auch zu anderen psychomotorischen Störungen (z. B. zur Chorea) neigen. Sie kann verschiedene Ausgänge haben, von Schwankungen abgesehen, stationär bleiben oder progressiv zum Gilles de la Touretteschen Symptom-komplex ausarten; nach einem Falle zu urteilen, den ich psychoanalytisch durchschauen konnte, kann aber die motorische Überreizbarkeit in späteren Jahren auch durch überstarke Hemmung kompensiert werden. Es sind das Neurotiker, die sich durch übermäßige Vorsicht, Abgemessenheit, Gewichtigkeit ihrer Gangart und der Bewegungen auszeichnen.[1]

Die Autoren geben an, daß es auch Haltungs-Tics gibt, also nicht mehr blitzartige klonische Zuckungen, sondern tonische Starre in einer bestimmten Stellung des Kopfes oder einer Gliedmaße. Es ist nicht zu bezweifeln, daß diese Fälle Übergänge sind zwischen der kataklonischen und der katatonischen Innervation. Meige und Feindel sagen selbst ausdrücklich: „Noch mehr nähert sich dieses

---

1) Über diese „Bewegungsangst" s. „Über obszöne Worte". (Dieser Band, S. 171).

Phänomen (der tonische oder Haltungs-Tic) den
katatonischen Haltungen, deren Pathogenese
manchen Berührungspunkt mit der des Haltungs-
Tics bietet! (M. u. F., l. cit., S. 136.) Hiezu ein charakteristisches Beispiel: S. hat einen Torticollis (Haltungs-Tic) nach
links. Allen Anstrengungen, die man macht, um seinen Kopf
nach rechts zu beugen, setzt er einen beträchtlichen Muskel-
widerstand entgegen. Wenn man aber mit ihm spricht, ihn
während dieser Versuche beschäftigt, so wird sein Kopf
allmählich ganz frei und man kann ihn nach allen Richtungen ohne die geringsten Anstrengungen drehen. (M. u. F.,
l. cit., S. 136.)

Gegen das Ende des Buches stellt sich dann heraus, daß
einer der Autoren (H. Meige) sogar die Wesensgleichheit der Katatonie und der Tics bereits erkannt hat. In einem
Vortrage am internationalen medizinischen Kongreß zu Madrid
(1903) teilte er diese Auffassung mit. („L'aptitude catatonique
et l'aptitude échopraxique des tiqueurs.") Der Übersetzer referiert
den Inhalt dieses Vortrages folgendermaßen:

„Untersucht man zahlreiche Tic-Kranke, so kann man
folgende Beobachtungen machen, die für die Pathogenese des
Leidens nicht ohne Interesse sind... Manche Tic-Kranke
neigen in auffallender Weise dazu, in Stellungen, die man ihren
Gliedern gibt oder die sie selbst einnehmen, zu beharren. Es
handelt sich also um eine gewisse Katatonie. Zuweilen ist
sie so stark, daß sie die Untersuchung der Sehnenreflexe
erschwert und in mehreren Fällen wurde dadurch ein Fehlen
der Patellarreflexe vorgetäuscht. In Wirklichkeit handelte es
sich um eine übertriebene Muskelanspannung, eine Steigerung
des Muskeltonus. Fordert man solche Kranke auf, einen Muskel
plötzlich zu entspannen, so gelingt ihnen das oft erst nach
ziemlich langer Zeit. Ferner kann man oft beobachten, daß

Tic-Kranke häufig dazu neigen, passive Bewegungen ihrer
Glieder in übertriebener Weise zu wiederholen. Wenn man
z. B. ihre Arme mehrmals nacheinander bewegt hat, so kann
man sehen, daß die Bewegung hinterher noch eine Zeitlang
fortgesetzt wird. Solche Kranke bieten also das Symptom der
E c h o p r a x i e, neben dem der Katatonie, in entschieden
größerem Maße als Gesunde." (M. u. F., loc. cit., S. 386.)

Hier haben wir die Gelegenheit, uns mit einer vierten Art
der motorischen Reaktion, die beim T i c und bei der K a t a-
t o n i e in gleicher Weise vorkommt, mit der F l e x i b i l i t a s
c e r e a, zu beschäftigen. Die „wächserne Biegsamkeit" besteht
darin, daß jemand o h n e d e n g e r i n g s t e n M u s k e l-
w i d e r s t a n d alle Stellungen, in die seine Gliedmaßen passiv
gebracht werden, längere Zeit einhält. Dieses Symptom kommt
bekanntlich auch in tiefer H y p n o s e vor.

Nun mußte ich bei einem anderen Anlaß, als ich mich um
die Erklärung der psychoanalytischen Gefügigkeit in der
Hypnose bemühte,[1] die willenlose Gefügigkeit des Hypnotisierten
auf Motive der Angst und der Liebe zurückführen. In der
„Vaterhypnose" leistet das Medium alles, was man von ihm fordert,
weil es hiedurch der vom gefürchteten Hypnotiseur drohenden Gefahr
zu entgehen hofft; bei der „Mutterhypnose" tut es alles, um sich die
Liebe des Hypnotiseurs zu sichern. Sieht man sich nach Analogien
dieser Anpassungsart in der Tierwelt um, so stößt man auf das
S i c h t o t s t e l l e n gewisser Tierarten bei drohender Gefahr und
auf den M i m i k r y genannten Anpassungsmodus. Die „wächserne Biegsamkeit", die „Katalepsie" der Katatoniker (und ihre
Andeutung beim Tic-Kranken) mag in ähnlichem Sinne
gedeutet werden. Dem Katatoniker ist eigentlich alles gleichgültig, sein Interesse und seine Libido sind aufs Ich zurück-

1) S. „Introjektion und Übertragung. II. Die Psychoanalyse der
Hypnose und Suggestion". (Dieser Band, S. 9.)

gezogen; von der Außenwelt will er in Ruhe gelassen werden.
Trotz vollkommener automatischer Unterordnung unter jeden
ihm entgegenstehenden Willen ist er von den Störenfrieden
eigentlich innerlich unabhängig, ihm ist es ja gleichgültig, ob
sein Körper diese oder jene Stellung einnimmt, warum sollte
er also die ihm passiv gegebene Körperhaltung nicht bewahren?
Flucht, Widerstand oder Wendung gegen sich selbst sind Reak-
tionsarten, die immerhin noch von einem ziemlich starken
affektiven Verhältnis zur Außenwelt zeugen. Erst in der Katalepsie
erreicht der Mensch jenen Grad von fakirenhafter Konzentration
auf das i n n e r s t e Ich, bei dem s o g a r d e r e i g e n e
K ö r p e r a l s e t w a s I c h f r e m d e s, als ein Stück der Umwelt empfunden wird, dessen Schicksal seinen Besitzer vollkommen kalt läßt. Katalepsie und Mimikry waren demnach
Regressionen zu einer noch viel primitiveren Anpassungsart
der Lebewesen, zur a u t o p l a s t i s c h e n Anpassung (Anpassung
mittels V e r ä n d e r u n g d e s e i g e n e n S e l b s t), während Flucht
und Abwehr schon auf die V e r ä n d e r u n g d e r U m w e l t
abzielen. (Alloplastische Anpassung.)[1]

Nach der Beschreibung in K r ä p e l i n s Lehrbuch der
Psychiatrie ist die Katatonie oft ein merkwürdiges Gemenge
von Symptomen des Befehlsautomatismus und des Negativismus
sowie von (tic-artigen) Bewegungen; dies spricht dafür, daß in
einem und demselben Falle verschiedene Arten der motorischen
Anspannungsreaktion zu Worte kommen können. (Von den
stereotypen Bewegungen der Katatoniker, die wir als ticartige
bezeichnen würden, erwähnt K r ä p e l i n u. a.: „Gesichterschneiden, Verdrehungen und Verrenkungen der Glieder, Auf-
und Niederspringen, Purzelbäume, Wälzen, Händeklatschen,
Herumrennen, Klettern und Tänzeln, Hervorbringen sinnloser

---

1) S. dazu „Hysterische Materialisationsphänomene" in „Hysterie und
Pathoneurosen". Int. PsA. Bibl., Heft 2, S. 24.

Laute und Geräusche." Kräpelin, Lehrb. der Psychiatrie,
VI. Aufl., I. Bd.)

*

Beim Erklärungsversuch der Echopraxien und der Echolalie
bei Dementen und Tic-Kranken muß man aber auch auf feinere
Vorgänge der Ichpsychologie, auf die uns F r e u d aufmerksam
machte, Rücksicht nehmen.[1] „Die Entwicklung des Ich besteht
in einer Entfernung vom primären Narzißmus und erzeugt ein
intensives Streben, diesen wiederzugewinnen. Die Entfernung
geschieht mittels der Libidoverschiebung auf ein von außen
aufgenötigtes Ichideal, die Befriedigung durch die Erfüllung
dieses Ideals."

Nun scheint die Tatsache, daß der Demente und der Tiqueur
so starke Neigung haben, j e d e n in Wort und Handlung zu
imitieren, also gleichsam zum Identifikationsobjekt, zum Ideal
zu erheben, in Widerspruch mit der Behauptung zu stehen,
daß sie eigentlich auf die Stufe des primären Narzißmus zurück-
gefallen oder in ihr steckengeblieben sind. Doch ist dieser
Widerspruch nur ein scheinbarer. Gleichwie andere lärmende
Symptome der Schizophrenie, wollen diese übertriebenen
Äußerungen der Identifikationstendenz nur den M a n g e l
wirklichen Interesses verdecken; sie stehen — wie F r e u d sich
ausdrücken würde — im Dienste des Heilungsbestrebens, des
Strebens, das verlorene Ichideal wiederzugewinnen. Die Gleichgültigkeit aber, mit der hier j e d e Handlung, j e d e Rede einfach imitiert wird, stempelt diese Identifizierungsverschiebungen
zur Karikatur des normalen Idealsuchens, sie wirken auch oft
im Sinne der Ironie.[2]

---

1) F r e u d, „Zur Einführung des Narzißmus". (Ges. Schr., Bd. VI.)

2) Daß die Nachahmung ein beliebtes Mittel der Ironisierung ist,
ist allgemein bekannt; das ärgerliche Gefühl beim Nachgeahmtwerden
zeigt an, daß sie diese Wirkung auch nicht verfehlt.

Meige und Feindel beschreiben Fälle, in denen auch komplizierte Tic-Zeremoniells en bloc angenommen werden; sie betonen besonders, daß viele Tiqueurs ein schauspielerisches Wesen und die Neigung, jeden Bekannten nachzuahmen, zur Schau tragen. Einer ihrer Patienten übernahm als Kind das Augenzwinkern eines ihm besonders imponierenden Gendarmen. Wie ein imposanter Mensch „sich räuspert und wie er spuckt", das gucken ihm diese Kranken tatsächlich ab. Daß die Tics unter Kindern förmlich ansteckend wirken können, ist allgemein bekannt.

Die Gegensätze, die man im motorischen Verhalten der Katatoniker und Katakloniker festgestellt hat, beschränken sich bekanntlich nicht auf Muskelaktionen; sie finden auch in der Rede des Patienten ihre vollkommene Parallele. Beim schizophrenen Katatoniker wechseln vollständiger Mutazismus, unhemmbarer Redezwang und Echolalie miteinander ab; ersterer ist ein Pendant der tonischen Muskelstarre, der zweite des unhemmbaren motorischen Tics, der dritte der Echokinesis. Den innigen Zusammenhang der Bewegungs- und der Redestörung zeigt uns besonders deutlich die sogenannte Koprolalie. Die Kranken, die daran leiden, haben den Drang, Wortvorstellungen und Sätze erotischen, meist analerotischen Inhalts (Flüche, obszöne Worte usw.), ohne jeden adäquaten Grund laut auszusprechen. Dieses Symptom tritt besonders stark hervor, wenn der Tic-Kranke den motorischen Tic zu unterdrücken versucht.[1] Die vorhin erwähnte „detachierte Triebenergie", wenn ihr die Abfuhr in die Motilität verlegt wird, findet den Ausweg zu den „ideomotorischen", den Sprach-

---

1) Über die methodische Verwertung der Bewegungsunterdrückung zur Anregung von Denken und Reden s. „Technische Schwierigkeiten einer Hysterieanalyse" in „Hysterie und Pathoneurosen", Int. Psa. Bibl., Bd. 2, S. 49.

bewegungen. Daß aber gerade Reden erotischer, und zwar
„organerotischer" (perverser) Natur zur Äußerung kommen,
möchte ich mit der sogenannten „Organsprache" bei narzißtischen Psychosen in Zusammenhang bringen. („Im Inhalt
der Äußerungen der Schizophrenen wird oft eine Beziehung zu
Körperorganen und Körperinnervationen in den Vordergrund
gerückt." Freud).

IV

So wertvoll uns die Beobachtungen der Autoren sind, so
wenig fördern uns die theoretischen Folgerungen, die sie aus
ihnen ziehen. Ihre Erklärungen beschränken sich meist darauf,
die Symptome auf gewisse nächste Ursachen (Anlässe) oder auf
„Prädisposition", auf „Degeneration" zurückzuführen. Wo der
Patient keine Erklärung für einen Tic geben kann, betrachten
sie ihn als „sinn- und zwecklos". Allzufrüh verlassen sie den
psychologischen Weg und verlieren sich in physiologisierender
Spekulation. Schließlich langen sie dort an, daß sie mit
Brissaud eine (angeborene oder durch den häufigen Gebrauch
erworbene) „Hypertrophie des Funktionszentrums im Gehirn"
des Tic-Kranken annehmen, das sie als „Zentralorgan der Tic-
Funktion" betrachten. Auch ihre Therapie ist darauf angelegt,
„diese Hypertrophie durch Prozeduren der Ruhigstellung rückgängig zu machen". Meige und Feindel sprechen von
einer „kongenitalen Anomalie", von „mangel- und fehlerhafter
Entwicklung kortikaler Assoziationsbahnen und subkortikaler
Anastomosen"; von „molekularen teratologischen Mißbildungen,
die zu erkennen unsere anatomischen Kenntnisse leider nicht
ausreichen". — Grasset[1] unterscheidet die bulbärspinalen,
die „polygonalen" und die im eigentlichen Sinne seelischen
Tics. Die ersteren scheiden Meige und Feindel (mit Recht)

---

[1] Anatomie clinique des centres nerveux, Paris 1900.

aus der Reihe der Tics aus und weisen ihnen einen Platz unter den „Krämpfen" an; „seelische" Tics sind die, die einem bewußten psychomotorischen Drang ihr Entstehen verdanken; als „polygonale" Tics bezeichnet G r a s s e t alles, was wir unbewußten seelischen Motiven zuzuschreiben pflegen. Auf Grund eines nach dem bekannten Aphasieschema konstruierten kortikalen Mechanismus, den er „Rindenpolygon" nennt, beschreibt er alle unbewußten und automatischen Tätigkeiten als Funktionen des „Polygons". „Man träumt mit dem Polygon", „die Zerstreuten handeln mit dem Polygon" usw. — Schließlich entscheiden sich M e i g e und F e i n d e l zu folgender Definition der Tics: „Es genügt nicht, daß eine Geste im Moment, wo sie auftritt, unangebracht ist; es muß vielmehr sicher sein, daß sie im Moment ihrer Ausführung mit keiner Vorstellung im Zusammenhang steht, der sie ihre Entstehung verdankte . . . Charakterisiert sich die Bewegung außerdem durch allzu häufige Wiederholung, durch beständige Zwecklosigkeit, stürmisches Drängen, Schwierigkeit im Unterdrücken und nachfolgende Befriedigung, dann ist ein Tic da." An einer einzigen Stelle sagen sie: „Wir befinden uns hier auf dem gefährlichen Gebiete des Unterbewußtseins", und hüten sich, dieses so gefürchtete Terrain zu betreten.

Wir können ihnen aber daraus keinen Vorwurf machen; stak doch damals die Lehre von den unbewußten seelischen Funktionen noch in den Kinderschuhen. Haben ja die Gelehrten ihres Vaterlandes auch heute noch, nach fast drei Jahrzehnten psychoanalytischer Arbeit, nicht den Mut, den Weg zu beschreiten, auf dem auch dieses „gefährliche Gebiet" der Forschung zugänglich wurde. M e i g e und F e i n d e l hatten das nicht zu unterschätzende Verdienst, als erste eine, wenn auch unvollkommene, psychogenetische Theorie der traumatischen Tics versucht zu haben.

Da diese Autoren sich auf die bewußten Äußerungen und Erzählungen ihrer Kranken verließen und ihnen keine Methode zur Verfügung stand, das von den Patienten Gesagte zu deuten, ist in ihren Erklärungen für die Sexualität gar kein Raum übrig. Welche Fülle von — allerdings versteckten — erotischen Geständnissen ihre Krankengeschichten enthalten, mögen Auszüge aus der ausführlichen Anamnese eines Tic-Kranken von Meige und Feindel illustrieren.

Derselbe Tic-Kranke, der sich, wie schon erzählt, fast alle Zähne reißen ließ, hatte einen „Haltungs-Tic", er mußte das Kinn hochhalten. Er geriet nun auf die Idee, das Kinn an den Knopf seines Spazierstockes anzudrücken; dann variierte er das so, daß er „den Stock zwischen seinen Anzug und den zugeknöpften Überzieher steckte, so daß im Krageneinschnitt der Stockknopf erschien, auf dem das Kinn einen Stützpunkt fand. Später suchte der Kopf ohne Stock immer eine Stütze, ohne die er hin und her oszillierte. Schließlich mußte er die Nase an die Stuhllehne stützen, wenn er ruhig lesen wollte". Welche Zeremonien er außerdem aufzuführen imstande war, möge seine eigene Erzählung verdeutlichen:

„Anfangs trug ich Kragen von mittlerer Höhe, aber zu eng, um mein Kinn hineinzustecken. Dann knöpfte ich das Hemd auf und ließ das Kinn in den offenen Kragen gleiten, indem ich den Kopf stark neigte. Für einige Tage war die Wirkung befriedigend, aber der aufgeknöpfte Kragen bot nicht Widerstand genug. Nun kaufte ich viel höhere Kragen, wirkliche Halskrawatten, in die ich mein Kinn hineinzwängte, so daß ich es weder nach rechts noch nach links drehen konnte. Dies war vollkommen, — aber nur für kurze Zeit. Denn so steif sie auch sein mochten, die Kragen gaben schließlich immer nach und boten nach ein paar Stunden einen kläglichen Anblick."

„Ich mußte etwas anderes erfinden, und jetzt kam mir folgende abgeschmackte Idee: An den Hosenträgerknöpfen befestigte ich einen Faden, der unter der Weste durchführte und oben in ein kleines Elfenbeinplättchen auslief, das ich zwischen die Zähne nahm. Die Länge des Fadens war so berechnet, daß ich den Kopf neigen mußte, um das Plättchen erreichen zu können. Ein ausgezeichneter Trick! — aber immer nur für kurze Zeit, denn abgesehen davon, daß diese Haltung ebenso unbequem wie lächerlich war, erhielt meine Hose durch das viele Ziehen daran eine wirklich groteske und sehr genante Fasson. Ich mußte auf diese schöne Erfindung verzichten. Indessen habe ich immer eine Vorliebe für dieses Prinzip bewahrt, und noch heute passiert mirs oft auf der Straße, daß ich den Kragen meines Rockes oder Überziehers zwischen die Zähne nehme und so spazieren gehe. Mehr als einen Besatz habe ich so zernagt. Zu Hause mache ich es anders: Ich entledige mich schleunigst der Krawatte, knöpfe den Hemdkragen auf und nehme diesen zum Hineinbeißen." Infolge der gehobenen Haltung des Kinns sah er beim Gehen die Füße nicht mehr. „Und so muß ich beim Gehen achtgeben, weil ich nicht sehe, wo ich hintrete. Ich weiß wohl, daß ich, um dieser Unbequemlichkeit abzuhelfen, nur die Augen oder den Kopf zu neigen brauche, aber das bringe ich gerade nicht fertig."

„Eine gewisse Aversion, hinunterzublicken", besteht beim Patienten immer noch. Den Patienten geniert auch ein „Schulterkrachen", „analog der willkürlichen Subluxation des Daumens oder der eigentümlichen Geräusche, die manche Personen zur Unterhaltung anderer erzeugen können". Er produziert es auch als „kleines gesellschaftliches Talent". So lange er in Gesellschaft ist, unterdrückt er seine Absonderlichkeiten, weil er sich vor anderen geniert, doch „sobald er allein ist,

läßt er sie nach Herzenslust gehen". „Dann sind alle seine
Tics entfesselt, es ist ein förmliches Schwelgen in absurden
Bewegungen, ein motorisches Austoben, das den Kranken
erleichtert. Er kommt zurück und nimmt die unterbrochene
Konversation wieder auf."

Noch grotesker sind seine Schlafzeremoniells. „Das
Reiben seines Kopfes am Kopfkissen bringt ihn zur Ver-
zweiflung; er dreht sich nach allen Richtungen, um dies zu
vermeiden; . . . schließlich hat er sich eine merkwürdige Lage
gewählt, die ihm zur Vermeidung seiner Tics am wirksamsten
zu sein scheint: er liegt auf der Seite, ganz am Rande des
Bettes, und läßt den Kopf zum Bette hinaushängen."

Bevor wir auf die psychoanalytische Deutung dieser Krankengeschichte eingehen, müssen wir leider dem Zweifel Ausdruck
verleihen, ob es sich in diesem Falle um einen wirklichen T i c
oder um eine schwere Z w a n g s n e u r o s e handelte. Die
Unterscheidung zwischen den Zeremoniells der Zwangskranken,
den Pedanterien und Absonderlichkeiten bei leichterer Form
der Katatonie und den Schutzmaßregeln gegen einen quälenden
Tic sind in manchen Fällen schwer zu treffen, oft nur nach
mehrwöchiger oder noch längerer Analyse.[1] Auch waren die
Tics in Frankreich längere Zeit hindurch ein ebensolcher
Sammeltopf für die heterogensten neurotischen Zustände wie
etwa am Anfang des vorigen Jahrhunderts die *vapeurs* oder
heutzutage die Psychasthenien. Dieser Zweifel verbietet uns,
die in dieser Krankengeschichte nur so wimmelnde P e n i s -,
O n a n i e - und K a s t r a t i o n s s y m b o l i k in der Pathogenese der Tics überhaupt zu verwerten. (Kopf, Nase,
Erschlaffung der Halsmuskeln, steifer Kragen, Krawatte, Spazier-
stock, der Stock zwischen Hose und Mund gesteckt, Stockknopf
im Munde, Zahnreizsymbolik, Zahnextraktionen, Kopf hängen

---

1) Über diese differentielle Schwierigkeit siehe weiter unten.

lassen usw.) Glücklicherweise sind wir diesbezüglich nicht auf
ein einziges Beispiel angewiesen. Ein Fall, den ich analytisch
genau durchforscht habe,[1] zeigt mir ganz deutlich, wie die
onanistische und überhaupt die Genitalbetätigung und die
erotische Reizbarkeit des Genitales in Form von s t e r e o t y p e n
B e w e g u n g e n auf sonst nicht besonders erogene Körper- und
Hautpartien übertragen wird. Allgemein bekannt ist der
Zusammenhang der O n y c h o h y p e r ä s t h e s i e und der
O n y c h o p h a g i e, der „H a a r e m p f i n d l i c h k e i t" und des
ticartigen H a a r z u p f e n s und -r e i ß e n s mit der unterdrückten
Onanie. Erst unlängst konnte ich einen jungen Mann von dem
ihm selbst quälenden Nägelbeißen durch eine einzige Aussprache
über seine Onanieneigungen befreien.[2] Der allergrößte Teil
der Tics spielt sich am K o p f e und an den G e s i c h t s -
p a r t i e n ab, die als Stellen der symbolischen Darstellung von
Genitalvorgängen besonders bevorzugt sind.

M e i g e und F e i n d e l betonen die Verwandtschaft der
Beschäftigungskrämpfe´mit den T i c s. Nun sind diese Krämpfe
und das „Beschäftigungsdelir" der Alkoholisten, wie es von
T a u s k nachgewiesen wurde, eigentlich Onanieersatz. Die
eigenartige Gêne, die die Tiqueurs ihre Verzerrungen zu verstecken und zu maskieren zwingt, erinnert auch lebhaft an die
vom Budapester Kinderarzt L i n d n e r bereits im Jahre 1879
beschriebene Art, in der die Kinder das „Ludeln oder Wonne-
saugen" zu kachieren pflegen. Auch der „Monasterismus", die
Tendenz, sich in der Abgeschlossenheit auszutoben, mag von
der Onanie herrühren.[3]

---

1) „Hysterie und Pathoneurosen", „Technische Schwierigkeiten usw."

2) Ein scharfsinniger ungarischer Chirurg, Prof. K o v á c s, pflegte
seine Hörer auf das Symptom des Nagelbeißens aufmerksam zu machen
und sagte: das seien Leute, die ihre vorstehenden Körperteile nicht in
Ruhe lassen können.

3) Das Wort T i c ist nach M e i g e und F e i n d e l ein O n o -

In diesem Zusammenhang kommen wir auf die Beobachtungen von G o w e r s und B e r n h a r d t zurück, denen zufolge die Tics sich oft zur Zeit der ersten Pubertät, der Schwangerschaft und des Wochenbettes, also zur Zeit von erhöhter Reizung der Genitalregion verstärken. Wenn wir schließlich die von analerotischer Obszönität strotzende K o p r o l a l i e vieler Tic-Kranken[1] und ihre von O p p e n h e i m betonte Neigung zur Enuresis (nocturna und diurna) in Betracht ziehen, so können wir uns des Eindruckes nicht erwehren, daß man der bei den Neurotikern so stark betonten, aber auch in der normalen Sexualentwicklung bedeutsamen „V e r l e g u n g v o n u n t e n n a c h o b e n" bei der Bildung der Tics eine nicht unwesentliche Wichtigkeit beimessen muß.

Man könnte diese Tatsache mit der in den bisherigen Betrachtungen in den Vordergrund gestellten Rückführbarkeit der Tics auf den erhöhten Narzißmus in folgender Weise verknüpfen: Beim „p a t h o n e u r o t i s c h e n T i c" wird der verletzte oder gereizte Körperteil (resp. seine psychische Repräsentanz) mit überstarkem Interesse und mit Libido besetzt. Die dazu nötige Energiequantität wird dem größten Libido-reservoir, der Genitalsexualität, entnommen, muß also notwendigerweise mit mehr minder starker Störung der Potenz resp. des

matopoetikon; es ahmt ein „kurzes Geräusch" nach. Z u c k e n, T i c k e n, T i c im Deutschen, *tic, tiqueur, tiqué* im Französischen, *tugg, tick* im Englischen, *ticchio* im Italienischen, *tico* im Spanischen, lassen alle dieselbe Wurzel erkennen und haben wohl alle denselben onomatopoetischen Ursprung. (M. u. F., l. cit., S. 29.) Wir möchten hier daran erinnern, daß infolge einer eigenartigen, sehr verbreiteten akustischen Synästhesie das Zucken und die Erektion der Klitoris von den meisten Frauen als „K l o p f e n" beschrieben wird.

1) Es gibt auch sonst gesunde Menschen, die das Gedachte sofort aussprechen müssen, z. B. beim Lesen murmeln oder vor sich hinreden. Nach S t r i c k e r ist übrigens jedes Denken von der leisen Innervation der Sprachbewegungsorgane begleitet.

normalen genitalen Fühlens einhergehen. Bei dieser Verlegung wird nicht nur ein bestimmtes Energiequantum, sondern auch ihre Qualität (Innervationsart) nach oben verlegt, daher die „Genitalisierung" der vom Tic betroffenen Partien (Reizbarkeit, Neigung zum rhythmischen Reiben, in manchen Fällen förmlicher Orgasmus). Beim Tic der „k o n s t i t u t i o n e l l N a r z i ß t e n" scheint das Primat der Genitalzone überhaupt nicht ganz fest begründet zu sein, so daß schon banale Reizungen oder unvermeidliche Störungen eine solche Verlegung zur Folge haben. Die Onanie wäre so eine noch halb narzißtische Sexualbetätigung, von der der Übergang sowohl zur normalen Befriedigung an einem fremden Objekt als auch die Rückkehr zum Autoerotismus leicht möglich ist.

Überlegungen, die ich in einem anderen Zusammenhang mitteilen will, vorgreifend, erwähne ich hier, daß ich mir die Genitalsexualität als die Summe der aufs Genitale verlegten Autoerotismen vorstelle, die bei dieser „V e r l e g u n g n a c h u n t e n" nicht nur ihre Quantitäten, sondern auch ihre Innervationsarten mitbringen. („Amphimixis der Autoerotismen.") Das Hauptquantum zur Genitalität liefert die Urethral- und die Analerotik. Bei der pathologischen „Verlegung nach oben" scheint sich nun die Genitalität zum Teil in ihre Komponenten zu zerlegen, was zur Verstärkung gewisser urethral- resp. analerotischer Züge führen muß. Die Verstärkung betrifft nicht nur diese Organerotismen selbst, sondern auch ihre Abkömmlinge, die sogenannten analen oder urethralen C h a r a k t e r-z ü g e. Als urethralen Zug nenne ich (beim Tic und der Katatonie) die Unfähigkeit, Spannungen zu ertragen, den Drang, jeden Reizzuwachs, jeden Affekt sofort motorisch abzuführen, und den unhemmbaren Rededrang. Als anale Züge wären zu deuten: die Neigung zur Starre, Negativismus und Mutazismus resp. die „phonatorischen" Tics.

Ich weise schließlich auf die von S a d g e r beschriebene „Muskelerotik" resp. auf die von A b r a h a m hervorgehobene konstitutionelle Verstärkung der B e w e g u n g s l u s t hin, die das Zustandekommen der motorischen Erscheinungen beim Tic und bei der Katatonie wesentlich fördern können.

V

Es mußte mir selber auffallen, daß ich die „G e n i t a l i - s i e r u n g d e r A u t o e r o t i s m e n", als deren Folge ich die motorischen Äußerungen des T i c und der K a t a t o n i e dar- stelle, in früheren Arbeiten bereits als Entstehungsmodus der h y s t e r i s c h e n „Materialisationsphänomene" (bei der Konversionshysterie) beschrieb. Ich kann mich der heiklen Aufgabe nicht weiter entziehen, auch nach Unterschieden zu fahnden, die diese Zustände, trotz mancher Gemeinsamkeit, von einander trennen. Den wesentlichsten Unterschied zwischen einem konversionshysterischen Symptom und den lokalisierten körperlichen Symptomen einer narzißtischen Neurose (Tic, Katatonie) hob ich bereits hervor. Bei der Hysterie, als einer Übertragungsneurose, gehört das verdrängte pathogene Material den Sacherinnerungsresten des Unbewußten an, die sich auf Libidoobjekte (Personen) beziehen. Infolge der steten gegen- seitigen assoziativen Verknüpfung der S a c h - und der I c h - (K ö r p e r -) E r i n n e r u n g s s y s t e m e kann das pathogene psychische Material des Hysterischen sich des mit diesem Material assoziierten körperlichen Erinnerungsmaterials als A u s - d r u c k s m i t t e l s bedienen. Das wäre die Erklärung des sogenannten „körperlichen Entgegenkommens", auf das B r e u e r und F r e u d schon in den allererst analysierten Fällen von Hysterie hinweisen konnten. In dem berühmten Falle der Patientin „Anna" konnte die hysterische Armlähmung darauf zurückgeführt werden, daß sie in einem für sie sehr kritischen

Augenblicke, wo bei ihr die widerstreitenden seelischen Tendenzen in Konflikt gerieten, zufällig den Arm über die Stuhllehne hängen ließ, so daß der Arm „eingeschlafen" war. In ähnlicher Weise verursachte ihr eine das Sehen störende Träne die spätere Makropsie. Der zufällige Katarrh einer Patientin F r e u d s (Dora) wurde unter der Maske des „nervösen Hustens" das fein abgestufte Ausdrucksmittel der kompliziertesten Liebesregungen usw. Bei der Konversionshysterie wird also die psychische Energie verdrängter Objekterinnerungen zur V e r - s t ä r k u n g und schließlich zur „Materialisierung" der damit assoziierten Ich- (Körper-) Erinnerungen verwendet. Das wäre der Mechanismus des „Sprunges aus dem Seelischen ins Körperliche" bei der hysterischen Symptombildung.

Beim Tic dagegen d r ä n g t s i c h die traumatische Ich- (Körper-) Erinnerung bei jedem sich darbietenden Anlasse s p o n t a n v o r. Man könnte also sagen: Tic (und Katatonie) sind eigentlich I c h h y s t e r i e n; oder in der Terminologie der Libidotheorie ausgedrückt: die hysterischen Konversionssymptome sind Äußerungen der (genitalen) Objektliebe, die sich in die Form von Autoerotismen kleidet, während die Tics und die Katatonien Autoerotismen sind, die zum Teil Genitalqualitäten angenommen haben.[1]

Schließlich müssen wir auch die motorischen Äußerungen der Z w a n g s h a n d l u n g e n zum Vergleich heranziehen. Wir

---

1) S. dazu folgende Stelle aus der inhaltvollen Arbeit von N u n - b e r g über den katatonischen Anfall (Int. Zeitschr. f. PsA., V, 1919, S. 19): „Zum Schlusse möchte ich auf manche, besonders auffallende Ähnlichkeiten des katatonischen Anfalles mit dem hysterischen hin- weisen, wie z. B. auf das D r a m a t i s i e r e n und die A n g s t. Nur besteht der Unterschied darin, daß, während es sich bei der Hysterie um eine Libidobesetzung der O b j e k t e handelt, im katatonischen Anfall eine O r g a n b e s e t z u n g erfolgt."

Auch die Perversionen Erwachsener sind natürlich genitalisierte Autoerotismen (die Perversion ist ja das „Positiv der Hysterie").

wissen von Freud, daß diese Handlungen psychische Schutz-
maßnahmen sind, die den Zweck haben, die Wiederkehr
gewisser peinlicher Gedanken zu verhüten; sie sind eben der
körperliche „Verschiebungsersatz" für Zwangsgedanken.

Die Zwangshandlungen unterscheiden sich von den Tics und
den Stereotypien meist durch ihre größere Kompliziertheit; sie
sind wirklich Handlungen, die die Veränderung der Außenwelt (meist in ambivalentem Sinne) zum Ziele nehmen und
bei denen der Narzißmus keine oder nur eine untergeordnete
Rolle spielt.

Die Differentialdiagnose dieser Bewegungssymptome ist oft
erst nach längerer Psychoanalyse möglich.

ANHANG

Die wissenschaftliche Bedeutung von Freuds „Drei Abhandlungen zur Sexualtheorie"

Diese Zeilen schickte der Autor seiner ungarischen Übersetzung der dritten Auflage des Freudschen Werkes voran. 1915.

Die „Drei Abhandlungen" zeigen uns F r e u d den Analytiker, zum erstenmal in synthetischer Arbeit. Das unermeßlich reiche Erfahrungsmaterial, das sich aus der zergliedernden Prüfung so vieler Seelen ergab, versucht der Verfasser hier zum erstenmal derart zusammenzufassen, zu klassifizieren, in Beziehungen zu bringen, daß sich daraus die Klärung eines großen Gebietes der Seelenlehre, der Psychologie des Sexuallebens, ergebe. Daß er zum Gegenstand seiner ersten Synthese gerade die Sexualität wählte, folgte aus der Natur des ihm zu Gebote stehenden Beobachtungsstoffes. Er analysierte Kranke mit Psychoneurosen und Psychosen und entdeckte als Grundursache dieser Leiden immer irgend eine Störung des Sexuallebens. An die Psychoanalyse anknüpfende weitere Untersuchungen überzeugten ihn aber, daß die Sexualität auch in der Seelentätigkeit des normalen und gesunden Menschen eine weit größere und mannigfachere Rolle spielt, als man es bisher — solange man nur die manifesten Äußerungen der Erotik würdigen konnte

und das Unbewußte nicht kannte — für möglich hielt. Es
stellte sich also heraus, daß die Sexualität — trotz ihrer großen
Literatur — ein im Verhältnis zu ihrer Wichtigkeit sehr ver-
nachlässigtes Kapitel des Wissens vom Menschen ist, die also
jedenfalls verdient, einer von neuen Gesichtspunkten aus-
gehenden Untersuchung unterworfen zu werden.

Es ist wohl weniger Bescheidenheit, als die Ungenügsamkeit
des immer vorwärts strebenden Gelehrten, wenn F r e u d in
seinen letzten Konklusionen auf die Unvollkommenheiten dieses
Versuches hinweist. Der Schüler aber, der sozusagen ohne
Kampf und Mühe in den geistigen Besitz der in diesen
Abhandlungen niedergelegten neuen Erkenntnisse und Perspektiven gelangt, sieht nicht die Unvollkommenheiten, sondern
die Vorzüge des Werkes und rät auch dem Autor, einem
französischen Spruche zu folgen und sich zu sagen: *En me
jugeant, je me déplais; en me comparant je suis fier.* Wer
die Reichhaltigkeit des Materials dieser Abhandlungen, die
überraschende Neuheit ihrer Gesichtspunkte mit der Art vergleicht, in der die Sexualität in anderen Werken abgehandelt
wird, der wird wohl nicht mit Unzufriedenheit, sondern mit dem
Gefühle bewundernder Achtung auf die Lektüre dieser Arbeiten
reagieren. Er wird dankbar anerkennen, daß die Libidotheorie, deren
Probleme vor F r e u d nicht einmal aufgeworfen wurden, durch
die Tätigkeit eines einzelnen fest begründet, zum Teil ausgebaut, wenn auch noch nicht ganz vollendet wurde.

Dieser Erfolg wie auch die Erfolge der F r e u d schen
psychiatrischen Forschung sind nicht nur dem Scharfblick des
Autors, sondern auch der konsequenten Anwendung einer
Untersuchungsmethode und dem Festhalten an gewissen wissenschaftlichen Gesichtspunkten zu verdanken. Die psychoanalytische Untersuchungsmethode, die in jedem Sinne des Wortes
f r e i e Assoziation, brachte eine bisher ganz unbekannte und

unbewußte tiefere Schichte des Seelenlebens zum Vorschein. Und die bisher nicht gekannte Strenge und Ausnahmslosigkeit, mit der die Psychoanalyse den Grundsatz des psychischen Determinismus und den Entwicklungsgedanken anwendet, ermöglichte die fruchtbare wissenschaftliche Verwertung dieses neuen Materials.

Der Fortschritt, dem wir diese Arbeitsweise verdanken, ist überraschend groß. Die Psychiatrie vor F r e u d war ein Raritätenkabinett sonderbarer und sinnloser Krankheitsbilder, die Wissenschaft der Sexualität bestand in der deskriptiven Gruppierung abstoßender Abnormitäten. Die Psychoanalyse, stets treu dem Determinismus und der Entwicklungsidee, scheute vor der Aufgabe nicht zurück, auch diese die Logik, Ethik und Ästhetik verletzenden und darum vernachlässigten psychischen Inhalte zu zergliedern und verständlich zu machen. Ihre Selbstüberwindung wurde reichlich belohnt: in dem von den Geisteskranken produzierten Unsinn erkannte sie die onto- und phylogenetischen Urkräfte der menschlichen Psyche, den nährenden Humus aller Kultur- und Sublimierungsbestrebungen, und es gelang ihr — besonders in diesen „Drei Abhandlungen" — nachzuweisen, daß von den sexuellen Perversionen der einzige Weg zum Verständnis des normalen Sexuallebens führt.

Ich hoffe, daß es einstmals nicht als Übertreibung klingen wird, was ich von der Bedeutsamkeit dieser „Abhandlungen" noch sagen muß. Ich stehe nicht an, ihr eine w i s s e n s c h a f t s - g e s c h i c h t l i c h e Bedeutung beizulegen. „M e i n Z i e l w a r , z u e r k u n d e n , w i e v i e l z u r B i o l o g i e d e s m e n s c h l i c h e n S e x u a l l e b e n s m i t d e n M i t t e l n d e r p s y c h o a n a l y t i s c h e n E r f o r s c h u n g z u e r r a t e n i s t", erklärt der Verfasser im Vorwort zu seinen Abhandlungen. Dieser bescheiden klingende Versuch bedeutet, genau betrachtet, den Umsturz alles Hergebrachten; noch nie hat man bisher

an die Möglichkeit gedacht, daß eine psychologische, und zwar
eine „introspektive" Methode ein biologisches Problem erklären
helfen könnte.

Man muß weit zurückgreifen, will man dieses Bestreben
seiner Bedeutung entsprechend würdigen. Wir müssen erinnern,
daß die Wissenschaft in ihrer Urzeit anthropozentrisch, animistisch
war; der Mensch nahm seine eigenen seelischen Funktionen
zum Maß des ganzen Weltgeschehens. Es war ein großer
Fortschritt, als diese Weltanschauung, der in der Astronomie
das geozentrische, ptolemäische System entsprach, von der
„naturwissenschaftlichen", man könnte sagen: kopernikanischen
Auffassung abgelöst wurde, die dem Menschen die maßgebende
Bedeutsamkeit nahm und ihm die bescheidene Stellung eines
Mechanismus unter unendlich vielen anderen zuwies. Diese
Ansicht schloß stillschweigend auch die Annahme in sich, daß
nicht nur die leiblichen, sondern auch die seelischen Funktionen
des Menschen Leistungen von Mechanismen sind. Stillschweigend — sage ich — weil sich die Naturwissenschaft
bis auf den heutigen Tag mit dieser ganz allgemeinen Annahme
begnügte, ohne uns den geringsten Einblick in die Natur der
psychischen Mechanismen zu gewähren; ja, sie leugnete dieses
Nichtwissen vor sich selbst ab, indem sie diese Lücke in der
Erkenntnis mit phrasenhaften physiologischen und physikalischen
Scheinerklärungen zudeckte.

Von der Psychoanalyse kam der erste Lichtstrahl, der die
Mechanismen des Seelenlebens beleuchtete. Mit Hilfe ihrer
Kenntnis konnte sich die Psychologie auch solcher Schichten
des Seelenlebens bemächtigen, die der unmittelbaren Erfahrung
entrückt sind; sie getraute sich, den Gesetzen der unbewußten
Seelentätigkeit nachzuforschen. Der nächste Schritt wurde
gerade in diesen Abhandlungen getan: ein Stück Triebleben
wird mit der Hypostasierung gewisser in der Psyche tätigen

Mechanismen unserem Verständnis näher gebracht. Wer weiß, ob wir nicht auch den letzten Schritt erleben werden: die Verwertung der Kenntnisse von den psychischen Mechanismen im organischen und anorganischen Geschehen überhaupt.

Indem F r e u d mittels der psychoanalytischen Erfahrung Probleme der Biologie, zunächst der Sexualtätigkeit zu erraten versucht, kehrt er gewissermaßen zur Methode der alten, animistischen Wissenschaft zurück. Es ist aber dafür gesorgt, daß der Psychoanalytiker nicht auch in die Fehler jenes naiven Animismus verfällt. Der naive Animismus übertrug nämlich *en bloc* o h n e A n a l y s e das menschliche Seelenleben auf die Objekte in der Natur; die Psychoanalyse zergliederte aber die menschliche Seelentätigkeit, verfolgte sie bis zu der Grenze, wo Psychisches und Physisches sich berühren: bis zu den Trieben, befreite so die Psychologie vom Anthropozentrismus und erst dann getraute sie sich den so gereinigten Animismus biologisch zu verwerten. Diesen Versuch zum erstenmal gemacht zu haben, ist die wissenschaftsgeschichtliche Tat F r e u d s in diesen Abhandlungen.

Ich muß darauf zurückkommen, daß nicht leere Spekulation, sondern die fleißige Beobachtung und Untersuchung bisher ganz vernachlässigter psychischer Sonderbarkeiten und geschlechtlicher Verirrungen zu diesen großen Perspektiven geführt hat. Der Verfasser selbst begnügt sich, in kurzen Notizen, flüchtigen Bemerkungen, auf sie hinzuweisen, und beeilt sich, zu den Tatsachen, den Einzelfällen, zurückzukehren, um die Fühlung mit der Realität ja nicht zu verlieren und für die Theorie eine sichere, breite Grundlage zu bauen.

Der Schüler aber, dem diese Erkenntnisse den Beruf verschönern, konnte es sich nicht versagen, sich einmal in die Betrachtung dieser Perspektiven zu versenken und auch andere darauf aufmerksam zu machen, die sonst vielleicht achtlos bei dem Markstein vorbeigegangen wären, den die „Drei Abhandlungen" F r e u d s für die Wissenschaft bedeuten.

Kritik der Jungschen „Wandlungen und Symbole der Libido"

(1913)

„... C'est donc un devoir moral de l'homme de science de
s'exposer à commettre des erreurs et à subir des critiques, pour
que la science avance toujours ..." Indem Jung diese mutigen
Worte Ferreros als Leitmotiv an die Spitze seines groß-
angelegten Werkes stellt, ermutigt er auch den Kritiker, sein
Amt ernst zu nehmen. Man könnte sich die kritische Arbeit
leicht und angenehm machen, wollte man sein Augenmerk auf
die zahlreichen Vorzüge dieser Untersuchung richten. Mit un-
geheurem Fleiß und nie erlahmender Begeisterung durch-
wanderte der Autor fast sämtliche Gebiete menschlichen Wissens,
der Naturforschung sowohl als der Geisteswissenschaften, und
sammelte so die Bausteine, aus denen er dann den imposanten
Bau einer neuen Weltanschauung zu errichten suchte. Aber
nicht nur die Menge des Wissens blendet hier das Auge des
Lesers, auch die findige, scharfsinnige Art, in der der Autor
das wissenschaftliche Material zu Stützpfeilern seiner Theorien
verarbeitet, ist anerkennenswert. Doch dies alles wie auch der
ganz individuelle Stil des Werkes sind Vorzüge, auf deren
detaillierte Würdigung wir hier verzichten müssen. Der Psycho-

analytiker, den das Gewaltige und Neue seines eigenen Spezial-
faches ganz gefangennimmt, kann sich nicht die Mühe nehmen,
allen den zerstreuten Quellen nachzuforschen und sie zu untersuchen, aus denen der Autor seine biologischen, philologischen,
theologischen, mythologischen und philosophischen Argumente
geschöpft hat. Diese Arbeit muß anderen, dazu Berufeneren
überlassen werden. Wir wollen diese Arbeit ausschließlich vom
Standpunkte des Psychoanalytikers beurteilen und hauptsächlich
bei den Behauptungen länger verweilen, die unseren bisherigen
analytischen Anschauungsweisen neuere, bessere entgegenstellen
wollen. Ob wir dabei in unserem Bestreben, das gute Alte nicht
dem Neuen — nur weil es neu ist — zu opfern, nicht zu
weit gehen, d. h. ob wir uns nicht desselben starren Konser-
vativismus schuldig machen, den wir bisher unseren prinzipiellen Gegnern zum Vorwurfe machten, darüber wird die
Zukunft entscheiden. Jedenfalls zwingen uns gerade die be-
währten Vorzüge des Autors, auf der Hut zu sein und darauf
zu achten, daß wir uns durch das Wahre in seiner Arbeit
nicht dazu verleiten lassen, auch ungenügend gestützte Behauptungen für erwiesen zu nehmen. Dies und nichts anderes sei
die Erklärung für die Rigorosität, mit der wir die Libido-
theorien J u n g s untersuchen wollen.

Der Arbeit wird eine kurze „Einleitung" und eine vor-
bereitende Abhandlung „Über die zwei Arten des Denkens"
vorausgeschickt; das eigentliche Werk besteht aus zwei Teilen,
deren zweiter ungleich umfangreicher ist, zugleich auch inhaltlich vielfach vom ersten abstickt, gleichsam Zeichen einer
während des Niederschreibens vor sich gegangenen Entwicklung
aufweist.[1] Dinge, die im ersten Teile nur andeutungsweise und
noch unklar formuliert werden, sind im zweiten in schärferen
Umrissen und breiter ausgeführt; allerdings sind auch einige

---

1) Der zweite Teil erschien etwa $1\frac{1}{2}$ Jahre nach dem ersten.

Widersprüche zwischen den beiden Teilen des Werkes stehen geblieben, auf die wir hinweisen wollen.

Gleich die Anpreisung beginnt mit einer förmlich panegyrischen Einleitung der F r e u d schen Entdeckung des „Ödipuskomplexes" in der Menschenseele. „Wir sehen mit Staunen", — sagt Jung, auf die psychoanalytischen Ergebnisse der Traumforschung hinweisend, — „daß Ödipus für uns noch l e b e n d i g¹ ist," „daß es eine eitle Illusion unsererseits war, zu glauben, daß wir anders, nämlich sittlicher seien als die Alten". Der Ödipuskomplex des modernen Menschen sei „zwar zu schwach, um den Inzest zu erzwingen, jedoch stark genug, Störungen der Seele beträchtlichen Umfanges hervorzurufen". — Diese Bemerkungen lassen wohl nicht ahnen, daß der Autor im zweiten Teile zur Erkenntnis kommen wird, die Ödipusphantasie sei „irreal", ja, der wirkliche Inzest hätte in der Geschichte des Menschengeschlechtes eigentlich nie eine bedeutende Rolle gespielt.

Das Programm der Arbeit, das sich Jung in dieser Arbeit stellt, ist folgendes: Zahlreichen Psychoanalytikern gelang es, mythologisch-historische Probleme durch Anwendung analytischer Erkenntnisse, die uns aus dem Studium der Individualpsyche erwachsen sind, der Lösung zuzuführen; Jung will es hier versuchen, diese Technik umzukehren und mit Hilfe historischer Materialien neues Licht über Probleme der individuellen Psyche verbreiten.

Dieser Versuch erscheint einem von vornherein sehr gewagt. Eine „angewandte Psychoanalyse" ist unzweifelhaft berechtigt; sie verwendet ein Stück individualpsychologischer Wirklichkeit (die am lebenden Menschen gefunden wurde) zur Erklärung gewisser Produkte der Volksseele; sie erklärt also etwas Unbekanntes durch Bekannteres. Was uns aber in der Mythologie und

---

¹) Vom Ref. hervorgehoben.

in der Geschichte überliefert wurde, ist im Laufe der Generationen mit soviel Akzidentellem und Mißverständlichem ver-
quickt, hat sich von den ursprünglichen Bedeutungen so weit
entfernt, daß es ohne vorausgegangene Reduktion überhaupt
unverständlich und für psychologische Zwecke unbrauchbar
bleiben muß. Wir nehmen hier gleich vorweg, daß Jung den
Fehler, ein Unbekanntes (die Seele) durch ein anderes Unbekanntes (unanalysierte Mythen) zu erklären, nur stellenweise
begeht. Vielfach verwendet er bei seinen Deutungen psychoanalytisch gewonnene (d. h. individual-psychologische) Kenntnisse, indem er p s y c h o a n a l y t i s c h   e r k l ä r t e Mythen zur
Lösung psychologischer Rätsel verwendet. Einen logischen Zirkel
würde er in diesen Fällen nur dann begehen, wenn er sich
einbildete, bei dieser durchaus erlaubten Methode mehr als
Analogieschlüsse geleistet und ein neues Erklärungsprinzip in
die Individualpsychologie eingeführt zu haben.

Die Abhandlung über d i e z w e i A r t e n d e s D e n k e n s
ist die Durchführung der Unterscheidung zwischen dem in
Worte gefaßten, in den Dienst der Anpassung an die Realität
gestellten, nach außen „g e r i c h t e t e n" Denken des wachen
Normalmenschen, und dem „p h a n t a s t i s c h e n" Denken,
das sich von der Wirklichkeit abwendet, hinsichtlich der Anpassung gänzlich unproduktiv ist und nicht in Worte, sondern
in Symbole gefaßt ist. Ersteres sei ein Phänomen der Progression
im Sinne F r e u d s, letzteres eine regressive Erscheinung, wie
sie sich namentlich im Träumen, im Phantasieren und in der
Neurose manifestiere. Der ganze Gedankengang ist parallel mit
den Auseinandersetzungen F r e u d s über „die zwei Prinzipien
des psychischen Geschehens".[1] Das b e w u ß t e Denken steht
bekanntlich auch nach F r e u d mehr im Dienste des Realitäts-
prinzips, während das U n b e w u ß t e mehr dem Lustprinzip

---

1) Ges. Schr. Bd. V.

frönt; in psychischen Tätigkeiten, die stark von unbewußten Elementen durchsetzt sind (Traum, Phantasie usw.) überwiegen selbstverständlich die Lustmechanismen. Es ist schade, daß Jung diese uns so wertvoll gewordene Terminologie in seinen Ausführungen nicht anwendet; auch darin können wir ihm nicht recht geben, daß er das gerichtete Denken einfach mit dem sprachlichen identifiziert und jene v o r b e w u ß t e psychische Schichte, die obzwar sicher schon „gerichtet", sprachlich nicht unbedingt übersetzt zu sein braucht, ganz vernachlässigt.

Sehr treffend sind die hierauf folgenden Äußerungen Jungs über die Überschätzung des Logischen in der heutigen Psychologie, sowie die Gedankengänge über die Geltung des biogenetischen Grundgesetzes in der Psychologie. In den phantastischen Schöpfungen der Dementia praecox findet Jung den Inhalt und die Formen archaischen Denkens wieder. Indem er aber diese Eigenheit nur der Demenz zuerkennt, die er als „Introversionspsychose" allen anderen psychischen Störungen prinzipiell gegenüberstellt, stellt er sich ohne zureichenden Grund in Gegensatz zur Neurosenpsychologie F r e u d s , nach dessen Untersuchung auch die übrigen Neuropsychosen einer „Introversion" (Regression der Libido, mit Abwendung von der Realität) ihr Entstehen verdanken und in ihrer Symptomatik gleichfalls deutliche archaische Züge erkennen lassen (siehe besonders die Übereinstimmungen zwischen den Äußerungen des Seelenlebens der Wilden und der Zwangsneurotiker).

Das Motiv der Symbolbildung findet auch Jung in der Tendenz, unbewußte Komplexe, „denen man die Anerkennung versagt, die man als nicht existierend behandelt", in eine entstellte, dem Bewußtsein unverständliche Form zu gießen (d. h. nach der bisherigen Terminologie: in der V e r d r ä n g u n g). Merken wir uns übrigens, daß Jung hier noch die unbewußte Tendenz als das E i g e n t l i c h e , deren phantastisches Ersatz-

produkt als dessen S y m b o l ansieht¹ (z. B. in der Erklärung
der Judasphantasie des Abbé Oegger), während im zweiten Teile
der Libidoarbeit nicht mehr die im Bewußtsein vertretenen
Abbilder, sondern die unbewußten Tendenzen der Seele selbst
für „Symbole" erklärt werden, obwohl die von Jung zugestandene
Rolle der Verdrängung beim Entstehen der Symbolik eine solche
Umkehrung ausschließt. Dies ist übrigens die Gelegenheit,
darauf hinzuweisen, daß man sich endlich über die eindeutige
Verwendung des Wortes „Symbol" einigen müßte. Nicht alles,
was für etwas anderes steht, ist ein Symbol. Ursprünglich mag
das Sexuelle sowohl im eigentlichen wie auch im übertragenen
Sinne im Bewußtsein vertreten sein; die Sexualität freut sich
gleichsam, sich in allen Dingen der Außenwelt wiederzufinden, „das
All wird sexualisiert". Zum Symbol im Sinne der Psychoanalyse
wird ein solches Gleichnis erst vom Moment an, wo die Zensur
die ursprüngliche Bedeutung des Gleichnisses ins Unbewußte
verdrängt.² Darum kann z. B. der Kirchturm nach der einmal
vor sich gegangenen Verdrängung wohl einen Phallus, nie mehr
aber der Phallus einen Kirchturm „symbolisieren".

Das eigentliche Thema der Jungschen Arbeit ist der Versuch,
die in der Einleitung angekündigte Methode, die Deutung
individueller Geistesprodukte mit Hilfe der Mythologie, an den
Phantasien einer amerikanischen Dame, Miß F r a n k M i l l e r,
zu erproben, die diese im Jahre 1906 in den „Archives de
Psychologie" veröffentlichte. Miß Miller, die von sich u. a.
erzählt, daß sie auch im Wachen gewisse „autosuggestive Phänomene" produzieren könne und daß sie selten tief und traumlos

---

1) Am deutlichsten sagt er das an einer späteren Stelle des ersten
Teiles: „Der erotische Eindruck arbeitet im Unbewußten weiter und
schiebt an seiner statt Symbole ins Bewußtsein" (S. 174).

2) S. die diesbezüglichen Ausführungen des Ref. im Aufsatze: „Entwicklungsstufen des Wirklichkeitssinnes (Bd. I dieser Sammlung), sowie
in der Mitteilung „Über Augensymbolik". (Band II dieser Sammlung.)

schlafe,[1] träumte eines Nachts ein G e d i c h t, den „Schöpfer-hymnus", ein enthusiastisches Loblied an Gott, der in den drei Strophen als Schöpfer der Töne, des Lichts und der Liebe ge-priesen wird. Das Gedicht, das der Verfasserin wie in ihrer eigenen Handschrift auf ein Blatt Papier geschrieben im Traume auftauchte, versuchte sie dann auf seine psychischen Quellen zurückzuführen.

Es ist sehr zu bedauern, daß Jung seine neuartigen Deutungs-versuche gerade an einem psychischen Material, das weiteren persönlichen Nachforschungen unzugänglich war, anstelle. Ähn-liche schöpferische Traumleistungen bringen ja auch Personen zustande, die in analytischer Behandlung stehen; von diesen hätte er mittels nachträglicher Befragung die Richtigkeit seiner Vermutungen oder deren Irrtümlichkeit erfahren können. Durch das Entfallen dieser Nachprüfung blieben selbst die geistvollsten Erklärungen schwankend und ungewiß, und dies hindert uns, uns von der Brauchbarkeit der Jungschen Deutungsmethode wirklich überzeugen zu können. Es ist der unvergleichliche Vorzug der Psychoneurosen, daß die daran Leidenden, wenn man sie psychoanalytisch befragt, uns über die Genese ihrer Geistesprodukte Auskunft geben und selbst in zeitlich und formal von der gegenwärtigen entfernte Schichten ihrer Psyche Einblick gewähren, während die der objektiven Einstellung unfähigen Geisteskranken auf unsere Fragen ebensowenig ant-worten wie die Märchen, Mythen und Gedichte, deren Schöpfer für uns persönlich verschollen sind.

---

[1] Jung diagnostiziert den Fall Miß Millers als eine flüchtige An-wandlung von Dementia praecox (Paraphrenie nach F r e u d). Unseres Erachtens wird diese Diagnose nicht genügend gestützt. Solche Phan-tasien können in jeder Neurose gelegentlich vorkommen, von der dich-terischen Inspiration ganz abgesehen. Dementsprechend haben auch die Folgerungen, die Jung aus Miß Millers Fall auf die Pathologie der Paraphrenie zieht, für uns keine zwingende Beweiskraft.

Miß Millers „Schöpferhymnus" wird von Jung — sehr plausibel — als ein Derivat ihrer Vater-Imago gedeutet. Wir getrauen uns aber zu behaupten, daß Jung weder aus dem von der Traumdichterin selbst gelieferten Material, noch aus seiner stupenden Kenntnis fast aller Kosmogonien der Welt diesen Satz hätte ableiten können, hätte er nicht auf Grund der Neurosen-psychologie F r e u d s „die Rolle des Vaters im Schicksal des Einzelnen" schon früher erfahren. Seine Schlußfolgerung wird auch sicherlich jedem psychoanalytisch unerfahrenen Leser, trotz der historisch-mythologischen Argumente, unglaublich erscheinen.

Die Traumschöpfung Miß Millers wird dann für Jung zum Anlaß, über u n b e w u ß t e S c h ö p f u n g e n v o n r e a l e m W e r t e überhaupt nachzudenken. Daß es solche Schöpfungs-möglichkeiten wirklich gibt, wird jeder Psychoanalytiker zu-geben;[1] in der von F r e u d postulierten Struktur der Psyche ist es die v o r b e w u ß t e psychische Schichte, der die Fähigkeit zu solchen Leistungen zufällt. Wenn aber Jung für a l l e s P s y c h o l o g i s c h e eine untere und eine obere, eine die Ver-gangenheit reproduzierende und eine die Zukunft vorahnende Hälfte annimmt, so ist das eine Verallgemeinerung, die durch die bisherigen Erfahrungen nicht belegt ist. Die Psychoanalyse zeigt uns, daß es im Unbewußten Tätigkeitsformen gibt, die mit dem Realitätsprinzip so wenig zu tun haben und so ein-deutig in den Dienst von Lustbefriedigungen gestellt erscheinen, daß man ihnen eine schöpferische Entwicklungstendenz mit dem besten Willen nicht zuschreiben kann. Interessant sind die Andeutungen Jungs, die er in diesem Zusammenhange über die psychologische Erklärungsmöglichkeit gewisser „okkulter" Phänomene, z. B. der prophetischen Träume gibt. Auch wir

---

1) Siehe z. B. R o b i t s e k : „Symbolisches Denken in der chemischen Forschung"; Imago, I. Jahrg., s. auch die bezüglichen Stellen in F r e u d s „Traumdeutung" (Ges. Schr., Bd. II u. III).

denken uns, daß es einen — heute allerdings noch unbekannten — Weg geben muß, der zur wissenschaftlichen Erklärung ähnlicher, kaum mehr zu leugnender Vorgänge führen wird,
vermuten aber, daß sich diese Phänomene nach ihrer Aufklärung
ungezwungen in das Gebäude unseres naturwisssenschaftlichen
Wissens einfügen werden.

Bei Miß Miller ist nach Jung der religiöse Hymnus eine
Ersatzbildung für das Erotische (S. 178), aber da diese Umformung unbewußt vor sich ging, sei sie nur hysterische Mache
und etwas ethisch durchaus Wertloses (S. 188). „Wer dagegen
seiner bewußten Sünde ebenso bewußt die Religion entgegensetzt, der tut etwas, dem man im Hinblicke auf die Historie
das Großartige nicht absprechen kann" (Ibidem).

So sehr wir Jung bezüglich dessen, was er über die Genese
der religiösen Gefühle sagt, auf Grund schon gesicherter Erkenntnisse zustimmen (wenn wir auch bekennen, daß diese
Umformung des Erotischen ins Religiöse ein sehr komplizierter
und noch nicht genügend analysierter kulturhistorischer Vorgang ist), so wenig können wir dem Autor dort folgen, wo er
statt der schlichten Konstatierung von Tatsachen ethische Wert-
urteile fällt, die nach unserer Meinung nicht mehr in die reine
Psychologie, sondern in die Ethik oder Theologie gehören; aus
demselben Grunde können wir uns — allerdings auch aus
Mangel an Kompetenz — in die von Jung bei dieser Gelegenheit
angeregte Diskussion über den größeren oder geringeren Wert
der christlichen Religion nicht einlassen.

Eine zweite unbewußte dichterische Leistung Miß Millers ist
„das Lied von der Motte". „Es handelt sich darin", sagt Jung,
„höchstwahrscheinlich um denselben Komplex wie früher"; die
Sehnsucht der Motte nach dem Licht sei die Sehnsucht der
Verfasserin nach dem Gottvater, und zwar sei diese Sehnsucht
erotisch, ähnlich der, die Miß Miller während einer Mittel-

meerfahrt einem italienischen Steuermann gegenüber empfand
und die als auslösendes Motiv des „Schöpfungsliedes" gewirkt
zu haben scheint. Allerdings verwahrt sich Jung dagegen, daß
man so heterogene Dinge wie die Gottessehnsucht und jene
erotische Nichtigkeit als Konkreta in Vergleich setzen solle, „das
hieße soviel, wie eine Beethovensche Sonate mit dem Kaviar
zu vergleichen", nur weil man beide liebt. — Um die im
Mottenliede sich manifestierende Sonnenanbetung als solche
erkennen zu lassen, zitiert Jung mehrere Sonnenmythen und
führt literarisch-poetische Analoga an.

Der zweite Teil der Libidoarbeit Jungs beginnt mit einer
neuerlichen, zusammenfassenden erotisch-religiösen Doppeldeutung
beider zitierter Traumgedichte und beschäftigt sich sodann besonders mit der im Mottenliede zum Ausdruck gelangten „astral-
mythologischen", resp. „astrologischen" Verwendung des Sonnen-
motivs. Die Sonne sei das natürlichste Sinnbild der menschlichen
— zu „Bösem" und „Gutem" drängenden, der befruchtenden
und lebensfeindlichen Libido, daher die Universalität der
Sonnenanbetung. Der Sonnenmythos eröffne auch das Verständnis
zum religiösen Heroenkult; auch die Heroen seien Personifi-
kationen der Libido, so daß man aus dem Schicksale dieser
Heroen, so wie sie in der Mythologie der Völker dargestellt
werden, die Schicksale der menschlichen Libido erraten könne.
Diese interessanten Ausführungen stimmen vielfach mit den
diesbezüglichen Arbeiten R a n k s und S i l b e r e r s überein.

Hierauf folgt ein neuer Abschnitt der Jungschen Arbeit
(„Über den Begriff und die genetische Theorie der Libido"),
der nicht nur von dem im ersten Teil Enthaltenen, sondern
überhaupt von allem, was die Psychoanalyse bisher geleistet
hat, wie durch eine tiefe Kluft getrennt erscheint. Jung unter-
nimmt es hier, den Begriff „Libido" zu revidieren und begründet
die Notwendigkeit dieser Aufgabe u. a. auch damit, daß dem

Libidobegriff, wie er sich in den neueren Arbeiten Freuds und seiner Schule entwickelt hat, eine andere Bedeutung zukomme als die, in dem ihn Freud in seinen „Abhandlungen zur Sexualtheorie" gebraucht habe. In Freuds „Abhandlungen" bedeutet der Terminus Libido, wie man weiß, die psychische Seite der sexuellen Bedürfnisse, von denen die Biologie annimmt, daß sie Äußerungen eines „Geschlechtstriebes" sind. „Man folgt dabei", sagt Freud, „der Analogie mit dem Trieb nach Nahrungsaufnahme, dem Hunger." Freud versteht also unter Libido ausschließlich den Sexualhunger. Nach Jungs hier entwickelter Ansicht dagegen sei der Begriff Libido „weit genug, um alle die mannigfaltigsten Manifestationen des Willens im Schopenhauerschen Sinne zu decken" und man könne sagen, „daß dem Libidobegriff, wie er sich in den neueren Arbeiten Freuds und seiner Schule entwickelt hat, im biologischen Gebiete funktionell dieselbe Bedeutung zukommt wie dem Begriff der Energie auf physikalischem Gebiete seit Robert Mayer". Hätte sich Freuds Ansicht wirklich in diesem Sinne verändert, so hätte er damit tatsächlich dem Begriff Libido einen neuen sexuellen Sinn gegeben, was ihn genötigt haben müßte, seine bisherige Ansicht von der Rolle der Sexualität in der Pathogenese der Neuropsychosen und in der individuellen und sozialen Entwicklung des Menschen einer gründlichen Revision zu unterziehen. Liest man aber noch so sorgfältig alle seit den „Abhandlungen" erschienenen Werke Freuds durch, so wird man nirgends eine der ursprünglichen Definition widersprechende Verwendung des Wortes Libido finden. Allerdings hat ein der Freudschen Schule angehöriger Forscher — es war niemand anderer als der Autor der vorliegenden Arbeit — schon früher einmal den Begriff Libido verallgemeinern wollen, Freud selbst hat sich aber damals schon ausdrücklich dagegen verwahrt.

Nun beruft sich Jung auf eine Stelle in der seither erschienenen Paranoia-Arbeit F r e u d s[1] , an welcher sich F r e u d angeblich „genötigt sah, den Begriff der Libido zu erweitern". Damit die Leser sehen, ob Jung mit dieser Behauptung recht hat oder nicht, wollen wir die Stelle der F r e u d schen Arbeit, auf die sich Jung bezieht, in extenso wiedergeben.

Es handelt sich dort um die Aufwerfung des schwierigen Problems, ob man die allgemeine Ablösung der Libido von der Außenwelt als genügend wirksam annehmen könne, um jenen „Weltuntergang zu erklären, als welcher sich dem in jener Arbeit analysierten Geisteskranken die in ihm vorgegangene psychische Veränderung darstellt", und „ob nicht in diesem Fall die festgehaltenen Ichbesetzungen hinreichen müßten, um den Rapport mit der Außenwelt aufrecht zu erhalten". „Man müßte entweder das, was wir Libidobesetzung (Interesse aus erotischen Quellen) heißen, mit dem Interesse überhaupt zusammenfallen lassen, oder d i e M ö g l i c h k e i t i n B e t r a c h t z i e h e n, d a ß e i n e a u s g i e b i g e S t ö r u n g i n d e r U n t e r b r i n g u n g d e r L i b i d o a u c h e i n e e n t s p r e c h e n d e S t ö r u n g i n d e n I c h b e s e t z u n g e n i n d u z i e r e n k a n n." Die typographische Hervorhebung der letzteren Eventualität stammt vom Referenten, der dadurch die einseitige Betonung der e r s t e r e n Möglichkeit im Druck und in der Auffassung dieses Zitats in der Jungschen Arbeit paralysieren möchte. F r e u d selbst wollte sich für keine dieser zwei Möglichkeiten endgültig entscheiden, sondern fügte der aufgeworfenen Frage die Bemerkung bei, daß dies Probleme seien, „zu deren Beantwortung wir noch ganz hilflos und ungeschickt sind." Einstweilen müsse man an der bisher so fruchtbaren Art der Verwendung des Triebbegriffes festhalten und — entsprechend der biologischen Doppelstellung des

[1] Psychoanalytische Bemerkungen über einen autobiographisch beschriebenen Fall von Paranoia (Ges. Schr. Bd. VIII).

Einzelwesens — den Ich-Trieb und den Sexualtrieb auseinanderhalten. Die Beobachtung der Paranoiker ergebe übrigens nichts,
was dieser Auffassung widerspräche und zu einer neueren Be-
stimmung zwingen würde, es sei sogar „v i e l w a h r s c h e i n -
l i c h e r,[1] daß eine veränderte Relation zur Welt allein oder
vorwiegend durch den Ausfall des Libidointeresses zu erklären ist."

Aus diesen Sätzen geht zur Genüge hervor, daß die Behauptung Jungs, als hätte F r e u d in seinen neueren Arbeiten
den Libidobegriff in anderem, weiterem Sinne als früher gebraucht, durch die einzige Stelle, auf die sich Jung dabei
berufen konnte, durchaus nicht bestätigt wird. Im Gegenteil!
Die Überlegungen Freuds gipfeln in der Aufrechterhaltung seiner
bisherigen Auffassung über die Notwendigkeit der Unterscheidung
zwischen den Ich-Interessen und der Sexuallibido und über die
pathogenetische Bedeutsamkeit der (im Sinne des Sexuellen
genommenen) Libido bei allen Psychoneurosen, die Paranoia
und die Paraphrenie nicht ausgenommen. Die Gleichsetzung
des Begriffes Libido mit dem Willen S c h o p e n h a u e r s und mit
dem Energiebegriff Robert M a y e r s müssen wir nach alledem
für Jungs eigene Leistung ansehen.

Die „zögernde Vorsicht" F r e u d s, die nach Jung „einem so
schwierigen Problem gegenüber am Platze ist", vermissen wir
in den nun folgenden Ausführungen des Autors nicht wenig.
Ohne der von F r e u d betonten Möglichkeit, daß Libidostörungen
auf die Ichbesetzungen rückwirken und sekundär jene die
Paranoia und Paraphrenie charakterisierenden Störungen der
Wirklichkeitsfunktion induzieren könnten, auch nur die geringste
Achtung zu schenken, dekretiert Jung einfach, daß es „k a u m
a n z u n e h m e n i s t", daß die normale *fonction du réel* nur
durch libidinöse Zuschüsse oder erotisches Interesse unterhalten

---

1) Vom Ref. hervorgehoben.

werde, denn „die Tatsachen liegen so,[1] daß in sehr
vielen Fällen die Wirklichkeit überhaupt wegfällt, so daß die
Kranken nicht eine Spur von psychologischer Anpassung oder
Orientierung erkennen lassen". Bei den stuporösen und katatonischen Automaten sei beispielsweise die Realitätsanpassung
ganz in Verlust geraten.

Diese kategorische Erklärung Jungs, die er ohne weiteres
Beweismaterial einfach als etwas ganz Selbstverständliches pro-
mulgiert, kann uns um so weniger genügen, als wir auch auf
anderen Gebieten indirekte Funktionsstörungen kennen, die der
von Freud angenommenen zweiten Möglichkeit vollkommen
entsprechen. Wie beim enthirnten Hunde unmittelbar nach der
Operation „Fernsymptome" auftreten, d. h. auch solche Körper-
funktionen gestört erscheinen, deren nervöse Zentren eigentlich
unversehrt geblieben sind, mag ja auch die tiefgreifende Zer-
rüttung der Sexualsphäre Störungen der Ichfunktionen zeitigen,
auch wenn die Ichtriebe direkt nicht gelitten haben.

Es ist übrigens auch ein methodischer Fehler, komplizierte
und schwierige Fragen durch noch so aufrichtige und enthusiastische
Deklarationen oder Glaubensbekenntnisse zu erledigen. „Es gibt
Rätsel", las ich unlängst in einer methodologisch-kritischen
Arbeit des Petersburger Physikers O. D. Chwolson, „bei
denen ihrem inneren Wesen nach nur eine beschränkte Anzahl
genau formulierbarer Lösungen denkbar ist ... Die endgültige
Lösung eines solchen Rätsels kann nun unmöglich darin bestehen, daß man apodiktisch erklärt, eine bestimmte von den
denkbaren Lösungen sei die richtige, . , . sondern ... man muß
nach gründlichem Studium der betreffenden Frage zeigen, ...
auf welche Weise die Widersprüche beseitigt werden. Wird
dies unterlassen, so bleibt die Frage eben einfach offen und
jede Pseudolösung kann nur den naivsten Laien, nie aber den

---

1) Vom Ref. hervorgehoben.

wirklichen Kenner der Frage befriedigen." (O. D. Chwolson, Das zwölfte Gebot — Eine kritische Studie).

„Bei der Dementia praecox fehlt es der Wirklichkeit weit mehr, als man der Sexualität sensu strictiori aufs Konto schreiben könnte," sagt Jung. Dem muß entgegnet werden, daß wir weit davon entfernt sind, das äußerste Maß der Schädigung zu kennen, die die Wirklichkeitsfunktion infolge echter sexueller Traumata erleiden kann. Wir sehen ja, wie weit sich der Mensch in der Hysterie und in der Zwangsneurose infolge erotischer Psychotraumen der Realität entfremden kann; auch kennen wir Zustände infolge von Verliebtheit (wohl unzweifelhaft eine sexuelle Ursache sensu strictissimo), in der das Individuum der Realität fast so abwendig wird, wie der an Dementia praecox Leidende.

„Es wird niemandem einleuchten," sagt Jung an anderer Stelle, „daß die Realität eine Sexualfunktion sei." Jung bestreitet hier etwas, was meines Wissens noch von niemandem behauptet worden ist, am wenigsten von Freud, der in seiner Arbeit über „die Prinzipien des psychischen Geschehens" eine, allerdings nur sekundär angelehnte, immerhin aber intimere Verbindung des Realitätssinnes mit den Ichtrieben (als mit dem Sexualtriebe) annimmt. Nach alledem müssen wir bis auf weiteres die Anwendung der Freudschen Libidotheorie auf die Dementia praecox, so wie sie Abraham[1] versucht hat, als den plausibelsten Erklärungsmodus dieser Psychose ansehen.

Indem Jung den Begriff der Libido dem der psychischen Energie gleichsetzt, tut er ihm zweifaches Unrecht an. Da er alles psychische Geschehen diesem Begriffe unterordnet, weitet er dessen Umfang so sehr aus, daß er sich dabei ganz ver-

---

1) „Die psychosexuellen Differenzen der Hysterie und Dementia praecox." In „Klinische Beitr. zur Psychoanalyse" 1921 (Int. PsA. Bibliothek, Bd. 10).

flüchtigt und eigentlich überflüssig wird. Wozu noch von Libido
sprechen, wenn wir den aus der Philosophie wohlbekannten
guten alten Begriff der Energie haben? Gleichzeitig mit dieser
Entziehung jeder wirklichen Macht setzt er aber diesen Begriff
formell auf den Thron der psychischen Hierarchie und erhöht
ihn zu einem Rang, der ihm gerechterweise nicht zukommt.
Die Bemühungen Jungs, a l l e psychischen Tätigkeiten aus dem
Sexuellen abzuleiten, schlagen übrigens fehl. Sobald er bei
dieser Grundregel auch Ausnahmen gelten läßt („die Wirklichkeitsfunktion w e n i g s t e n s z u e i n e m g r o ß e n T e i l
sexueller Provenienz" [S. 178]), ist die Geschlossenheit des
Systems durchbrochen, die Legitimität der Thronbesteigung des
Libidobegriffes gerät ins Schwanken, wir stehen wieder auf
dem alten unsicheren Boden und müssen bekennen, daß das
Bestreben, die Ontologie und Ontogenie des Seelenlebens aus
dem einzigen Oberbegriff der Libido zu deduzieren,
mißlang.

Jung erkennt die H e r k u n f t der höheren seelischen
Leistungen aus dem Sexuellen an, leugnet aber, daß diese
Leistungen auch jetzt noch etwas Sexuelles an sich hätten. Zur
Verdeutlichung dieser Idee wendet er u. -a. folgendes Gleichnis
an: „Wenn schon über die sexuelle Herkunft der Musik kein
Zweifel obwalten kann, so wäre es eine wert- und geschmack-
lose Verallgemeinerung, wenn man Musik unter der Kategorie
der Sexualität begreifen wollte. Eine derartige Terminologie
würde dazu führen, den Kölner Dom bei der Mineralogie abzu-
handeln, weil er auch aus Steinen besteht." Ich finde, daß
dieser Vergleich für das Gegenteil dessen spricht, was Jung
beweisen will. Der Kölner Dom hat ja im Moment seines
Entstehens nicht aufgehört, wirklich von Stein zu sein, um nur
mehr als künstlerische Idee zu existieren. Tatsächlich ist selbst
der großartigste Bau der Welt seinem inneren Wesen nach ein

Haufen von Mineralien, die mineralogisch beurteilt werden wollen und denen nur der einseitige anthropozentrische Standpunkt die Realität absprechen könnte. Und auch die höchsten psychischen Funktionen schaffen die Tatsache nicht aus der Welt, daß der Mensch ein Tier ist, dessen höhere Leistungen für sich allein undenkbar sind, und die nur als die Funktionen wirklich vorhandener tierischer Triebe begriffen werden können. Die Entwicklung der Psyche gleicht eben nicht dem Wachsen einer Blase, deren Hülle die Gegenwart bedeutete und in deren Innerem statt der Vergangenheit nur leerer Raum wäre, sondern sie ist dem Wachsen eines Baumes vergleichbar, in dem unter der Rinde die Jahresringe der ganzen Vergangenheit fortleben.

Die wichtigsten Sätze der genetischen Libidotheorie Jungs sind die folgenden: Die Libido, die ursprünglich nur der Ei- und Samenproduktion diente, die „Urlibido", trete in entwickelteren Organisationen in den Dienst komplizierterer Funktionen, z. B. des Nestbaues. — Aus jener sexuellen Urlibido hätten sich, mit gewaltiger Einschränkung der Fruchtbarkeit, Abspaltungen entwickelt, deren Funktion durch eine speziell differenzierte Libido unterhalten werde. — Diese differenzierte Libido sei nunmehr desexualisiert, indem sie der ursprünglichen Funktion der Ei- und Samenerzeugung entkleidet wäre und nicht mehr in Sexualfunktionen revertiert werden könnte. So bestehe der Entwicklungsprozeß überhaupt in einer zunehmenden Aufzehrung der Urlibido in die sekundären Funktionen der Anlockung und des Brutschutzes. Diese Entwicklung, d. h. die veränderte Propagationsweise, führe eine erhöhte Wirklichkeitsanpassung mit sich. Die Überweisung von Sexuallibido aus dem Sexualgebiet an „Nebenfunktionen" finde noch immer statt; wo diese Operation ohne Nachteil für die Anpassung des Individuums gelinge, spreche man von Sublimierung,

wo der Versuch mißlänge: von Verdrängung. Die bisherige
F r e u d sche Psychologie erkenne eine Vielheit von Trieben,
außerdem erkenne sie gewisse libidinöse Zuschüsse zu nicht-
sexuellen Trieben an. Jungs genetischer Standpunkt läßt die
Vielheit der Triebe aus einer relativen Einheit, aus der Urlibido, hervorgehen; sie seien nichts als Abspaltungen
dieser.

Hätte sich Jung darauf beschränkt, die ungeheure, noch
lange nicht genügend gewürdigte Rolle der Sexualität in der
Entwicklung nochmals und nachdrücklich zu betonen, so könnten
wir ihm rückhaltslos zustimmen. Die Vereinheitlichung alles
Psychischen unter dem Libidobegriff und die Ableitung auch
der egoistischen aus den Sexualtrieben scheint uns aber zweck-
lose Grübelei zu sein; sie erinnert an die alte Scherzfrage;
„Was war früher da, das Ei oder das Huhn?" Diese Frage
kann bekanntlich nicht beantwortet werden, weil jedes Huhn
aus einem Ei und jedes Ei aus einem Huhn stammt. Eine
ebenso sterile, weil unbeantwortbare Alternative ist aber auch
die, ob die egoistischen Triebe aus dem Trieb zur Arterhaltung
entstanden seien, oder umgekehrt. Wir müssen uns einstweilen
damit begnügen, das Dasein b e i d e r Triebrichtungen zu kon-
statieren, unsere Unkenntnis über ihre genetische Reihenfolge
ehrlich bekennen und brauchen uns nicht damit anzustrengen,
die eine unbedingt aus der anderen ableiten zu wollen. (Eine
der Jungschen ähnliche, wenn auch ihr entgegengesetzte Einseitigkeit scheint uns in der A d l e r schen Forschungsrichtung
obzuwalten, die das meiste, was wir sexuell nennen, aus dem
„Aggressionstriebe" ableiten möchte.)

Die Entschiedenheit, mit der Jung die Neurosen immer als
ein Ersatzprodukt einer Phantasie „individueller Provenienz"
ansieht, worin archaische Züge bis auf Spuren fehlen, während
sie in der Psychose deutlich zu Tage treten, haben wir schon

als unberechtigt bezeichnen müssen. Aus denselben Gründen müssen wir aber auch der Ansicht Jungs widersprechen, daß bei der Neurose bloß der rezente (individuell erworbene) Libidobetrag der Wirklichkeit entzogen wird, während es bei der Psychose gleichsam zu einem phylogenetischen Rückschlag komme, indem auch ein mehr-minder großer Teil der bereits desexualisierten (zu andersartiger Verwendung gelangten) Libido der Welt entzogen und zum Aufbau der Ersatzprodukte verwertet werde.

Eines der nun folgenden Kapitel beschäftigt sich mit der „Verlagerung der Libido als möglicher Quelle der primitiven menschlichen Erfindungen". Trotz des Reichtums an Ideen und treffenden Bemerkungen können wir dem Autor auch hier den Vorwurf der Einseitigkeit nicht ersparen. Jung sieht die Entdeckung des Feuerbohrens als ein Derivat rhythmisch-onanistischer Betätigungen des primitiven Menschen an; die Erfindung der Feuerbereitung sei dem „Drange, ein Symbol für den Sexualakt einzusetzen, zu verdanken". Aus den sexuellen Lock- und Brunstrufen habe sich auch die Sprache und alles, was damit zusammenhängt, entwickelt. Die Möglichkeit, die uns viel wahrscheinlicher vorkommt, nämlich daß das Feuererzeugen in erster Linie nicht sexuelle, sondern reale Bedürfnisse zu befriedigen bestimmt war, wenn es auch in den Dienst der Sexualsymbolik gestellt wurde, wird von Jung im Gegensatz zu seiner sonstigen Betonung der Realitätsansprüche ganz vernachlässigt.

Jungs impetuose Neigung, von zwei Möglichkeiten die ihm sympathischere einfach zu dekretieren, verleugnet sich auch an anderer Stelle nicht. Auf die Frage: woher denn der Widerstand gegen die primitive Sexualität herstamme, der zur Auflassung jener Betätigung und zu deren symbolischem Ersatz gezwungen habe, antwortet er ohne zu zögern mit folgenden

Worten: „Es ist undenkbar, daß es sich dabei um irgend
einen äußeren Widerstand, um ein wirkliches Hindernis handle",
sondern der Zwang zur Libidoüberleitung sei die Folge eines
rein innerlichen Konflikts zwischen zwei einander von vornherein widersprechenden Libidoströmungen, es stehe hier Wollen
gegen Wollen, Libido gegen Libido. Mit anderen Worten: die
Symbolbildung (und Sublimierung) entstehe, indem sich eine
a priori vorhandene Tendenz zur Ablehnung der primitiven
Betätigungsarten durchsetzt. Jungs Antwort wird jedem objektiven
Leser als arbiträr erscheinen, ja es wird viele geben, die, wie
auch wir, der gegenteiligen Lösung den Vorzug geben, wonach
gerade äußere Hindernisse die Lebewesen zum Aufgeben liebgewonnener Befriedigungsarten und zum Schaffen von Ersatz-
befriedigungen zu zwingen geeignet sind und daß nicht innerer
Drang, sondern äußerer Zwang, d. h. die Not erfinderisch macht. Es
heißt auch, die Determiniertheit im Psychischen zu eng zu fassen,
wenn man bei der Erklärung irgend eines psychischen Vorganges
die Möglichkeit extrapsychischer Einflüsse ganz außer acht läßt.

Die genetische Theorie wird dann von Jung an der Ent-
stehungsart typischer Symbole exemplifiziert. Die von der Inzestschranke zugedrängten Sexualphantasien schaffen sich nach Jung
symbolische Ersatzprodukte in Funktionen der vorsexuellen
Entwicklungsstufe, besonders in denen der Ernährung. So ent-
stünden die uralten Sexualsymbole des Ackerbaues, die Kulte
der Mutter Erde. Es käme dabei zu einer „Wiederbesetzung der
Mutter, diesmal aber nicht als Sexualobjekt, sondern als Er-
nährerin". Auch die Pubertätsonanie sei ein Symbol: Die
Regression der vor den Widerständen zurückweichenden Sexual-
lust auf eine ursprünglich nur der Ernährung
dienende Betätigung: das rhythmische infantile Lutschen.

Bei dem Worte vorsexuell müssen wir Halt machen. Es
bedeutet nichts weniger als die Leugnung der von Freud zu-

erst gewürdigten infantilen Sexualität. Plötzlich ist alles vergessen, was F r e u d (und J u n g selbst[1]) an deutlich sexuell gefärbten, wenn auch mit Ernährung und Exkretionsfunktionen vergesellschafteten Gelüsten bei drei- bis fünfjährigen kleinen Kindern konstatiert haben, deren Libido sicherlich noch nicht vor Kulturschranken zurückschrecken mußte. Wie verträgt sich Jungs Ausdruck „vorsexuell" mit den Beobachtungen, die er vor wenigen Jahren an einem dreijährigen Mädchen machte, „das auf dem Gebiete der Kot- und Urininteressen Hervorragendes leistete, dann auch beim Essen ähnliche Manieren an den Tag legte" und „ihre Exzesse immer mit ‚Lustig' bezeichnete?" Wie erklärt er ohne Annahme der infantilen Sexualität die diesbezüglichen direkten Beobachtungen an Kindern und die Ergebnisse der Psychoanalysen? Vergaß er ganz seine eigene Forderung: „Man sehe einmal die Kinder an, so wie sie wirklich sind und nicht wie wir sie zu haben wünschen?"

Allerdings wäre eine solche Inkonsequenz nur zu loben, wenn sie als die Folge eines Fortschrittes in der Erkenntnis aufzufassen wäre. Wir vermuten aber, daß es sich hier in Wirklichkeit um einen Rückschritt handelt; für Jung scheint der Begriff des Sexuellen in dem Sinne, wie ihn F r e u d in seinen „Abhandlungen" gebrauchte, und der ihm früher ganz geläufig war, irgendwie plötzlich abhanden gekommen zu sein und seine jetzige Anschauung, wonach das Lutschen und ähnliche infantile Betätigungen „vorsexuell" wären, ist nur die Rückkehr zur Anschauung jener, die nur das genitale für sexuell nehmen und die „trotz schärfster Brillen nirgends etwas Sexuelles (an den Kindern) entdecken wollen". (Jung, Über Konflikte usw.) Ersetzen wir aber in der Libidoarbeit Jungs

1) S. „Über Konflikte der kindlichen Seele". Jahrbuch für Psychoanalyse II. 1910.

das Wort „vorsexuell" überall durch den Ausdruck „vor-genital", so können wir einen großen Teil seiner Aus-führungen gutheißen. Es ist nur zu konsequent, wenn Jung auch seine Terminologie im Sinne der neuen (richtiger der alten) Auffassung umändert und unter dem Ausdruck Auto-erotismus (womit Freud die allerfrüheste infantile Erotik bezeichnet) nur die nach der Aufrichtung der Inzestschranke auftretende Selbstbefriedigung versteht.

Nach dieser langen theoretischen Abschweifung kehrt Jung zur Traumdichterin Miß Miller zurück und versucht es, die Geltung der neuen Theorien in ihrer dritten Traumschöpfung, die sie „Chiwantopel, Drame hypnagogique" benennt, nachzu-weisen. In diesem Drama spielt ein aztekischer Held mit Rüstung und Federschmuck eines Indianers die Hauptrolle, gegen den ein anderer Indianer einen Pfeil abschießen will und der dann in einem langen Monolog sich beklagt, daß ihn keine der Frauen, die er kannte und liebte, wirklich verstanden hätte, mit Ausnahme einer einzigen, die Ja-ni-wa-ma heißt. Jung analysiert diese Phantasie derart, daß er jedes darin vorkommende Wort und alle Wortverbindungen von vornherein für mytho-logisch-symbolische Archaismen nimmt, in die sich irgend eine aktuelle Aufgabe Miß Millers einkleidete. Zum Beweise dessen stellt Jung umfangreiche vergleichend-mythologische Unter-suchungen an. Es wird bei jedem einzelnen Worte untersucht, welche Rolle ihm in den verschiedenen Mythologien zukam, und durch Verknüpfung der so gewonnenen Einzeldeutung wird der Sinn des ganzen Dramas zu enträtseln gesucht. Einer solchen Deutungsmethode kommt aber, bei der Unsicherheit des mythologischen Wissens überhaupt und den unvermeidlichen Lücken in den mythologischen Kenntnissen eines einzelnen, unseres Erachtens keine nennenswerte Beweiskraft zu; sie hat auch nur äußerlich eine gewisse Ähnlichkeit mit der Psychoanalyse, die sich ja in erster Linie auf jene realen Auskünfte gründet, die sie aus den Traum- und Neurosenforschungen gewonnen hat. Und wenn sich Jung in der Einleitung seiner Arbeit auf die biographische Untersuchung Leonardo da Vincis durch F r e u d beruft und ihn als einen Vorgänger seiner Deutungsmethode bezeichnet, so muß man darauf hinweisen, daß F r e u d s mythologische Deutungen immer unter der Kontrolle individual-psychologischer Erfahrungen blieben.

Anknüpfend an die „Chiwantopel"-Phantasie kommt Jung neuerlich auf das Thema der „unbewußten Entstehung des Heros" zurück, in die er uns diesmal tiefere Einsicht gewährt. „Der Mythos vom Helden" — heißt es am Schlusse seiner Betrachtungen — „ist das Sehnen unseres eigenen leidenden Unbewußten nach den tiefsten Quellen seines eigenen Seins, nach dem Leibe der Mutter, und jeder wird für uns ein siegreicher Held, der sich durch seine Mutter wiederzuerzeugen vermag." Zu diesem Resultate gelangte Jung auf Grund geistvoller Analysen, denen er die bekanntesten Heldenmythen unterzog; seine diesbezüglichen Untersuchungen werden jeden Psychoanalytiker überzeugen und würden für sich allein die Jungsche Libidoarbeit zu einer der wertvollsten Leistungen der psychoanalytischen Literatur machen.

Um so auffälliger ist es, daß Jung dieses für uns unzweifelhaft gewordene Resultat seiner Untersuchungen gleichsam durch eine nachträgliche Korrektur zum Teil wieder aufhebt, indem er mit dem „Ödipuskomplex", der dem Heldenmotiv zugrunde liegt, gerade so verfährt wie mit der infantilen Sexualität überhaupt. Nachdem er dessen tatsächliche Rolle im Leben des Menschen festgestellt hat, leugnet er plötzlich dessen R e a l i t ä t. Die im Traume Gesunder und in den unbewußten Phantasien der Neurotischen nachzuweisenden sexuellen Wünsche seien „nicht das, was sie zu sein scheinen, sie seien nur Symbol",

d. h. symbolischer Ersatz für ganz rationelle Wünsche und Strebungen; die vor den Aufgaben der Zukunft zurückgeschreckte Libido regrediere zu jenen Symbolen. Der richtige Teil dieser Behauptungen ist aus der früheren psychoanalytischen Literatur geschöpft. Dort steht es längst, daß der Neurotiker vor der Wirklichkeit zurückschrickt, daß er sich in die Krankheit flüchtet und daß die Krankheitssymptome Regressivphänomene sind. Neu ist in dieser Aussage nur die Behauptung der Irrealität, der symbolischen Natur der in den Symptomen sich äußernden Tendenzen. Wir glauben, daß diese uns nicht ganz verständliche Qualifizierung des Ödipuskomplexes darin ihre Erklärung finden wird, daß Jung dem Drang unterlegen ist, das Wort „unbewußt" zu beseitigen und es durch andere Bezeichnungen zu ersetzen.

Jung macht in dieser Arbeit auch einige Andeutungen über den Einfluß dieser neugewonnenen Kenntnisse auf seine psychotherapeutische Technik. Er legt das Hauptgewicht der Behandlung Nervöser darauf, daß er ihnen den Weg zur Realität zeigt, vor der sie zurückgeschreckt sind. Wir aber bleiben dabei, daß die nächste und wichtigste Realität, die den Kranken angeht, seine Krankheitssymptome sind, daß man sich also mit diesen beschäftigen muß, während die Hinweise auf die Lebensaufgaben die Kranken nur noch schmerzlicher ihre Unfähigkeit zur Lösung derselben empfinden ließen. Um den Lebensplan der Kranken braucht man sich in der Analyse kaum zu kümmern; ist nur die Analyse tief genug gewesen, so finden sich die Patienten auch ohne unsere Hilfe zurecht, ja eine richtige analytische Technik muß bestrebt sein, den Patienten so unabhängig zu machen, daß er sich sogar von seinem Arzte nichts vorschreiben läßt. Er wird dann selbst darüber entscheiden, wieviel er von seinen „unzweckmäßigen" Besetzungen aufgibt und wieviel er auch nach der Analyse tatsächlich realisiert.

Die in den bisherigen kritischen Bemerkungen hervorgehobene Abwendung vom F r e u d schen Begriffe des Unbewußten macht sich auch in der neuen Traumauffassung Jungs geltend (S. 460). Die Funktion des Traumes sieht Jung (und mit ihm M a e d e r) nicht mehr in der Wuncherfüllung, in der vorübergehenden, halluzinatorischen Sättigung unbefriedigter Wünsche zum Zwecke des Schlafenkönnens, sondern in einer Art innerer Ahnung der ernsten Aufgaben der Zukunft. Wir können hier auf die detaillierte Widerlegung dieser Anschauung nicht eingehen, müssen aber betonen, daß wir auch nach der Lektüre der Libidoarbeit Jungs die F r e u d sche Auffassung der Traumvorgänge als die richtige ansehen; wir bleiben dabei, daß ernstes Arbeiten, schwieriges Aufgabenlösen, das Kämpfen mit den Hindernissen wohl für das Wachleben, nicht aber fürs Träumen charakteristisch sind, wenn sie auch manchmal unsere Nachtruhe zu stören imstande sind. Darum sehen wir auch in den Traumschöpfungen Miß Millers die phantastische Befriedigung aktueller und infantiler Wunschregungen und können darin nicht die prophetische Ahnung der künftigen Aufgaben des Menschengeschlechtes erkennen.

Der allgemeine Eindruck, den wir nach der Lektüre des Jungschen Werkes bekommen, ist der, daß er an vielen Stellen seiner Arbeit nicht eigentlich induktive Wissenschaft, sondern philosophische Systemisierung[1] treibt, mit allen Vor- und Nachteilen einer solchen. Der hauptsächliche Vorteil dabei ist die Beruhigung des Gemüts, das, da es die Hauptfragen des Seins für gelöst erachtet, von der Qual der Unsicherheit befreit ist und die Sorge um die Ausfüllung der Lücken im System ruhig

---

1) Siehe dazu folgende Stelle bei J u n g (II., S. 178). „Diese Betrachtung führt uns auf einen Libidobegriff, der über die Grenzen naturwissenschaftlicher Formung (Forschung? [Ref.]) zu einer philosophischen Anschauung sich erweitert . . . ."

anderen überlassen kann. Der große Nachteil einer allzufrühen Systembildung liegt in der Gefahr, daß man den a priori gegebenen Hauptsatz um jeden Preis aufrecht zu erhalten trachtet und Dinge übersieht, die diesem Satze widersprechen könnten.

Aus der „Psychologie" von Hermann Lotze

(1913)

In den Werken des mit Recht berühmten und populären deutschen Denkers und Universitätslehrers Hermann Lotze[1] fand ich einige Sätze, die — obzwar rein spekulativ entstanden — eine so weitgehende Übereinstimmung mit den auf empirischem Wege gewonnenen psychologischen Erkenntnissen der Psychoanalytik aufweisen, daß wir ihren Autor als einen der Vorahner der Ideen Freuds betrachten dürfen. Eine solche Kongruenz der Resultate intuitiven Denkens und Dichtens[2] mit den Ergebnissen der praktischen Erfahrung ist nicht nur vom geschichtlichen Standpunkt interessant, sondern sie kann auch als ein Argument für die Stichhältigkeit jener Erkenntnisinhalte selbst in Betracht kommen.

In der „Psychopathologie des Alltagslebens" erklärt bekanntlich Freud das Vergessen als ein Unbewußtwerden von Vorstellungen, begründet durch Unlustmotive. In seinen

---

1) Rud. Hermann Lotze (1817—1881) war Professor der Philosophie und Physiologie in Leipzig, Göttingen und Berlin. Er war ein Schüler Herbarts und Anhänger von Leibniz.

2) Ähnliche Übereinstimmungen mit der Psychoanalyse sind bereits in den Werken von Schopenhauer, Nietzsche, Anatole France u. a. nachgewiesen worden.

„Grundzügen der Psychologie" (VII. Aufl. Leipzig, S. Hirzel)
sagt Lotze über dieses Thema u. a. folgendes:

§ 15. „. . . die Erinnerungsbilder früherer Eindrücke (sind)
nicht immer im Bewußtsein vorhanden, sondern treten nur zeitweilig in demselben wieder auf, dann aber so, daß kein äußerer
Reiz nötig war, um sie von neuem zu erzeugen.

Hieraus schließen wir, daß sie in der Zwischenzeit für uns
nicht ganz verloren gewesen sind, sondern sich in irgendwelche
‚unbewußte‘ Zustände verwandelt haben, die wir natürlich
nicht beschreiben können, und für die wir den an sich widersprechenden, aber bequemen Namen ‚unbewußte Vorstellungen‘ brauchen . . ."

§ 16. „. . . Zwei Ansichten standen sich hier gegenüber. Man
hielt früher das Verschwinden der Vorstellungen für natürlich
und glaubte das Gegenteil, das Gedächtnis, erklären zu
müssen. Man folgt jetzt der Analogie des physischen Gesetzes
der Beharrung und glaubt das Vergessen erklären zu müssen,
weil an sich die ewige Fortdauer eines einmal erregten Zustandes
sich von selbst verstehe.

Die Analogie ist nicht ohne Bedenken. Sie gilt von der
Bewegung der Körper. Allein Bewegung ist nur eine Änderung
äußerer Relationen, von welcher der bewegte Körper nichts
leidet; denn er befindet sich an einem Orte genau so wie am
anderen, und hat daher weder einen Maßstab für einen Grund noch einen
der Bewegung zu leistenden Widerstand. Die Seele dagegen
befindet sich selbst in verschiedenen Zuständen, je nachdem sie a
vorstellt oder b oder auch gar nichts. Denkbar wäre daher,
daß sie gegen jeden ihr aufgedrängten Eindruck
zurückwirkte, wodurch sie zwar niemals diesen
ganz annullieren, aber doch vielleicht aus
bewußter Empfindung in einen unbewußten
Zustand verwandeln könnte."[1]

§ 19. „Als Grundlage einer ‚psychischen Mechanik‘
könnten . . . die Begriffe von Stärke und Gegensatz nur dann
selbstverständlich dienen, wenn sie sich auf die vorstellenden
Tätigkeiten bezögen. Das ist nicht der Fall. — Man würde

---

1) Vom Referenten hervorgehoben.

es daher als eine bloße Tatsache anerkennen müssen, wenn die
Stärke und Gegensatz des v o r g e s t e l l t e n I n h a l t s die ent-
scheidenden Bedingungen für die Wechselwirkung der Vorstellungen wären. Die Erfahrung bestätigt dies nicht. D i e V o r -
s t e l l u n g g r ö ß e r e n I n h a l t s v e r d r ä n g t k e i n e s w e g s
i m m e r d i e v o n k l e i n e r e m ; im G e g e n t e i l i s t d i e
l e t z t e r e s e l b s t i m s t a n d e , z u w e i l e n d i e E m p f i n d u n g
ä u ß e r e r R e i z e z u u n t e r d r ü c k e n.[1]

Nun kommen aber Vorstellungen niemals in einer Seele vor,
die außerdem nichts anderes täte; sondern an jeden Eindruck
knüpft sich außer dem, was in dessen Folge v o r g e s t e l l t wird,
auch noch ein G e f ü h l d e s W e r t e s, den derselbe für das
körperliche und geistige Wohlbefinden des Perzipierenden hat.
Diese Gefühle von Lust und Unlust sind einer G r a d a b s t u f u n g
offenbar ebenso fähig, wie das bloße Vorstellen unfähig dazu ist.
Nach der Größe nun dieses G e f ü h l s a n t e i l s, welche übrigens
außerordentlich wechselnd ist je nach der Verschiedenheit des
Gesamtzustandes, in dem die Seele sich eben befindet, oder kurz
gesagt: nach dem Grad des Interesses, welche eine Vorstellung
aus vielerlei Gründen in jedem Augenblicke zu erwecken vermag,
richtet sich ihre größere oder geringere Macht zur V e r d r ä n g u n g
anderer Vorstellungen. Und nur hierin, aber nicht in einer
ursprünglichen Eigenschaft, welche sie als bloße Vorstellung hätte,
besteht das, was wir ihre Stärke nennen können."

In diesen Sätzen finden wir zum Teil F r e u d s Fest-
stellungen über die bestimmende Rolle der Lust- und Unlustqualität für die Perzeption und Reproduktion wieder. Daß dies
kein Zufall ist, darauf läßt eine andere Stelle der „Psychologie" L o t z e s schließen, an der er — ganz wie es die
Psychoanalyse zu tun gezwungen ist — gegen die Haltlosigkeit
der reinen Bewußtseinspsychologie und -philosophie Stellung
nahm.

§ 86. „... Die Frage nach der A r t u n d W a h r h e i t
u n s e r e r E r k e n n t n i s oder nach dem V e r h ä l t n i s

---

1) **Vom Referenten gesperrt.**

zwischen Subjekt und Objekt hatte so sehr alle Aufmerksamkeit gefesselt, daß der Vorgang, durch welchen das Seiende dazu kommt, sich selbst zu erfassen, d. h. die Entwicklung des Selbstbewußtseins, für das eigentliche Ziel oder für den letzten Inhalt der ganzen Weltordnung gehalten wurde. Nun erschien die Seele nur dazu bestimmt, diese Aufgabe der Selbstbespiegelung innerhalb des irdischen Lebens aufzulösen; und die verschiedenen Formen, in denen diese Aufgabe der reinen Intelligenz stufenweise immer mehr gelöst wird, nahmen ziemlich allen Platz in der Psychologie ein. Der Inhalt dessen aber, was empfunden, angeschaut oder begriffen wird, trat ebensosehr dagegen zurück, wie das ganze übrige Seelenleben der Gefühle und Strebungen, die selbst wieder bloß so weit in Betracht kamen, als sie auch zu jener formellen Aufgabe der Selbstobjektivierung in bezug gesetzt werden konnten."

In der Sprache der Psychoanalyse heißt das etwa: Bewußtheit ist keine notwendige Qualität des Psychischen, ja: der Inhalt der Psyche ist an sich unbewußt und nur ein Bruchteil dieses Inhalts wird vom Bewußtsein, dem Sinnesorgan für an sich *ubw*) psychische Qualitäten, wahrgenommen.

Auch die Anschauung Lotzes über die Richtkraft des Lustprinzips bei der Entstehung der Triebe deckt sich mit unseren Anschauungen. § 102 . . . „Triebe sind ursprünglich nur Gefühle, und zwar meistens der Unlust oder doch der Unruhe; sie pflegen aber verknüpft zu sein mit Bewegungsantrieben, welche in der Weise der Reflexbewegungen zu allerhand Bewegungen führen, durch die nach längerem oder kürzerem Irrtum die Mittel gefunden werden, jene Unlust zu beseitigen." (Vgl. dazu Freuds „Prinzipien des psychischen Geschehens" und den theoretischen Teil seiner „Traumdeutung".)

Auch das Problem der objektivierenden Projektion und der Introjektion wird von Lotze angeschnitten. Wo er von der Bildung des „Ich" im Gegensatz zur Objektwelt spricht.

„Jeder unserer eigenen Zustände" — sagt er im § 52 —
„alles, was wir selber wirklich leiden, empfinden oder tun, ist
dadurch ausgezeichnet, daß sich daran unmittelbar ein G e f ü h l
(der Lust, der Unlust, des Interesses) knüpft, während diese
Begleitung demjenigen fehlt, was wir als die Zustände, das
Tun, Empfinden, Leiden a n d e r e r Wesen bloß vorstellen, aber
nicht selber erfahren oder erleiden . . . Ein bloßes Wissen
überhaupt (kann) nicht das Motiv dieser ganz beispiellosen
Unterscheidung sein, durch die jedes beseelte Wesen sich selbst
der ganzen übrigen Welt entgegenstellt." „Auf die dargelegte
Weise wird, glauben wir, z u e r s t der Sinn des Possessiv-
pronomens ‚mein' uns deutlich; e r s t n a c h h e r, wenn wir
unsere denkende Reflexion auf diese Umstände richten, bilden
wir auch den substantivischen Namen des Ich als des Wesens,
dem das, was ‚mein' hieß, zukommt" (§ 35). (Vgl. dazu auch
meine Ausführungen in der Arbeit „Introjektion und Übertragung" [enthalten in diesem Bande].)

Wenn L o t z e die „beispiellose Unterscheidung" des Ich
von der übrigen Erfahrungswelt auf seinen W e r t für das
Individuum zurückführt (worunter er zweifellos dessen Lust-
wert und nicht den Nutzwert versteht), so nähert er sich der
psychoanalytischen Auffassung, nach der die Ich-Bildung im
innigsten Konnex steht mit dem N a r z i ß m u s, dem Verliebtsein in die eigene Person. (Vgl. F r e u d, Totem und Tabu :
Animismus, Magie und Allmacht der Gedanken, Ges. Schr.,
Bd. X.)

Dafür spricht unter anderem auch folgende Stelle bei
L o t z e (l. c. § 53): „. . . Zweierlei muß man unterscheiden.
Das Bild, welches wir uns von unserem eigenen Wesen machen,
kann mehr oder weniger z u t r e f f e n d oder i r r i g sein; das
hängt von der Höhe der Erkenntniskraft ab, durch welche
jedes Wesen sich über diesen Mittelpunkt seiner eigenen

Zustände theoretisch aufzuklären sucht. Die E v i d e n z dagegen und die I n n i g k e i t, mit der jedes fühlende Wesen sich selbst von der ganzen Welt unterscheidet, hängt gar nicht von der Vortrefflichkeit dieser seiner Einsicht in sein eigenes Wesen ab, sondern äußert sich bei den niedrigsten Tieren, soweit sie durch Schmerz oder Lust ihre Zustände als die ihrigen anerkennen, ebenso lebhaft, als bei dem intelligentesten Geiste."

Interessant ist, was er über den Sinn „der vielen, zum Teil zierlichen, zum Teil sonderbaren beweglichen Zusätze oder Anhänge an unseren Körper" sagt, „deren sich die Putzsucht zu bedienen pflegt". L o t z e meint, daß man damit gleichsam einen Teil der Außenwelt zum Ich schlagen will, um dieses zu vergrößern; die Zusätze „geben uns im allgemeinen das angenehme Gefühl einer über die Grenzen unseres Körpers erweiterten geistigen Gegenwart".

Zur Organisation der psychoanalytischen Bewegung

*Mit diesem Überblick unterbreitete der Autor
dem II. Psychoanalytischen Kongreß in Nürnberg,
1908, seinen Vorschlag, daß sich die wissenschaftlichen Arbeiter der Psychoanalyse zu einer „Internationalen Vereinigung" zusammenschließen mögen.*

Die Psychoanalyse ist zwar eine noch junge Wissenschaft,
ihre Geschichte aber schon reich genug an Ereignissen, die es
der Mühe wert erscheinen lassen, für einen Augenblick in der
Arbeit innezuhalten, die bisherigen Ergebnisse zu überblicken,
Erfolge und Mißerfolge abzuwägen. Eine solche kritische Übersicht könnte unsere künftige Tätigkeit durch das Aufgeben
unzweckmäßiger Arbeitsweisen ökonomischer, durch die Anwendung neuer, geeigneterer Methoden fruchtbringend gestalten.
Solcher Bilanzen bedarf es im wissenschaftlichen Betriebe nicht
minder als in Handel und Gewerbe. Die Kongresse — gewöhnlich nur Jahrmärkte der Eitelkeit, effektvoll aufgemachte Pre-
mièren wissenschaftlicher Neuigkeiten — hätten eigentlich die
Aufgabe, solche wissenschaftspolitische Probleme zu lösen.

Wie alle Neuerer und Bahnbrecher, hatten auch wir für
unsere Sache nicht nur zu arbeiten, sondern auch zu kämpfen.
Vom objektiven Standpunkt gesehen, ist die Psychoanalyse aller-

dings reine Wissenschaft, die die Lücken unseres Wissens über die Determiniertheit des seelischen Geschehens auszufüllen bestrebt ist. Aber diese rein wissenschaftliche Frage rührt so empfindlich an den wichtigsten Grundlagen des täglichen Lebens, an gewissen uns liebgewordenen Idealen, an den Dogmen des Familienlebens, der Schule, der Kirche, stört nebstbei so unangenehm die beschauliche Ruhe der Nervenärzte, die die parteilosen Richter über unsere Arbeit sein sollten, daß wir uns nicht wundern können, wenn man uns statt mit Tatsachen und Argumenten, mit wüstem Geschimpfe empfing.

So wurden wir, sehr gegen unseren Wunsch, in einen Krieg verwickelt, in dem, wie bekannt, die Musen schweigen, die Leidenschaften aber um so lauter toben, und auch Waffen für erlaubt gelten, die nicht aus dem Arsenal der Wissenschaft genommen sind. Es erging uns, wie den Friedenspropheten, die für die Verwirklichung ihrer Ideale — Krieg führen müssen.

Die erste, ich möchte sagen, heroische Periode der Psychoanalyse, waren die zehn Jahre, in welchen F r e u d ganz allein den Angriffen begegnen mußte, die man von allen Seiten und mit allen erdenklichen Mitteln gegen die Psychoanalyse richtete. Man versuchte es zuerst, mit dem altbewährten Mittel des Totschweigens, dann kamen Verhöhnung, verächtlicher Spott, sogar Verleumdung an die Reihe. Der einstige Freund, dann sein anfänglicher Mitarbeiter ließen ihn im Stiche, und die einzige Art des Lobes, das man ihm spendete, war das Bedauern, daß sein Talent das Opfer solcher ungeheueren Verwirrung werden konnte.

Es wäre erheuchelte Gleichgültigkeit, hielten wir mit dem Ausdruck unserer Bewunderung darüber zurück, daß F r e u d, ohne sich um die sein Ansehen schmälernden Angriffe viel zu kümmern und trotz der empfindlichen Enttäuschung, die ihm auch Freunde bereiteten, auf dem einmal als richtig erkannten Wege beharrlich weiterschritt. Mit dem bitteren Humor eines L e o n i d a s konnte er sich sagen: im Schatten der Verkanntheit werde ich wenigstens ruhig arbeiten können. Und so geschah es, daß diese Jahre der Verkanntheit für ihn Jahre des Heranreifens unvergänglicher Ideen und des Schaffens der bedeutsamsten Werke wurden. Welch unersetzlicher Schade wäre es gewesen, hätte sich F r e u d statt dessen mit unfruchtbarer Polemik abgegeben. Die Angriffe, die gegen die Psychoanalyse gerichtet wurden, haben ja in der Überzahl der Fälle kaum die Beachtung verdient. Es waren zum Teil ohne jede persönliche Erfahrung, mit vorgefaßter Meinung, aus billigen Witzen und Schimpfwörtern zusammengeflickte Kritiken und Artikel. Manche hatten offensichtlich keinen anderen Zweck als den, das Wohlgefallen der einflußreichen Gegner der Analyse für sich zu gewinnen; es hätte sich gewiß nicht gelohnt, sich mit diesen abzugeben. Die offiziellen Größen der Psychiatrie begnügten sich aber meistens damit, von ihrer olympischen Höhe mit etwas komisch wirkendem Selbstbewußtsein ihr Verdammungsurteil herunterzudonnern, ohne sich die Mühe zu nehmen, dieses Urteil irgendwie zu begründen. Ihre stereotypen Phrasen begannen denn auch langweilig zu werden, sie verfielen dem Schicksal monotoner Geräusche, man überhörte sie, und konnte ruhig weiterarbeiten. Das Nichtreagieren auf unwissenschaftliche Kritiken, das Meiden jeder sterilen Polemik bewährte sich also im ersten Verteidigungskampfe der Psychoanalyse.

Die zweite Periode wird durch das Auftreten der Züricher gekennzeichnet, deren Verdienst es war, F r e u d s Ideen durch ihre Verknüpfung mit Methoden der Experimentalpsychologie auch für jene zugänglich gemacht zu haben, die zwar auch aufrichtig nach der Wahrheit suchten, die aber ihre Ehrfurcht vor der „Exaktheit" von F r e u d s Forschungen, die mit aller hergebrachten psychologischen Forschungsmethode brachen, zurückschrecken ließ. Die Mentalität dieser Gruppe kenne ich aus eigener Erfahrung; auch ich kam erst später zur Einsicht, daß die „Exaktheit" der vorfreudschen Psychologie eine Art Selbstbetrug, ein Deckmantel ihrer Gehaltlosigkeit war. Die experimentelle Psychologie ist allerdings exakt, aber wir können sehr wenig von ihr lernen; die Psychoanalyse ist „unexakt", aber sie zeigt uns ungeahnte Zusammenhänge und deckt bis dahin unzugänglich gewesene Schichten der Seele auf.[1]

Gleichwie nach A m e r i g o auf den durch C o l u m b u s entdeckten Weltteil, so strömten neue Arbeiter auf das von F r e u d erschlossene wissenschaftliche Gebiet, und ähnlich den Pionieren der Neuen Welt führten und führen sie einen Guerillakrieg. Ohne einheitliche Lenkung, ohne taktische Zusammenarbeit kämpft und arbeitet jeder auf dem von ihm eroberten Stück Land. Nach Gutdünken besetzt jeder den Teil des riesigen Gebietes, der ihm gefällt, und wählt die ihm zusagende Art der Arbeit, des Angriffs und der Verteidigung. Unermeßlich waren die Vorteile dieses Guerillakrieges, solange es nur darum zu tun war, gegen den übermächtigen Gegner Zeit zu gewinnen und die neugeborenen Ideen davor zu schützen, im Keime erstickt zu werden. Die freie, durch keine Rücksicht auf andere gehemmte Bewegung erleichtert jedem die Anpassung an die gerade gegebenen Verhältnisse, an das Maß des Verständnisses, an die Stärke des Widerstandes. Auch daß jede Autorität und Bevormundung, jede Disziplin fehlte, steigerte nur die Selbständigkeit, die bei solcher Vorpostenarbeit

---

1) Es kann natürlich nicht zugegeben werden, daß nur die wägbaren und meßbaren Objekte der Erfahrung, also nur n a t u r w i s s e n - s c h a f t l i c h e Beobachtungen und Experimente, verläßlich zu nennen sind. Auch innere Erlebnisse, also psychische Realitäten (und mit diesen beschäftigt sich jede introspektive Psychologie) können den Gegenstand wissenschaftlicher Untersuchung abgeben.

unentbehrlich ist. Es fand sich sogar ein Menschenschlag, dessen Sympathie gerade durch diese „irreguläre" Arbeitsweise gewonnen wurde; ich meine die Leute mit künstlerischer Begabung, die nicht nur ein ahnendes Verstehen der uns beschäftigenden Probleme, sondern auch unsere Auflehnung gegen den Scholastizismus in der Wissenschaft in unser Lager führte, und die nicht unerheblich zur Verbreitung der F r e u d schen Ideen beitrugen.

Aber aus dem Guerillakrieg erwuchs nebst diesen Vorteilen allmählich auch so mancher Nachteil.. Der vollständige Mangel jeder Führung brachte es mit sich, daß bei einzelnen das spezielle wissenschaftliche und persönliche Interesse zum Schaden der Gesamtinteressen, ich möchte sagen der „zentralen Ideen" überhand nahm. Der doktrinäre Liberalismus wird daraus dem Guerillakampf keinen Vorwurf machen; im Gegenteil, er wird betonen, daß die Wissenschaft „frei" bleiben muß. Aber gerade die Psychoanalyse und die analytische Selbstkritik hat jeden von uns davon überzeugen können, daß ein Mensch, der allein, ohne Freunde, Hilfe und Korrektur, die eigenen, oft unzweckmäßigen Tendenzen und Neigungen richtig erkennen und sie im Interesse der Gesamtheit bändigen kann, zu den Ausnahmen gehört, und daß ein gewisses Maß von gegenseitiger Kontrolle auch auf wissenschaftlichem Gebiete nur günstig wirken kann; daß also die Respektierung gewisser Kampfregeln, ohne die Freiheit der Wissenschaft zu gefährden, deren ökonomische und ruhige Entwicklung nur fördern kann. Es wäre auch zu bedenken, daß wenn ein sehr wertvoller und talentierter Teil der Gesellschaft uns gerade wegen unserer Unorganisiertheit sympathisch findet, die an Ordnung und Disziplin gewohnte Mehrzahl aus unserer Irregularität nur neuen Stoff zum Widerstand schöpft. Es dürfte auch zahlreiche Anhänger geben, die, obzwar sie mit uns halten, vielleicht sogar im stillen für uns arbeiten, zur „individuellen Aktion" nicht taugen, sich aber gerne einer Organisation anschlössen, was uns einen nicht unbedeutenden Zuwachs an Arbeitsgenossen bedeuten könnte. In den Augen der großen Menge sind wir, so wie wir jetzt sind, nur undisziplinierte Schwärmer. Der Name F r e u d, der auf unserem Banner steht, ist doch nur e i n Name und läßt es nicht ahnen, wie viele sich schon mit den Ideen befassen, die von ihm ausgingen und welche Arbeit die Psychoanalyse bereits geleistet hat. So verlieren wir sogar jenes Maß von „Massenwirkung", die uns schon kraft unserer Zahl mit Recht zukommt, auch wenn wir vom spezifischen Gewicht der einzelnen Persönlichkeiten und deren Ideen absehen. Kein Wunder, wenn den Laien, den psychologisch ungeschulten Ärzten, in manchen Ländern selbst den Psychologen vom Fach, dieser neue Zweig der Wissenschaft bis auf heute sozusagen unbekannt blieb, und daß wir den meisten Ärzten, von denen wir um fachlichen Rat angerufen werden, über die elementarsten Begriffe der Psychoanalyse einen Vortrag halten müssen. H i l l e l, der jüdische Rabbi, ging in seiner Geduld so weit, daß er selbst jenem ihn verhöhnenden Heiden Antwort gab, der ihn aufforderte, ihm in der kurzen Zeit, solange er auf einem Beine stehen kann, mit den Grundgesetzen seiner Religion bekannt zu machen. Ich weiß nicht mehr, ob er mit seiner Antwort den Heiden bekehrte, aber daß eine diesem ähnliche Art des Unterrichts und der Verbreitung der Psychoanalyse nicht sehr erfolgreich ist, kann ich aus eigener Erfahrung behaupten. Daraus aber, daß man uns nicht kennt und nicht anerkennt, erwachsen viele Nachteile; wir sind sozusagen heimatlos und mit den Leitern der reich ausgestatteten Kliniken und experimentellen Laboratorien verglichen nur arme Teufel, die doch unmöglich etwas wissen können, was den reichen Verwandten noch unbekannt ist.

Die Frage, die ich jetzt aufwerfe, ist nun die: wiegen die Vorteile des Guerillakampfes seine Nachteile auf? Sind wir berechtigt, zu erwarten, daß diese Nachteile von selbst, ohne zweckmäßige Eingriffe verschwinden werden? Wenn nicht, sind wir genug an Zahl und genügend stark, um uns organisieren zu können? Und schließlich: Welche Maßregeln wären möglich und derzeit empfehlenswert, um unseren Verein zweckmäßig, stark und dauerhaft zu fundieren?

Auf die erste Frage kann ich ohne Zögern antworten; ich wage die Behauptung, daß unsere Arbeit durch die Organisation mehr gewinnen als verlieren würde.

Ich kenne die Auswüchse des Vereinslebens und weiß, daß in den meisten politischen, geselligen und wissenschaftlichen Vereinen infantiler Größenwahn, Eitelkeit, Anbetung leerer Formalitäten, blinder Gehorsam oder persönlicher Egoismus herrschen anstatt ruhiger, ehrlicher Arbeit für das Gesamtinteresse.

Die Vereine wiederholen in ihrem Wesen und ihrem Aufbau die Züge des Familienlebens. Der Präsident ist der Vater, dessen Aussprüche unwiderlegbar, dessen Autorität unverletzbar ist; die anderen Funktionäre sind die älteren Geschwister, die die jüngeren hochmütig behandeln und dem Vater zwar schmeicheln, aber ihn im ersten geeigneten Moment von seinem Throne stürzen wollen, um sich an seine Stelle zu setzen. Die große Masse der Mitglieder, soweit sie nicht willenlos dem Führer folgt, gibt bald diesem, bald jenem Aufwiegler Gehör, verfolgt mit Haß und Neid die Erfolge der Älteren und möchte sie aus der Gnade des Vaters ausstechen. Das Vereinsleben ist das Feld, auf dem sich die sublimierte Homosexualität als Anbetung und Haß ausleben kann. Es scheint also, daß sich der Mensch seiner Familiengewohnheiten nie entledigen kann und er wirklich das Herdentier ist, das „Zoon politikon", zu dem ihn der

griechische Philosoph stempelte. Mag es sich zeitlich und räum-
lich von seiner eigentlichen Familie noch so weit entfernen,
es sucht immer wieder die alte Ordnung herzustellen, in einem
Vorgesetzten, den angebeteten Helden oder Parteiführer den
Vater, in den Mitarbeitern die Geschwister, in dem ihm ange-
trauten Weib die Mutter, in seinen Kindern sein Spielzeug
wiederzufinden. Selbst bei uns noch unorganisierten Analytikern
pflegt sich — wie ich es bei zahlreichen Kollegen und bei
mir selbst feststellen konnte, die Gestalt des Vaters mit der
unseres geistigen Führers zu einer Traumperson zu verdichten.
Alle sind wir geneigt, den hochgeschätzten, aber gerade wegen
seines geistigen Übergewichtes innerlich schwer zu ertragenden
geistigen Vater in unseren Träumen in mehr oder weniger
verhüllter Form zu überflügeln, ihn zu stürzen.

Es hieße also der menschlichen Natur Gewalt antun, wollten
wir das Prinzip der Freiheit auf die Spitze treiben und die
„Familienorganisation" umgehen. Denn obzwar wir jetzt der
Form nach unorganisiert sind, leben wir Analytiker doch schon
untereinander in einer Art Familiengemeinschaft, und es ist
meiner Meinung nach richtiger, dieser Tatsache auch in der
äußeren Form Rechnung zu tragen.

Das ist aber nicht nur eine Frage der Aufrichtigkeit, sondern
auch eine der Zweckmäßigkeit, denn die eigensüchtigen Strebungen lassen sich durch gegenseitige Kontrolle leichter im
Zaume halten. Gerade psychoanalytisch geschulte Mitglieder
wären am besten dazu berufen, einen Verein zu gründen, der
die größtmögliche persönliche Freiheit mit den Vorteilen der
Familienorganisation verbindet. Dieser Verband wäre eine
Familie, in der dem Vater keine dogmatische Autorität zukommt,
sondern gerade so viel, als er durch seine Fähigkeiten und
Arbeiten wirklich verdient; seine Aussprüche würden nicht
blind wie göttliche Offenbarungen befolgt, sondern wie alles

andere Gegenstand einer eingehenden Kritik, und er selbst nähme diese Kritik nicht mit der lächerlichen Überhebung des Pater familias auf, sondern würdigte sie entsprechender Beachtung.

Auch die sich zu diesem Verband geeinigten jüngeren und älteren Geschwister würden ohne kindische Empfindlichkeit und Rachsucht ertragen, daß man ihnen die Wahrheit ins Gesicht sagt, so bitter und ernüchternd sie auch sei. Daß man auch bestrebt wäre, die Wahrheit zu sagen, ohne überflüssigen Schmerz zu verursachen, versteht sich bei dem heutigen Stande der Kultur und im zweiten Jahrhundert der chirurgischen Anästhesie von selbst.

Ein solcher Verein, der selbstverständlich erst nach längerer Zeit diese ideale Höhe erreichen könnte, hat sehr viel Aussicht auf ersprießliche Arbeitsleistung. Wo man sich gegenseitig die Wahrheit sagen kann, wo bei jedem ohne Neid, richtiger: unter Bändigung des natürlichen Neides, die wirklichen Fähigkeiten anerkannt werden und auf die Empfindlichkeit der Eingebildeten keine Rücksicht genommen wird, dort wird es wohl unmöglich sein, daß einer, der zwar ein feines Gefühl für Einzelheiten hat, aber in abstrakten Dingen unbegabt ist, sich in den Kopf setzt, die Wissenschaft theoretisch zu reformieren; ein anderer wird sein Bestreben, die eigenen, vielleicht wertvollen, aber recht subjektiven Bestrebungen, alle anderen Erfahrungen außer acht lassend, zur Grundlage der ganzen Wissenschaft machen zu wollen; der dritte wird es zur Kenntnis nehmen, daß die überflüssige Aggressivität seiner Schriften nur den Widerstand steigert, ohne der Sache zu dienen; dem vierten wird der freie Meinungsaustausch überzeugen, daß es töricht ist, auf etwas Neues sofort mit seinem Besserwissenwollen zu reagieren.

Das sind ungefähr die Typen, die heutzutage in Vereinen

überhaupt, aber auch unter uns auftauchen, die aber in einer
psychoanalytischen Organisation, wenn auch nicht ganz aus-
zurotten, so doch besser zu kontrollieren wären. Die a u t o-
e r o t i s c h e Periode des Vereinslebens würde allmählich durch
die fortgeschrittene der O b j e k t l i e b e abgelöst, die nicht
mehr im Kitzel der geistigen erogenen Zonen (Eitelkeit, Ehrgeiz), sondern in den Objekten der Beobachtung selbst
Befriedigung sucht und findet.

Ich bin überzeugt, daß eine auf Grund dieser Prinzipien
arbeitende psychoanalytische Vereinigung günstige innere
Bedingungen zur Arbeit schüfe, aber auch imstande wäre, sich
nach außen Achtung zu verschaffen. Den Lehren F r e u d s
wird immer noch großer Widerstand entgegengesetzt, aber seit der
zweiten, der „Guerilla"-Periode, ist eine gewisse Abschwächung
des starren Negativismus unverkennbar. Wenn wir uns mit
saurer Miene an die unfruchtbare und unangenehme Arbeit
machen, die gegen die Psychoanalyse vorgebrachten Argumente
einzeln anzuhören, kommen wir darauf, daß dieselben Autoren,
die noch vor einigen Jahren das Ganze totschwiegen oder
exkommunizierten, heute von der B r e u e r - F r e u d schen
„Katharsis" als von einer beachtenswerten, sogar geistreichen
Lehre sprechen; natürlich verwerfen sie dafür alles, was nach
dem Zeitalter des „Abreagierens" entdeckt und beschrieben
wurde. Mancher geht in seiner Kühnheit so weit, das Unbewußte und die Methoden seiner analytischen Erkenntnis anzuerkennen, schrickt aber vor den Problemen der Sexualität
zurück. Anständigkeit wie auch weise Vorsicht halten ihn vor
solchen gefährlichen Dingen ab. Manche erklären die Folgerungen der Jünger für richtig, aber vor dem Namen F r e u d
haben sie eine Angst, wie vor dem leibhaftigen Teufel. Daß
sie sich dabei der logischen Absurdität des *„filius ante patrem"*
schuldig machen, vergessen sie vollständig. Die gewöhnlichste

und verwerflichste Art der Akzeptierung von Freuds Theorien ist wohl die, daß man sie neu entdeckt und unter neuem Namen in Verkehr bringt. Denn was ist die „Erwartungs-neurose" anderes, als die unter falscher Flagge segelnde „Angst-neurose" von Freud? Wer von uns weiß es nicht, daß ein geschickter Kollege unter dem Namen „Phrenokardie" nur einige Symptome der Freudschen Angsthysterie als eigene Entdeckung auf den wissenschaftlichen Markt gebracht hat? Und war es nicht selbstverständlich, daß, so wie das Wort „Analyse" auftauchte, jemand einfach contrario den Begriff der „Psychosynthese" prägen mußte. Daß eine Synthese ohne vorhergehende Analyse unmöglich ist, das vergaß natürlich der Betreffende gebührend hervorzuheben. So droht denn der Psychoanalyse von solchen Freunden noch mehr Gefahr, als von feindlicher Seite. Uns droht sozusagen die Gefahr, in Mode zu kommen, womit die Zahl derjenigen, die sich Analytiker nennen, ohne es zu sein, gar bald ansehnlich wachsen dürfte.

Wir können aber die Verantwortung für all die Unvernunft nicht tragen, die man unter dem Namen Psychoanalyse auftischt, wir haben also außer unseren Publikationsorganen einen Verein nötig, deren Mitgliedschaft einige Garantie dafür bietet, daß wirklich Freuds psychoanalytisches Verfahren und nicht eine zum eigenen Gebrauch zurechtgebraute Methode angewendet wird. Eine spezielle Aufgabe des Vereines wäre es, die wissenschaftliche Freibeuterei, deren Opfer die Psycho-analyse heute ist, zu entlarven. Genügende Sorgfalt und Vor-sicht bei der Aufnahme neuer Mitglieder würde es ermöglichen, den Weizen von der Spreu zu sondern. Der Verein sollte sich eher mit einer kleinen Mitgliederzahl begnügen, als Leute auf-nehmen oder beibehalten, die in prinzipiellen Fragen noch keine feste Überzeugung gewonnen haben. Ersprießliche Arbeit ist ja nur dort denkbar, wo bezüglich der Grundfragen Übereinstimmung herrscht. Daß die Stellungnahme für diesen Verein heutzutage einen persönlichen Mut und den Verzicht auf akademischen Ehrgeiz voraussetzt, ist nicht zu leugnen. Es soll aber den zukünftigen Mitgliedern zum Trost gereichen, daß wir nicht so sehr auf materielle und andersartige fremde Hilfe angewiesen sind, wie die medizinischen Kliniken. Wir brauchen keine Krankenhäuser, Laboratorien und kein „liegendes Krankenmaterial"; unser Material ist die große Masse der Neurotiker, die in allen ihren Hoffnungen, im Glauben an die ärztliche Wissenschaft getäuscht, sich an uns wendet. Und daß wir selbst diesen, ja, gerade diesen Unglücklichen so oft helfen können, kann uns zu größerer Befriedigung gereichen, als die in den prunkvollen Kliniken geübte nichtanalytische Danaidenarbeit.

Wenn wir die seit Jahrzehnten dauernde Stockung in der Psychologie, Neurologie, Psychiatrie und Gehirnanatomie mit unserer lebensvollen, fast überquellenden, kaum zu bewältigenden Arbeit vergleichen, so sind wir für den Entgang an äußerer Anerkennung vollauf entschädigt.

Ich habe vorhin erwähnt, wie zweckmäßig es war, daß Freud seinerzeit die vielen sinnlosen Angriffe außer acht ließ. Aber es wäre unrichtig, dies als Losungswort des zu gründenden Vereines anzunehmen. Es ist nötig, von Zeit zu Zeit auf die Armseligkeit der Gegenargumente hinzuweisen, was bei der schwachen Begründung und der Gleichförmigkeit der Angriffe keine allzuschwierige Aufgabe sein dürfte.

Mit ermüdender Eintönigkeit kehren immer wieder dieselben logischen, moralischen und medizinischen Gegenargumente wieder, so daß man sie förmlich registrieren kann. Die Logiker erklären unsere Behauptungen für Einbildung und Unsinn. All die Unlogik und alles Unverständliche, das der Neurotiker in seinem Unbewußten produziert und das die Assoziationen an die Oberfläche bringen, wird uns in die Schuhe geschoben.

Die Sittenrichter schrecken vor dem sexuellen Material unserer Forschungen zurück und führen einen Kreuzzug gegen uns. Sie unterschlagen dabei gewöhnlich alles, was daran erinnern könnte, was F r e u d über die Bändigung, die Sublimierung der analytisch aufgedeckten Triebe geschrieben hat. Wer es weiß, eine wie große Rolle die unbewußte Sexualität in der nicht analytischen Psychotherapie spielt, könnte diese Beschuldigungen hypokritisch nennen; und doch sind sie nur Affektwirkungen, die die Unwissenheit entschuldigt.

Auch das ist interessant, daß, obzwar man sonst gewöhnlich von der „Verlogenheit" und „Unzurechnungsfähigkeit" der Hysterischen faselt, man doch gerne alles glaubt, was etwa ungeheilte Kranke mit noch nicht vollem Verständnis über die Analyse klatschen.

Manche behaupten, die Analyse als therapeutische Methode helfe nur suggestiv. Angenommen, aber nicht zugegeben, daß es dem so ist, ist es wohl richtig, eine wirksame Methode der suggestiven Therapie a limine zurückzuweisen? Das zweite Gegenargument ist, daß sie „nichts nützt". Davon ist nur soviel wahr, daß die Analyse nicht alle Arten von Neurosen beheben kann und meist nicht schnell hilft, und daß die seit der Kindheit „schief gewickelte" Persönlichkeit eines Menschen herzurichten, oft mehr Zeit kosten würde, als die Geduld des Patienten und besonders seiner Angehörigen reicht. Der dritte Kritiker sagt, daß die Analyse schädlich ist; er meint damit offenbar die manchmal heftigen, aber zum Wesen der Kur gehörigen Reaktionen, nach denen gewöhnlich Perioden der Erleichterung folgen.

Das letzte Gegenargument ist das, daß der Analytiker nur Geld verdienen will; es entspringt augenscheinlich nur der Verleumdungsneigung von Menschen, deren Vorrat an objektiven Argumenten erschöpft ist. Solche Beschuldigungen bringt auch mancher Patient; sehr oft gerade dann, wenn er, — im Begriffe, unter der Last der neuen Erkenntnisse einzulenken, — noch einen letzten verzweifelten Versuch macht, krank zu bleiben.

Die logischen, ethischen und therapeutischen Ausflüchte der ärztlichen Kreise sind überhaupt auffallend ähnlich den dialektischen Reaktionen, die der Widerstand gegen die Kur aus unseren Kranken auszulösen pflegt. Aber gleichwie die Bekämpfung der Widerstände des einzelnen Neurotikers psychotechnisches Wissen und zielbewußte Arbeit erfordert, so verdient auch der Massenwiderstand (z. B. das Benehmen der Ärzte den Lehren der Analyse gegenüber), daß wir uns mit ihm planmäßig und fachgemäß beschäftigen, und ihn nicht wie bis jetzt dem Zufalle überlassen. Nebst der Förderung unserer Wissenschaft wäre eine Hauptaufgabe der psychoanalytischen Vereinigung, diesen Widerstand der wissenschaftlichen Kreise zu behandeln. Diese Aufgabe allein könnte ihre Gründung rechtfertigen.

Meine Herren! Wenn Sie prinzipiell meinen Vorschlag zur zweckmäßigeren Geltendmachung unserer wissenschaftlichen Bestrebungen, eine „Internationale psychoanalytische Vereinigung" zu gründen, annehmen, so habe ich nichts weiter zu tun, als konkrete Vorschläge zur Verwirklichung des Programms zu unterbreiten.

Ich schlage vor, eine Zentralleitung zu wählen, die Bildung von Ortsgruppen in den Kulturzentren zu unterstützen, den jährlich zusammenzutretenden internationalen Kongreß zu systemisieren und nebst dem „Jahrbuch" baldmöglichst ein öfter erscheinendes offizielles wissenschaftliches Vereinsorgan zu gründen.

Ich beehre mich, einen Entwurf der Statuten der „Vereinigung" zu unterbreiten.

Nachtrag

Die Gründung der „Internationalen Psychoanalytischen Vereinigung" wurde auf dem Nürnberger Kongresse diesen Vorschlägen entsprechend beschlossen. Die Vereinigung funktioniert seitdem ununterbrochen; selbst der Weltkrieg konnte ihrer Internationalität nichts anhaben. Ihre Ortsgruppen befinden sich in New York, London, Berlin, Wien, Budapest, Haag, Zürich, Kalkutta und Moskau.[1] Trotz der Ungunst der Verhältnisse wurden bereits neun psychoanalytische Kongresse abgehalten (in Salzburg 1908, Nürnberg 1910, Weimar 1911, München 1913, Budapest 1918, Haag 1920, Berlin 1922, Salzburg 1924, Bad Homburg 1925).[2] Offizielle Vereinsorgane sind: 1) die „Internationale Zeitschrift für Psychoanalyse" (1927 erscheint der XIII. Jahrgang), 2) „Imago", Zeitschrift für die Anwendung der Psychoanalyse auf die Natur- und Geisteswissenschaften (1927 erscheint der XIII. Jahrgang), und 3) „The International Journal of Psychoanalysis" (1927 erscheint der VIII. Jahrgang). Eine mächtige Stütze fand die Vereinigung im „Internationalen Psychoanalytischen Verlag" in Wien (gegründet 1919).[3]

---

[1] Die Konstituierung der Pariser Gruppe erfolgte soeben während der Drucklegung dieser Zeilen.

[2] Der zehnte wird im Herbst dieses Jahres (1927) stattfinden.

[3] Eine viel eingehendere „Geschichte der psychoanalytischen Bewegung" als die hier skizzierte schrieb später Freud selbst. (Enthalten im IV. Band der Gesammelten Schriften. Man vergleiche auch seine „Selbstdarstellung", Ges. Schr., Bd. XI.)

Zum 70. Geburtstage Sigmund Freuds

Eine Begrüßung

(6. Mai 1926)

Mir fiel die Aufgabe zu, S i g m u n d F r e u d aus Anlaß seines 70. Geburtstages festlich zu begrüßen und ihm die Glückwünsche unserer Zeitschrift darzubringen. Es ist nicht leicht, dieser ehrenvollen Pflicht zu genügen. Seine Gestalt ist viel zu hervorragend, als daß ein ihm Nahestehender, einer seiner Anhänger und Mitarbeiter, es zustande bringen könnte, sie im Vergleich mit anderen Großen der Geistesgeschichte und im Verhältnis zu seinen Zeitgenossen darzustellen. Auch spricht sein Werk für sich selbst und bedarf keiner Kommentare, insbesondere keiner Lobpreisung. Es mißfiele gewiß dem Schöpfer einer unnachsichtig ehrlichen, aller Heuchelei feindlichen Wissenschaft, die Dithyramben zu hören, die bei solchen Anlässen den Führer einer großen Bewegung zu preisen pflegen. Die objektive Darstellung seines Lebenswerkes aber, eine verlockende Aufgabe für einen eifrigen Schüler, erübrigt sich hier, da ja diesem Zwecke der Meister selbst mehrere Essays von unnachahmlicher Sachlichkeit gewidmet hat. Er hat der Öffentlichkeit nichts vorenthalten, was er über die Entstehung seiner Ideen weiß, er erzählte uns alles, was über die Schicksale seiner Lehre, über die Reaktionsweise der Mitwelt zu sagen war. Dem modernen Persönlichkeitsforscher gar, der mit Hilfe von Einzelheiten aus dem Privatleben neue Einblicke in die Entwicklungswege eines Forschers zu gewinnen trachtet, hat F r e u d, bezüglich seiner Person, den Wind aus den Segeln genommen. In seiner „Traumdeutung", in der „Psychopathologie des Alltagslebens" besorgte er das selber in einer bisher nicht gekannten Art, die nicht nur dieser Forschungsweise neue Wege wies, sondern für alle Zeiten ein Beispiel der auch gegen sich selber schonungslosen Aufrichtigkeit gibt. Auch die sonst so sorgsam gehüteten „Ateliergeheimnisse", die unvermeidlichen Schwankungen und Unsicherheiten, gab er unbedenklich preis.

Das Konsequenteste wäre wohl nach alledem, auf jede Art Manifestation zu verzichten. Ich weiß es bestimmt, daß es dem Meister am liebsten wäre, wenn wir uns um künstlich geschaffene Zäsuren, um eine runde Zahl, die an und für sich nichts bedeutet, nicht kümmerten und ruhig weiter arbeiteten. Wir, seine Schüler, wissen ja gerade von ihm, daß alle modernen Feste exaltierte Huldigungen sind, die die Gefühlsregungen einseitig zum Ausdruck bringen. Es war nicht immer so; es gab Zeiten, in denen man dem auf den Thron Erhobenen auch die feindseligen Absichten nicht verhehlte; F r e u d lehrte uns, daß dem Höchstgeehrten, wenn auch nur unbewußt, auch heute noch auch Haß, nicht nur Liebe entgegengebracht wird.

Trotz alledem konnten wir der Versuchung nicht widerstehen, uns ausnahmsweise und gegen besseres Wissen vor der Konvention zu beugen und den Geburtstag zum Anlaß zu nehmen, dieses Heft sowie das am gleichen Tage erscheinende

Heft der „Imago" ausdrücklich unserem Herausgeber zu widmen.
Wer aber die zwölf Jahrgänge unserer Zeitschrift durchblättert,
dem wird es sofort klar, daß eigentlich alle bisherigen Hefte
ihm gewidmet waren; die Arbeiten, sofern sie nicht vom Meister
selbst stammten, enthielten nur die Fortsetzung, die Nachprüfung oder Würdigung seiner Lehren. Auch das heutige,
feierlicher als sonst auftretende Heft ist also im Wesen nichts
anderes als alle vorherigen Hefte, nur daß sich die Mitarbeiter
in einer etwas stattlicheren Zahl präsentieren. Statt einer
formellen Einleitung derselben aber gestatte ich mir, in loser
Folge, gleichsam als freie Assoziation, die Gefühle und Gedanken
wiederzugeben, die in mir bei dieser Gelegenheit auftauchen.
Ich darf voraussetzen, daß diese Einfälle auch vielen der
Gleichstrebenden eignen.

*

In einer Arbeit, in der ich F r e u d s „Drei Abhandlungen
zur Sexualtheorie" zu würdigen versuchte, komme ich zum
Schluß, daß diesem Werke eine wissenschaftsgeschichtliche
Bedeutung zukommt: es riß die Grenzen zwischen Natur- und
Geisteswissenschaften nieder. In einer anderen Arbeit mußte
ich die Entdeckung und Erforschung des Unbewußten durch
F r e u d als einen Fortschritt in der Menschheitsgeschichte hinstellen, als das erstmalige Funktionieren eines neuen Sinnes-
organs. Man mag diese Behauptungen als Übertreibungen von
vornherein abweisen und sie als unkritische Äußerungen eines
enthusiastischen Jüngers hinstellen; Tatsache bleibt, daß sie
nicht etwa einer Jubiläumsstimmung entsprangen, sondern als
Konsequenz aus einer langen Reihe neuer Erkenntnisse gezogen
wurden.

Ob und wann sich meine Voraussage, daß einstmals alle
Welt von einer Vor- und einer Nach-F r e u d schen Epoche
sprechen wird, in Erfüllung geht, kann ich natürlich nicht

sagen; die zwanzig Jahre, die ich seinen Fußstapfen folge, haben an dieser Überzeugung nichts geändert. Zweifellos aber teilt sich das Leben eines Neurologen, der das große Glück hatte, als Zeitgenosse Freuds zu leben, und das größere, seine Bedeutung früh erkannt zu haben, in eine Vor- und Nach-Freudsche Periode, Lebensabschnitte, die im schärfsten Gegensatze zueinander stehen. Mir wenigstens war vor Freud der Beruf des Neurologen eine ausnahmsweise zwar interessante Beschäftigung mit dem Nervenfaserverlauf, sonst aber eine schauspielerische Leistung, eine fortwährende Freundlichkeits- und Wissensheuchelei den Hunderten von Neurotikern gegenüber, von deren Symptomen wir nicht das mindeste verstanden. Man schämte sich, — ich wenigstens schämte mich, — für diese Leistung sich auch noch belohnen zu lassen. Auch heute können wir nicht jedem helfen, doch sicher sehr vielen, und auch in den negativen Fällen bleibt uns das beruhigende Gefühl, uns redlich, mit wissenschaftlichen Mitteln um das Verständnis der Neurosen bemüht und die Ursachen der Unmöglichkeit des Helfens durchschaut zu haben. Der peinlichen Aufgabe, mit der Miene des allwissenden Doktors Trost und Hilfe zu versprechen, sind wir enthoben, so daß wir diese Kunst schließlich ganz verlernten. Die Psychiatrie, früher ein Raritätenkabinett von Abnormitäten, die wir verständnislos anstaunten, wurde durch Freuds Entdeckungen ein fruchtbares, einheitlichem Verständnis zugängliches Wissensgebiet. Ist es da eine Übertreibung zu behaupten, daß uns Freud den Beruf verschönt und veredelt hat? Und ist es nicht glaubhaft, daß wir von steter Dankbarkeit erfüllt sind gegen einen Mann, dessen Wirken dies ermöglichte? Den siebzigsten oder achtzigsten Geburtstag zu feiern, mag eine konventionelle Förmlichkeit sein, für Freuds Schüler ist ein solcher Tag sicherlich nur eine Gelegenheit, längst gehegten Gefühlen einmal Ausdruck

zu geben. Hieße es nicht, dem in Gefühlssachen eher zu
Schamhaftigkeit neigenden Zeitgeist eine Konzession machen,
wenn wir diese Gefühle unausgesetzt unterdrückten? Folgen
wir lieber dem Beispiele der Antike und schämen wir uns
nicht, unserem Meister einmal offen und herzlich zu danken
für alles, was er uns geschenkt hat.

*

Es wird nicht lange dauern, bis der ganze ärztliche Stand
zur Einsicht kommt, daß zu solchen, meinetwegen lyrischen,
Gefühlsäußerungen nicht nur die Nervenärzte, sondern alle, die
sich um die Heilung von Menschen bemühen, vollen Grund
hätten. Die Erkenntnis der Rolle des psychischen Verhältnisses
zum Arzte bei jeder Art von Therapie und die Möglichkeit
ihrer methodischen Verwertung wird allmählich Gemeingut
aller Ärzte. Die von Spezialistentum zerklüftete ärztliche Wissenschaft wird, dank F r e u d, wieder zu einer Einheit integriert
werden. Der Arzt wird aus einem trockenen Laboratoriums-
und Seziersaaltechniker ein Kenner des gesunden und kranken
Menschen, der Ratgeber, an den sich jeder mit berechtigter
Hoffnung auf Verständnis und vielleicht auf Hilfe wenden
kann.

Es mehren sich aber die Zeichen, die dafür sprechen, daß
die Ärzte der Zukunft auf viel mehr Achtung und Anerkennung
nicht nur seitens der Kranken, sondern der ganzen Gesellschaft
werden rechnen können. Der Ethnologe und Soziologe, der
Geschichtsschreiber und der Staatsmann, der Ästhetiker und
der Philologe, der Pädagoge und der Kriminologe wendet sich
schon jetzt an den Arzt als Kenner der menschlichen Seele um
Auskunft, will er sein Spezialgebiet, das schließlich auf ein
Stück Psychologie aufgebaut sein muß, vom schwankenden
Boden willkürlicher Annahmen auf eine sichere Basis stellen.

Es gab schon eine Zeit, in der der Arzt als der Mann der Wissenschaft geachtet war: er war der hochgelehrte Kenner aller Pflanzen und Tiere, aller Wirkungen der „Elemente", so weit sie damals bekannt waren. Das Kommen einer ähnlichen Zeitströmung wage ich vorauszusagen, eine Zeit der „Iatrophilosophie", zu der Freuds Wirken den Grundstein gelegt hat. Freud wartete auch nicht, bis alle Gelehrten die Psychoanalyse kennen; er war gezwungen, Probleme der Grenzwissenschaften, auf die er bei der Beschäftigung mit Nervenkranken stieß, mit Hilfe der Psychoanalyse selber zu lösen. Er schrieb sein „Totem und Tabu", ein Werk, das der Ethnologie neue Wege weist; um seine „Massenpsychologie" wird keine künftige Soziologie herumkommen; sein Buch vom Witz ist der erste Versuch zu einer psychologisch begründeten Ästhetik und unzählig sind seine Hinweise auf neue Arbeitsmöglichkeiten auf dem Gebiete der Erziehungswissenschaft.

Brauche ich vor den Lesern dieser Zeitschrift viel Worte darüber zu verlieren, was die Psychologie der Psychoanalyse zu verdanken hat? Ist es nicht vielmehr wahr, daß vor Freud eigentlich alle wissenschaftliche Psychologie nur feinere Sinnesphysiologie gewesen ist, während die komplizierteren seelischen Erlebnisse das unbestrittene Gebiet der Belletristik waren? Und war es nicht Freud, der durch die Schaffung einer Trieblehre, der Anfänge einer Ichpsychologie, durch die Konstruktion eines brauchbaren metapsychologischen Schemas die Psychologie erst auf das Niveau einer Wissenschaft hob?

Es genügt diese bei weitem nicht vollständige Aufzählung, um es auch dem größten Skeptiker glaubhaft zu machen, daß nicht nur seine Schüler und seine Berufsgenossen, sondern die ganze Gelehrtenwelt allen Grund hat, sich darüber zu freuen, daß der Meister dieses Alter in voller Schaffenskraft erreicht hat, und zu wünschen, daß ihm noch viel Zeit zur Fortführung seines großen Werkes gegönnt sein möge.

*

„Also doch nur Lobeserhebungen," werden sich viele denken, „und wo bleibt die versprochene Aufrichtigkeit, die auch von den Schwierigkeiten und Kämpfen zwischen dem Meister und seinen Schülern etwas erzählt?" Auch hierüber soll ich also einige Worte sagen, obzwar es mir unbehaglich ist, mich gleichsam als Kronzeugen dieser nicht uninteressanten, aber für die Beteiligten recht peinlichen Ereignisse vorzudrängen. So sei denn gesagt, daß es fast keinem von uns erspart geblieben ist, gelegentlich Winke und Mahnungen des Meisters zu hören, die manchmal prächtige Illusionen zerrissen und im ersten Augenblick Gefühle der Verletzung und der Benachteiligung aufkommen ließen. Doch muß ich bezeugen, daß F r e u d uns oft sehr lange gewähren, der individuellen Eigenart viel Spielraum offen läßt, bis er sich entschließt, mäßigend einzugreifen oder gar von den ihm zu Gebote stehenden Abwehrmitteln Gebrauch zu machen — das letztere nur, wenn er zur Überzeugung kommt, daß durch ein Nachgeben die Sache, ihm wichtiger als alles, gefährdet werden könnte. Da allerdings kennt er keine Kompromisse und opfert, wenn auch schweren Herzens, liebgewonnene persönliche Beziehungen und Zukunftshoffnungen. Da wird er hart gegen sich wie gegen andere. Wohlwollend betrachtete er die Sonderentwicklung eines seiner begabtesten Schüler, bis er mit dem Anspruch auftrat, mit dem „*élan vital*" alles verstanden zu haben. Auch ich kam vor vielen Jahren einmal mit der Entdeckung, der Todestrieb könne alles erklären. Das Zutrauen zu F r e u d ließ mich vor seinem ablehnenden Urteil mich beugen — bis eines Tages das „Jenseits des Lustprinzips" erschien, in dem F r e u d mit dem

Wechselspiel des Todes und Lebenstriebes der Vielfältigkeit der psychologischen und biologischen Tatsachen um so viel mehr gerecht wurde, als es jene Einseitigkeiten vermochten. — Die Idee der „Organminderwertigkeit" interessierte ihn als vielversprechender Anfang zur somatischen Fundierung der Psychoanalyse. Jahrelang nahm er dafür die etwas eigenartige Denkweise ihres Autors mit in Kauf; doch als es ihm klar wurde, daß jener die Psychoanalyse nur als Sprungbrett zu einer teleologischen Philosophie benützt, löste er die Gemeinschaft der Arbeit. Sogar den wissenschaftlichen Bocksprüngen eines seiner Schüler sah er lange zu, da er seinen Spürsinn für Sexualsymbolik schätzte. Die große Mehrzahl seiner Schüler aber hat die unvermeidlichen Empfindlichkeiten überwunden und ist überzeugt, daß die Psychoanalyse Freuds allen berechtigten Sonderbestrebungen früher oder später die ihnen zukommende Bedeutung einräumt.

*

Unsere zünftige Abgeschlossenheit darf nicht so weit gehen, daß wir an diesem Tage nicht auch der Gefühle jener gedenken, die Freud persönlich nahestehen, vor allem seiner Familie, in der Freud nicht als mythische Gestalt, sondern als Mensch lebt und wirkt, und die für seine uns allen so teure Gesundheit Sorge trägt, der wir für diese Sorgfalt so viel Dank schulden. Doch auch der weite Kreis der in seinem Sinne behandelten Kranken, die durch ihn die Kraft zum Leben wiederfanden, wird an seinem Festtage mit uns feiern, nicht minder aber jener noch weitere Kreis von gesund Leidenden, denen er durch seine Erkenntnisse viel sinnlos getragene Lebenslast abnahm.

*

Die Psychoanalyse wirkt letzten Endes durch Vertiefung
und Erweiterung der Erkenntnis; die Erkenntnis aber (dies
versuche ich gerade in einer auf den folgenden Blättern veröffentlichten Arbeit nachzuweisen)[1] läßt sich nur durch Liebe
erweitern und vertiefen. Und wäre es nur, weil es F r e u d
gelungen ist, uns zum Ertragen von mehr Wahrheit zu
erziehen, kann er versichert sein, daß seiner am heutigen Tage
ein großer und nicht wertloser Teil der Menschheit in Liebe
gedenkt.

[1) Das Problem der Unlustbejahung (S. 84 dieses Bandes).

Dörte von Drigalski

Blumen auf Granit

Eine Irr- und Lehrfahrt
durch die deutsche
Psychoanalyse

Ullstein Buch 35036

Wird die Psychoanalyse zu
einer Gefahr für die seelische
Gesundheit werden?
Die Autorin – Ärztin und
Psychotherapeutin – gibt hier
einen Bericht über ihre
Psychoanalyse, die von Lehr-
analytikern der Deutschen
Psychoanalytischen Ver-
einigung durchgeführt wurde,
und wirft die provokante
Frage nach Therapieschäden
auf.

Ullstein Materialien

Erich Fromm

Psychoanalyse und Ethik

Ullstein Buch 35038

Kein Buch, das sich nur an den Fachwissenschaftler oder an den Studierenden wendet. Es führt jeden zur Selbstbesinnung, der seinen eigenen Charakter und seine guten und schöpferischen Eigenschaften erkennen und ernsthaft durchdenken will.

Ullstein Materialien

Erich Fromm

Die Seele
des Menschen

Ihre Fähigkeit zum Guten
und zum Bösen

Ullstein Buch 35076

Aus der Sorge, sagt Erich
Fromm, daß das Phänomen
der Gleichgültigkeit dem
Leben gegenüber in einer
immer stärker mechanisierten
Industriewelt überhand-
nehme und dies dazu führen
könne, daß wir dem Leben
mit Angst, wenn nicht gar mit
Haß gegenüberstehen, habe
er dieses Buch geschrieben.

Ullstein Materialien

Wilhelm Stekel

Aktive Psychoanalyse

Eklektisch gesehen. Ein Lesebuch. Zusammengestellt,
kommentiert, mit eigenen Fällen ergänzt und herausge-
geben von Walter Schindler. 1980, 284 Seiten, kartoniert Fr. 34.— / DM 38.—

Germaine Guex

Das Verlassenheitssyndrom

Aus dem Französischen übersetzt von Marie-Christine
Beck unter Mitarbeit von Marianne Cohen. 1983, 157
Seiten, kartoniert Fr. 29.— / DM 32.—

Germaine Guex spricht in einfachen und klaren Begriffen von den Leiden ihrer Patienten, die mit ihrem vom
Todestrieb beherrschten Triebhaushalt in Konflikt geraten sind, die verzweifelt ihre Identität in der «Rache an
der Vergangenheit» suchen, und die in der mitmenschli-
chen Beziehung unermüdlich den Test des «Auf-die-
Probe-Stellens» wiederholen, um die Richtigkeit ihres
Verdachtes zu beweisen.

August Aichhorn

Verwahrloste Jugend

Die Psychoanalyse in der Fürsorgeerziehung. 9., unveränderte Auflage. 1977, 212 Seiten, Abbildungen, kartoniert Fr. 20.— / DM 22.—

Dieses Buch gilt als klassisches Werk der Pädagogik
und Heilerziehung. Es beschäftigt sich mit der erzieheri-
schen Beeinflussung der jugendlichen Verwahrlosten.

Verlag Hans Huber
Bern Stuttgart Wien